Pasta

Pasta

365 unwiderstehliche Rezepte

h.f.ullmann

Originalausgabe erschienen unter dem Titel: The Big Book of Pasta
Konzipiert, erstellt und gestaltet von Duncan Baird Publishers

Copyright © Duncan Baird Publishers 2007
Text copyright © Hilaire Walden 2007
Photography copyright © Duncan Baird Publishers 2006

ISBN der Originalausgabe: 978-1-84483-378-8

Managing Designer: Manisha Patel
Designer: Sailesh Patel
Studio photography: William Lingwood
Food stylist: Marie-Ange La-Pierre
Prop stylist: Helen Trent

© 2010 für die deutsche Ausgabe: Tandem Verlag GmbH
h.f.ullmann ist ein Imprint der Tandem Verlag GmbH

Übersetzung und Produktion: twinbooks, München (Julia Paiva Nunes,
Wilma Kohler, Jennifer Künkler, Ina Gärtner)
Projektkoordination: Swetlana Dadaschewa
Gesamtherstellung: h.f.ullmann publishing, Königswinter, Deutschland

Coverdesign: Simone Sticker
Foto: TLC Fotostudio GmbH

Printed in China

ISBN: 978-3-8331-5775-2

10 9 8 7 6 5 4 3 2 1
X IX VIII VII VI V IV III II I

Anmerkungen des Verlegers:
Die in diesem Buch zusammengestellten Rezepte, Informationen
und Hinweise wurden von der Autorin und von allen an der
Veröffentlichung des Buches beteiligten Personen nach bestem
Wissen erarbeitet und von ihnen und dem Verlag mit größt-
möglicher Sorgfalt überprüft. Dennoch sind versehentliche inhalt-
liche Fehler und Auslassungen nicht völlig auszuschließen. Für
etwaige fehlerhafte Angaben oder Probleme, die durch Zubereitung
oder Verzehr der in den Rezepten beschriebenen Speisen auftreten,
können Autorin, Verlag und Verlagsmitarbeiter keinerlei Haftung
übernehmen. Schwangere, stillende Mütter und Personen, die eine
spezielle Diät oder eine besondere Medikation befolgen, sollten
ärztlichen Rat einholen, bevor sie eines der in diesem Buch
enthaltenen Rezepte zubereiten.

Um sich über Neuerscheinugen von h.f.ullmann zu
informieren, fordern Sie bitte unseren Newsletter unter
www.ullmann-publishing.com an.
h.f.ullmann, Im Mühlenbruch 1, 53639 Königswinter, Deutschland
newsletter@ullmann-publishing.com; Fax: +49(0)2223-2780-708

SOWEIT NICHT ANDERS ANGEGEBEN:
• verwenden Sie mittelgroße Eier
• verwenden Sie frische Kräuter
• 1 TL = 5ml
• 1 EL = 15ml

Inhalt

Einführung

Obwohl Pasta längst international erfolgreich und wunderbar vielseitig ist, bleibt sie dennoch das italienische Nationalgericht schlechthin und schmeckt am besten, wenn sie mit mediterranen Zutaten zubereitet wird.

Pasta an sich ist bereits gesund, und ihr Nährwert lässt sich noch durch die Kombination mit den traditionell fettarmen Zutaten der italienischen Küche erhöhen, anstatt mit großen Mengen an fettreicher Sahne, Butter oder gehaltvollem Käse zu kochen. Gemeinsam mit frischem Gemüse, Kräutern und eventuell ein wenig Käse wird jedes Nudelgericht zu einer wertvollen Mahlzeit.

Pasta kann schlicht angerichtet werden oder sich als große Kochkunst präsentieren. Trotz ihrer Einfachheit sind Nudeln auch für besondere Anlässe ideal geeignet — Hauptsache, die Zutaten sind qualitativ erstklassig und frisch. Zudem können viele Pastagerichte innerhalb weniger Minuten zubereitet werden.

Die Vielfalt an Pastasorten ist scheinbar unendlich, dennoch ist es wichtig, auf gute Qualität zu achten, die meist aus Italien stammt. Achten Sie auf der Verpackung auf die Angaben „Hartweizen" — oder bei Eiernudeln „mit frischen Eiern". Sollten andere Zutaten angegeben sein, stellen Sie die Packung lieber zurück ins Regal! Frische Pasta erhalten Sie in guten italienischen Feinkostläden. Bei der großen Auswahl an fertigen Nudeln machen sich nur noch wenige Hobbyköche die Mühe, Pasta selbst herzustellen. Man benötigt zwar etwas Zeit, bis man die richtigen Tricks und Kniffe beherrscht — insbesondere das Ausrollen des Nudelteiges per Hand —, aber wenn man es erst einmal gelernt hat, wird Sie der Geschmack frischer Pasta schnell überzeugen!

PASTAMENGEN

Die Nudelmenge, die Sie pro Person benötigen, hängt vom Appetit ab, aber auch von der Rolle, die die Pasta in Ihrem Gericht spielen soll, und von der Saucenwahl: Bei einer Sahnesauce werden weniger Nudeln benötigt als bei einer leichten Gemüsesauce. Als Richtlinie sollten Sie mit etwa 70 g Nudeln (ungekocht) pro Person für eine Vorspeise rechnen und mit 85–115 g für ein Hauptgericht. Bei frischer Pasta benötigen Sie meist ein wenig mehr.

GETROCKNETE NUDELN

Üblicherweise wird getrocknete Pasta aus Hartweizengrieß hergestellt. Dieses Mehl ist wesentlich fester als andere Weizenmehlsorten, dadurch werden die Nudeln elastischer, sodass sie beim Trocknen nicht brechen. Der Teig ist sehr zäh und muss daher industriell geknetet werden, und für das Trocknen der Pasta braucht es kontrolliert temperierte Bedingungen. Getrocknete Nudeln aus Hartweizengrieß und Wasser gibt es in allen Formen. Getrocknete Eiernudeln enthalten ebenfalls Hartweizen in Kombination mit einem weicheren Mehl. Gegart sind sie seidiger und glatter in ihrer Konsistenz sowie geschmacksintensiver als die Hartweizennudeln, dafür aber auch teurer. Gern wird behauptet, frische Pasta sei immer besser als getrocknete, dies ist jedoch nicht der Fall. Getrocknete Pasta in guter Qualität (d. h. hergestellt aus Hartweizen von einem angesehenen, meist italienischen Erzeuger) ist wesentlich besser als frische Nudeln von minderer Qualität, von denen manche nur eine geringe Menge Ei enthalten. Durch die zunehmende Beliebtheit von Nudeln allgemein und frischer Pasta im Besonderen sind allerdings auch immer mehr Produkte von schlechter Qualität im Handel. Die beste frische Pasta findet man üblicherweise in italienischen Feinkostläden, die diese häufig selbst herstellen.

KURZER ÜBERBLICK ÜBER PASTAFORMEN

Es gibt Hunderte von Nudelformen. Die Benennungen können verwirrend sein, da oft ein und dieselbe Bezeichnung für mehrere Formen verwendet wird und sich in Italien die Namen oft regional deutlich unterscheiden. Die Endung des Namens gibt allerdings bereits hilfreiche Hinweise: „-ini" und „-ette" weisen auf kleine, „-oni" auf große Nudeln hin. Auf Seite 12 finden Sie weitere Hinweise zur Benennung von selbstgemachter Pasta.

LANGE, RUNDE PASTA: Dazu gehören Spaghetti, Spaghettini (schmale Spaghetti), Vermicelli (feine Spaghetti), Capelli d'Angelo („Engelshaar", fadenartige Pasta), Tonnarelli (hausgemachte viereckige Spaghetti), Bucatini oder Perciatelli (grobe, hohle Spaghetti), Bigoli (die einzige traditionelle Pasta aus Vollkornmehl).

LANGE, FLACHE BANDNUDELN: Dazu gehören Tagliatelle, Taglierini, Taglioni und Bavette (dünne Tagliatelle), Fettuccine (schmale Tagliatelle), Frappe (feine Bandnudeln mit gewellten Kanten), Trenette (eine Mischung aus Tagliatelle und Linguine), Linguine (flachen Spaghetti ähnlich), Paglia e Fieno („Stroh und Heu", Nester aus grünen und normalen Fettuccine), Tagliolini (hausgemachte Version der Linguine), Pappardelle (breite Bandnudeln) und Lasagnette (breite Nudeln mit geriffelten Kanten).

HOHLNUDELN: Dazu gehören Makkaroni, Ziti (den Makkaroni ähnlich), Penne (kurze, schräg abgeschnittene Hohlnudeln; Penne Lisce sind glatt und Penne Rigate geriffelt), Pennette (kleinere, dünnere Penne), Rigatoni (geriffelte, dicke Röhren), Marille (doppelte Rigatoni), Sedani (kurze, geriffelte Röhren mit geraden Enden), Elicoidali (schmalere Rigatoni mit schneckenförmigen Kanten und geraden Enden), Denti d'Elefante („Elefantenzähne", ziemlich lange, geriffelte Röhren mit geraden Kanten und flachen Enden), Garganelli (hausgemachte, geriffelte, röhrenförmige Nudeln), Cavatappi (korkenzieherförmig) und Chifferi (kleine, gebogene Röhren).

GEFORMTE PASTA: Dazu gehören Fusilli (spiralförmig), Orecchiette (ohrenförmig), Rotelle (radförmig), Farfalle (schmetterlingsförmig), Conchiglie (muschelförmig), glatte oder gerippte Conchigliette bzw. Conchiglioni (kleine bzw. große Conchiglie), Riccioli (kurz mit breiten Kanten), Radiatori (in der Form altmodischer Heizungen), Gnocchi (kloßförmig), Cavatieddi (klein, miesmuschelförmig), Lumache (Muscheln aus hohler Pasta), Eliche (kurze, dünne Spiralen), Trofie (ineinander verdrehte Nudeln mit spitzen Enden, manchmal an einer Seite offen), Strozzapreti (verdreht), Gemelli und Caserecce (ähnlich den Strozzapreti), Ballerine (glockenförmig mit gekräuselten Kanten) und Campanelle (ähnlich den Ballerine).

GEFÜLLTE PASTA (RIPIENA): Dazu gehören Cannelloni (Röhrennudeln), Cappelletti (kleine Vierecke, in Hütchenform gefaltet), Ravioli (Vierecke), Ravioloni (große Ravioli), Agnolotti oder Raviolini (Halbmonde) und Tortelli (Vierecke, größer als Ravioli; die kleinere Version — Tortellini — ist runder geformt, und Tortelloni können groß und viereckig sein).

SUPPENPASTA: Dazu gehören kleine Pastasorten (Pastina), die hauptsächlich für Suppen verwendet werden. Die Namen enden meist in „-ini", „-etti" oder „-ette" wie etwa Tubettini, Anellini, Quadretti, Conchigliette, Stelline und Ditali.

PASTA SELBST HERSTELLEN

Zweifellos ist hausgemachte Pasta die beste, insbesondere selbstgemachte Eiernudeln. Diese sind deshalb so beliebt, da man für sie nur die zwei Zutaten Mehl und Eier benötigt und sie einen unvergleichlichen Geschmack haben. Zahlreiche Mehlsorten können zur Zubereitung verwendet werden, siehe unten. Qualitativ hochwertige Eier — möglichst aus Freilandhaltung und ökologischer Landwirtschaft — ergeben den besten Geschmack; je intensiver die Farbe des Eigelbs ist, desto intensiver wird auch die Nudelfarbe. Jede Eiergröße kommt in Frage, passen Sie einfach die Mehlmenge entsprechend an. Auf Seite 10 erfahren Sie, mit welchen Geschmacksvarianten Sie experimentieren können.

Mehlsorten

Die Mehlsorte bestimmt die Konsistenz der Pasta:

HARTWEIZEN: Dieses Mehl wird in der Regel nicht für selbst gemachte Pasta verwendet. Frische Eiernudeln werden meist nicht getrocknet, daher kann auf Hartweizen verzichtet werden; einige Hobbyköche fügen dem Teig allerdings gern ein wenig Grieß hinzu, damit er haltbarer wird.

WEIZENMEHL GUTER QUALITÄT, Z. B. TYPE 405 ODER 550: Mit Weizenmehl lässt sich ein gut knetbarer Teig herstellen, der sich leicht ausrollen lässt. Die Pasta wird dadurch ziemlich weich und nicht besonders dehnfähig.

WEIZENMEHL FÜR BROTTEIG, Z. B. TYPE 1050: Teig mit diesem Mehl wird fester und lässt sich schwerer ausrollen, aber es entsteht Pasta mit der typisch geschmeidigen Konsistenz, die einigermaßen elastisch ist.

GEMAHLENER GRIESS/GRIESSMEHL: Grieß trägt zur Festigkeit und zur Farbe von Pasta bei; sie wird geschmeidiger und grober, aber nicht sehr dehnbar. Teig, der nur Grieß und kein anderes Mehl enthält, lässt sich schwer ausrollen, reißt leichter ein und das Formen der flachen Nudelbahnen ist sehr schwierig. Dafür lässt sich der Teig gut schneiden und er klebt kaum. Bei Verwendung von Grieß benötigt man mehr Eier als bei den übrigen Mehlsorten, daher kann es knifflig werden, die richtigen Mengenverhältnisse zu finden. Ein guter Kompromiss ist daher die Kombination von Grieß und Weizenmehl im Verhältnis 1 : 4 bzw. 1 : 2.

WEICHWEIZENMEHL, TYPE 00: Dies ist ein sehr weiches, fein gemahlenes italienisches Mehl. Der Teig ist zunächst körniger als andere, wird aber nach ein paar Minuten Kneten immer glatter und seidiger. Mit diesem Teig lässt sich am einfachsten arbeiten, und die Pasta wird leichter, weicher, dehnfähiger und nicht zu fest. Auch die Garzeit der Pasta verringert sich bei diesem Teig ein wenig.

Die Konsistenz des Teiges beeinflusst ebenfalls die Beschaffenheit der Pasta: Ein zäher Teig ergibt festere Pasta, während aus weichem Teig glatte und seidige Nudeln entstehen. Man sollte jedoch bedenken, dass ein weicherer Teig schwieriger zu verarbeiten ist, da er beim Schneiden verklebt und langsamer trocknet. Geben Sie zu einem zu weichen Teig einfach ein wenig mehr Mehl hinzu.

WAS SIE ZUR PASTAHERSTELLUNG BENÖTIGEN

Wenn Sie Nudeln selbst herstellen wollen, brauchen Sie nur wenig Küchenzubehör:

- Großzügige, feste Arbeitsplatte, mindestens 60 cm tief, 90 cm breit.
- Glatte, warme Arbeitsoberfläche, traditionell ein großes, glattes Holzbrett. Die kunststoffbeschichteten Arbeitsplatten in modernen Küchen sind eine gute Alternative. Marmor-, Schiefer- oder Granitplatten sind zu kalt.
- Langes Nudelholz — 60 cm lang, bis zu 5 cm Durchmesser ist ideal für einen Teig mit 3 Eiern.
- Geschirrtücher — zum Aufsaugen der Feuchtigkeit. Während des Teigtrocknens werden mehrere Geschirrtücher benötigt.
- Frischhaltefolie — um den Teig abzudecken.
- Nudelmaschine — mit ihr ist das Ausrollen der Nudeln einfacher und effektiver. Die Maschine hat Walzen aus rostfreiem Edelstahl, die den Teig ganz dünn rollen. Der Abstand zwischen den Walzen kann variiert werden, sodass der Teig bei jedem Durchgang immer dünner und dünner gewalzt werden kann, bis die gewünschte Dicke erreicht ist. Häufig können zudem Schneidemesser für unterschiedliche Nudelbreiten an der Maschine angebracht werden. Eine Maschine mit Handkurbel bringt meist die besseren Resultate als eine motorbetriebene
- Langes, scharfes Messer zum Schneiden und Formen der Nudeln.
- Teigrädchen zum Schneiden von Formen für gefüllte Pasta und zum Dekorieren von Pappardelle, Lasagnette etc.
- Ausstechförmchen für gefüllte Pasta.

FRISCHER PASTATEIG

ZUBEREITUNGSZEIT: Genaue Angaben sind hier schwierig, da die Zeit davon abhängt, ob Sie mit der Hand oder maschinell arbeiten, ob Sie bereits Erfahrung haben und welche Pastaform Sie zubereiten wollen. Mit etwas Vorwissen müssen Sie für die Zubereitung von einfachen Nudelformen ohne Maschine und einer Pastamenge von ungefähr 350 g etwa 35–40 Minuten einrechnen, plus Trockenzeit.

200G MEHL (SIEHE VORHERIGE SEITE)

2 GROSSE EIER, AM BESTEN AUS FREILANDHALTUNG

Geschmacksvariationen

Versuchen Sie auch einmal mithilfe der folgenden Zutaten unterschiedliche Geschmacksrichtungen. Für die meisten Rezepte benötigen Sie ein wenig mehr Mehl beim Kneten, Schneiden und Ausrollen.

KRÄUTER: 3 EL fein gehackte Kräuter, wie etwa Basilikum, Rosmarin, Petersilie oder Oregano, unter die Eier geben.

SCHWARZER PFEFFER: 1½ EL grob gemahlene schwarze Pfefferkörner unter die Eier geben.

ZITRONE: Den Eiern 2 EL Zitronensaft sowie die fein abgeriebene Schale von 2 unbehandelten Zitronen hinzufügen. Für diesen Teig werden etwa 25 g (2 EL) Mehl zusätzlich benötigt.

SPINAT: 150 g Spinat in einem geschlossenen Topf unter gelegentlichem Rühren garen, bis er weich und zart ist. Gut abgießen, fein hacken und restliche Flüssigkeit herauspressen. Zum Trocknen auf Küchenpapier legen, danach zu den Eiern geben. Bis zu 100 g Mehl werden zusätzlich benötigt.

SAFRAN: Eine Prise Safranfäden 30 Minuten in 1 EL heißes Wasser legen, kurz mit einem Löffel ausdrücken, dann zu den Eiern geben. Für diesen Teig werden vermutlich etwa 25 g (2 EL) Mehl zusätzlich benötigt.

CHILI: 1–2 TL grob gemahlene Chiliflocken zu den Eiern geben.

SCHWARZE OLIVEN: 2 EL schwarze Olivenpaste unter die Eier rühren.

TINTENFISCH: Ein kleines Päckchen (6 g) Tintenfischtinte zu den Eiern geben.

TOMATENMARK: 2 EL Tomatenmark unter die Eier rühren.

PESTO ODER ROTES PESTO: 2 EL Pesto unter die Eier rühren.

Für 500 g Pasta benötigen Sie 300 g Mehl und 3 große Eier.

Sie können den Teig entweder mit der Hand mischen (siehe unten) oder eine Küchenmaschine bzw. ein Handrührgerät verwenden (siehe Anleitung gegenüberliegende Seite).

Den Teig mit der Hand mischen

Mit den Händen lassen sich Feuchtigkeit und Konsistenz des Teiges und damit die benötigte Mehlmenge leichter bestimmen, sodass Sie diese Methode einer Küchenmaschine vorziehen sollten. Jede Mehlsorten nimmt unterschiedlich viel Flüssigkeit auf – auch abhängig von Lagerung sowie Luftfeuchtigkeit und Temperatur Ihrer Küche. Auch die Eier können sich in der Größe unterscheiden. Grundsätzlich sollten Sie bei der Zubereitung bedenken, dass es einfacher ist, einem zu weichen Teig etwas Mehl hinzuzufügen als einem zu trockenen Teig etwas mehr Ei.

1   Das Mehl in eine Schüssel geben und in der Mitte eine Mulde formen. Die Eier hineingeben. Mit einer Gabel die Eier verrühren, dabei etwas Mehl in die Eimasse ziehen und langsam einarbeiten. Dann mit den Händen so lange Mehl unterheben, bis ein grober, mittelweicher Teig entsteht. Es kann sein, dass Sie nicht das gesamte Mehl benötigen. Ist der Teig zu klebrig, geben Sie noch etwas Mehl hinzu. Wenn Sie aus Versehen zu viel Mehl verwendet haben, dann geben Sie etwas Ei oder natives Olivenöl hinzu.

2   Den Teig zu einer Kugel formen und auf eine leicht mit Mehl bestäubte Arbeitsfläche setzen. Den Teig etwa 10 Minuten durchkneten, indem Sie einen Teil des Teiges mit dem Handballen von sich wegdrücken und dann den Teig wieder in Ihre Richtung zurückklappen.

3   Weiter kneten und dabei den Teig immer wieder leicht drehen, bis er elastisch, glatt und weich ist. Wenn der Teig maschinell weiterverarbeitet wird, muss er nicht ganz so gut durchgeknetet sein wie bei der Arbeit mit der Hand. Achten Sie darauf, nicht zuviel Mehl beim Kneten hinzuzufügen, da der Teig sonst zu fest und trocken wird. Es wird nur soviel Mehl benötigt, dass der Teig nicht an der Arbeitsfläche kleben bleibt.

Die Arbeit mit der Küchenmaschine

Alle Zutaten in die Schüssel geben und mit der Maschine kneten, bis sich eine kleine Kugel bildet. Den Teig auf eine mit Mehl bestäubte Arbeitsfläche legen und ihn etwa 2 Minuten mit der Hand weiterkneten.

Die Arbeit mit dem Handrührgerät

Mehl und Eier in eine Schüssel geben und beides mit dem Knethakeneinsatz bei mittlerer Geschwindigkeit so lange rühren, bis ein fester Teig entsteht. Den Teig auf eine mit Mehl bestäubte Arbeitsfläche legen und ihn etwa 1 Minute mit der Hand weiterkneten.

Den Teig ruhen lassen

Den durchgekneteten Teig unter eine Schüssel legen oder mit Frischhaltefolie bedecken und für 30 Minuten bei Zimmertemperatur ruhen lassen. Wenn die Küche zu warm ist, den Teig in den Kühlschrank stellen. In diesem Fall vor dem Ausrollen die Masse langsam wieder warm werden lassen.

Den Teig von Hand ausrollen

Wenn Sie den Teig mit der Hand ausrollen, hat die Pasta eine porösere Konsistenz und kann mehr Sauce aufnehmen als eine maschinell hergestellte. Sie brauchen aber schon ein wenig Geduld, bis Sie darin Übung haben!

1   Den Teig in vier kleine Kugeln aufteilen. Auf einer ganz leicht mit Mehl bestäubten Oberfläche den Teig etwa 1 Minute kneten, anschließend mit der flachen Hand zu einer Scheibe platt drücken und von der Mitte aus mit dem Ausrollen beginnen.

2   Den Teig mit einigem Druck immer vom Körper weg ausrollen. Ohne Druck das Nudelholz zurück in die Teigmitte rollen und das Ganze viermal wiederholen. Den Teig leicht drehen und solange wiederholen, bis der Teig überall etwa 6 mm dick ist. Zwischendurch Arbeitsfläche und Nudelholz immer wieder mit Mehl bestäuben.

3   Vom oberen Ende des Teiges aus etwa ein Drittel des Teiges auf das Nudelholz rollen. Mit einer Hand festhalten, indem Sie mit Ihren Fingern um den Teig und das Nudelholz fassen. Mit der anderen Hand das untere Ende des Teiges fassen und sanft in beide Richtungen ziehen. Vorsicht: Zu viel Druck und der Teig wird reißen, zu wenig Druck und der Teig wird nicht genug gedehnt. Teig vom Nudelholz rollen und eine Vierteldrehung machen und das Ganze so oft wiederholen, bis der Teig etwa 2–3 mm dünn ausgerollt ist.

4   Das Nudelholz auf den Teig legen und den Teig sanft ausrollen, dabei vom oberen Ende her den Teig zum Körper hin eng auf das Nudelholz aufrollen. Dabei mit beiden Händen den Teig in der Mitte des Nudelholzes festhalten. Solange rollen, bis etwa ein Viertel des Teiges aufgerollt ist.

5   Die Handballen auf das Nudelholz legen und weiter aufrollen. Mit den Handinnenflächen voneinander weg in Richtung der Enden des Nudelholzes streichen, den Teig dabei sanft ziehen und das Nudelholz schnell vor- und rückwärts bewegen. So lange fortfahren, bis der Teig komplett aufgerollt ist. Mit etwa 12–14 Durchgängen müssen Sie rechnen.

6   Pastateig abrollen, leicht drehen und mit Mehl bestäuben, falls er klebrig ist. Den Vorgang aus Punkt 5 zügig so oft wiederholen, bis die Pasta hauchdünn ist — je nach Pastaform bis unter 2 mm. Wenn der Teig Löcher aufweist, einfach mit ein wenig Teig von den Rändern „stopfen". Sie sollten hierfür nur etwa 8–10 Minuten benötigen, sonst trocknet der Teig aus und verliert seine Dehnfähigkeit, sodass Sie ihn nicht weiter ausrollen können.

7   Wenn Sie gefüllte Pasta herstellen wollen, lassen Sie die Schritte 4–6 aus. Den Pastateig auf das Nudelholz aufrollen und auf einem großen, trockenen Geschirrtuch wieder abrollen, dabei etwa ein Drittel des Teiges von der Arbeitsfläche herunterhängen lassen. 10 Minuten ruhen lassen, dann so drehen, dass ein anderes Drittel herunterhängt. Mit dem letzten Drittel wiederholen. Wenn die Teigoberfläche ledrig aussieht und der Teig noch formbar ist, mit dem Schneiden beginnen. Wenn die Küche sehr warm ist, kann sich die Trockenzeit verkürzen; wenn der Teig zu sehr austrocknet, kann er mürbe und brüchig werden.

8   Den Teig auf das Nudelholz aufrollen und auf der Arbeitsfläche wieder abrollen. Mit einem scharfen Messer oder einem Teigrädchen in die gewünschten Größen schneiden. Die Nudeln leicht auseinanderschieben, sodass die Luft zirkulieren kann. Alternativ kann der Teig auch zu einer flachen Rolle zusammengefaltet werden, etwa 6 cm breit, und der Länge nach in die gewünschte Nudelbreite geschnitten werden. Mit bemehlten Fingerspitzen die Nudeln trennen. Diese Methode ist zeitsparender, aber die auseinander-gewickelten Nudeln können Falten haben.

Die Arbeit mit der Nudelmaschine

Den Teig in vier kleine Kugeln aufteilen, drei davon wieder mit Frischhaltefolie bedecken, damit sie nicht austrocknen. Mit dem Handballen die vierte Kugel leicht flach drücken, dann durch die etwas mit Mehl bestäubte Pastamaschine auf der breitesten Einstellung drehen. Teig in der Mitte zusammenfalten und Prozedur viermal wiederholen. Bei jedem Durchgang die Maschine um eine Stufe dünner stellen.

So lange wiederholen, bis der Teig durch sämtliche Einstellungsbreiten gedreht wurde und die Pasta 1—1,5 mm dünn ist oder die benötigte Dicke für die von Ihnen gewünschte Nudelform erreicht hat. Wobei die letztmögliche Stufe auch weggelassen werden kann, falls sie zu dünn ist. Mit dem restlichen Teig ebenso verfahren.

Mithilfe der Maschine oder per Hand den Teig in etwa 20—23 cm lange Streifen schneiden und die Nudeln formen. Vor dem Kochen etwa 5 Minuten ruhen lassen. Tipps, wie Sie frische Pasta am besten aufbewahren können, finden Sie auf Seite 13.

Pastagrößen

Nachfolgend finden Sie die traditionellen Breiten für flache Pastaformen:

Tagliatelle (etwa 1 mm dick): 8 mm

Tagliarini (etwa 1 mm dick): 2 mm

Tagliolini (etwa 1 mm dick): 2 mm

Tonnarelli (etwa 1,5 mm dick): 1,5 mm

Fettuccine/Trenette (etwa 1 mm dick): 5 mm

Pappardelle (etwa 1,5 mm dick): 2 cm

Lasagnette (etwa 1,5 mm dick): 2,5—3 cm

Lasagne (etwa 1,5 mm dick): 12,5—15 cm x 7,5—10 cm (oder nach Belieben)

Nudeln formen

Wenn Sie die Pasta formen, sollten Sie den unbenutzten Teig immer mit Folie bedecken, sodass er nicht austrocknet, und zügig arbeiten. Unten aufgeführt sind einige einfache Nudelformen für selbst gemachten Pastateig — auf Seite 8 erfahren Sie mehr zu der Vielfalt an Formen von getrockneter Pasta, die Sie fertig im Supermarkt oder in Feinkostgeschäften kaufen können.

BRANDELLI: Die einfachste Pastaform, einfach den Pastateig nach dem Ausrollen in unregelmäßige kleine Stücke reißen.

FARFALLE: Mithilfe eines geriffelten Pasta- oder Teigrädchens den Teig in Rechtecke (4 x 2,5 cm) schneiden. Jedes Teigstück in der Mitte zwischen Daumen und Zeigefingerfest zusammendrücken, sodass die typische Schleifenform entsteht. Wenn die Pasta nicht in Form bleibt, Finger mit Wasser anfeuchten und Vorgang wiederholen. Die Schleifen auf ein Geschirrtuch legen, mit ein wenig Mehl bestäuben und vor dem Kochen etwa 15 Minuten trocknen lassen.

GARGANELLI: Pastateig in 5 x 5 cm große Vierecke schneiden. Viereck so auf ein geriffeltes Brettchen legen, dass eine Ecke in der Mitte des Brettchens liegt. Einen leicht bemehlten, sauberen Bleistift oder ein rundes Essstäbchen diagonal über die Ihnen am nächsten liegende Ecke des Teiges legen, vom Körper wegrollen und den Teig aufrollen, der nun aufgrund der Oberfläche des Brettchen geriffelt ist. Stift hochkant stellen und durch leichtes Antippen oder Klopfen den Teig vom Stift lösen. Die Garganelli für 10—15 Minuten zum Trocknen auf einem Geschirrtuch auslegen.

GNOCCHI: Eigentlich sind diese kleinen Klößchen keine Nudeln, sie werden aus Grieß oder Kartoffeln hergestellt. Eine kleine Menge Teig zu kleinen, etwa 2,5 cm langen Würstchen rollen. Mit einer Gabel kann man dann ein Muster in die Oberfläche der Gnocchi drücken.

MALTAGLIATI: Übersetzt bedeutet der Name „schlecht geschnitten", denn diese Pasta wurde aus Teigresten hergestellt. Sie können die Nudeln nach Ihren Vorstellungen gestalten: Sie können willkürliche Formen haben oder zu akkuraten Dreiecken geschnitten sein. Traditionell werden Maltagliati in der Suppe verwendet, sie können aber auch Zutat anderer Gerichte sein.

ORECCHIETTE: Pastateig zu etwa 30 cm langen und 1 cm dicken Röllchen formen. In etwa 1 cm große Stücke schneiden und zu einer gleichmäßigen Kugel formen. Flach pressen und dabei so von Ihnen wegdrücken, dass eine Ohren- oder Muschelform entsteht.

QUADRUCCI: Ähnlich den Maltagliati, aber in quadratische Stücke geschnitten.

Gefüllte Pasta

Die angegebenen Größen sind Erfahrungswerte, sie können nach Belieben variiert werden. Teigreste können zu Formen wie Brandelli oder Maltagliati geformt werden (siehe Seite 12). Übrig gebliebene Füllung kann als Sandwichbelag, als Omelette- oder Pilzfüllung verwendet werden oder, zu kleinen Kugeln oder Röllchen geformt, gebraten werden.

AGNOLOTTI (AUCH ALS RAVIOLINI BEKANNT): Mithilfe eines glatten oder geriffelten Teigrädchens Kreise (5 cm Durchmesser) aus dem Pastateig schneiden. Auf eine Hälfte der Kreise etwa 1 Teelöffel Füllung setzen. Mit einem Teigpinsel die Kanten anfeuchten und mit der anderen Hälfte des Teigkreises die Füllung umschließen. Kanten zusammendrücken.

CAPPELLETTI/CAPPELLACCI: Werden wie Tortellini hergestellt, den Teig hierzu in Quadrate schneiden. Ihre Form sollte Bischofsmützen ähneln, indem man zwei Enden der dreieckigen Teigtaschen zusammendrückt.

RAVIOLI (IN DER ROMAGNA ALS TORTELLONI BEKANNT): Den Teig mithilfe eines langen, scharfen und bemehlten Messers in 10 cm breite Streifen schneiden. Einen Streifen der Länge nach in der Mitte falten und wieder aufklappen, die restlichen Streifen abdecken. Mit einem Teelöffel oder einem Spritzbeutel mit einer großen, glatten Tülle auf beiden Seiten der Mittelfalte alle 4–5 cm eine kleine Menge an Füllung auf den Teigstreifen setzen. Mit einem Teigpinsel vorsichtig ein wenig Wasser um jede Füllung geben. Einen zweiten Streifen Teig daraufsetzen. Mit den Fingern sanft die Luft zwischen den Füllungen ausstreichen. Leicht mit Mehl bestäuben. Mit einem Teigrädchen in der Mitte der Streifen und zwischen den Füllungen schneiden, sodass quadratische Stücke entstehen. Mit den übrigen Teigstreifen und der Füllung genauso vorgehen. Die Ravioli können nun direkt gekocht oder zum weiteren Trocknen auf einem Geschirrtuch ausgelegt werden.

RAVIOLONI: wie Ravioli, nur größer.

TORTELLINI: Mithilfe eines glatten oder geriffelten Teigrädchens, Kreise (5 cm Durchmesser) aus dem Pastateig schneiden. Auf eine Hälfte der Kreise etwa ½ Teelöffel Füllung setzen. Mit einem Teigpinsel die Kanten anfeuchten und mit der anderen Hälfte des Teigkreises die Füllung umschließen. Kanten zusammendrücken. Die zwei Ecken gegeneinander biegen, dabei um den Zeigefinger rollen. Enden zusammendrücken.

TORTELLINI (AUS BOLOGNA): Werden wie Cappelletti hergestellt, Teig hierbei in 7,5 x 7,5 cm große Quadrate schneiden.

13

Wenn die Pasta geschnitten und geformt ist, darauf achten, dass sich die Nudeln nicht berühren, da sie sonst aneinanderkleben. Wenn Sie die Pasta sofort kochen möchten, lassen Sie sie 5 Minuten trocknen, damit sie fester wird.

FRISCHE PASTA AUFBEWAHREN

Wenn Sie nicht sofort mit dem Kochen loslegen wollen oder Sie zu viel frische Pasta für eine Mahlzeit hergestellt haben, bestäuben Sie die Pasta mit ein wenig Mehl oder Grieß und rollen Sie sie zu lockeren „Nestern" zur besseren Lagerung zusammen. Sie können die Pasta auch auf Geschirrtüchern auslegen und auf ein Blech o. Ä. setzen oder sie auf eine Wäscheleine oder über einen zwischen zwei Stühlen befestigten Besenstiel hängen. Für 24 Stunden trocknen lassen und vorsichtig einpacken.

Die Pasta kann dann für 3–4 Tage in einem geschlossenen Behälter an einem kühlen Ort aufbewahrt werden. Da sie keinen Hartweizen enthält, kann selbst gemachte Pasta mürbe und brüchig werden, wenn sie länger aufbewahrt wird. Lasagneblätter und geformte Pasta sollten ausgelegt getrocknet werden.

PASTATEIG: Kann mit Folie bedeckt und zu einer Kugel geformt bis zu 1 Monat eingefroren werden.

GEFÜLLTE PASTA: Kann bis zu 3 Tage im Kühlschrank aufbewahrt werden. Ausgebreitet trocknen lassen. Auf Butterbrotpapier in einem luftdichten Behälter in den Kühlschrank stellen. Pasta mit sehr feuchten Füllungen lässt sich nur schlecht einfrieren, bei Fleischfüllungen ist dies meist kein Problem. Auf einem Blech auslegen und für 2–3 Stunden in die Tiefkühltruhe stellen, dann vorsichtig in eine feste Gefrierdose umfüllen. Kann bis zu 3 Monate aufbewahrt werden. Nicht auftauen, sondern tiefgefroren kochen, 5 Minuten zusätzliche Kochzeit einplanen.

PASTAGERICHTE: Ungegarte Pastagerichte zum Überbacken, wie etwa Lasagne oder Cannelloni, können zugedeckt für etwa einen Tag im Kühlschrank aufbewahrt werden. Vor dem Kochen 1–2 Stunden auf Zimmertemperatur erwärmen lassen oder etwa 5–10 Minuten zusätzliche Backzeit im Ofen einrechnen. Gegarte Pastagerichte können ebenfalls eingefroren werden. Abdecken und auskühlen lassen, bevor sie für etwa 2 Monate eingefroren werden können. Vor dem Aufbacken/Erwärmen über Nacht im Kühlschrank auftauen lassen.

SAUCEN

Die italienische Küche achtet sehr genau darauf, welche Pastaform zu welcher Sauce passt, hierzulande sind diese Regeln etwas lockerer. Dennoch sind manche Kombinationen anderen vorzuziehen. Hierbei sind Form und Dicke der Pasta ausschlaggebend, da sie die Konsistenz der Pasta und die Aufnahmefähigkeit der Sauce bestimmen. Generell gilt: Passen Sie die Dicke der Pasta dem Gehalt der Sauce an.

- Lange, dünne Nudeln wie Linguine, Spaghettini und Spaghetti passen am besten zu einfachen Saucen, die auf Olivenöl basieren, und zu Saucen mit feingehackten Zutaten. Spaghetti aber sind fest genug, dass sie auch mit einer ganzen Reihe anderer Saucen gut kombiniert werden können.
- Lange, dicke Nudeln wie Bucatini und flache Schleifen wie Tagliatelle passen am besten zu Sahnesaucen und zu Saucen mit kleinen Mengen an Gemüse, Fleisch oder Fisch.
- Pappardelle und andere breite Pastasorten sowie Hohlnudeln wie Penne und Pastaformen wie Orecchiette serviert man üblicherweise mit kräftigen Gemüse- oder Fleischsaucen oder in überbackenen Gerichten.
- Röhrennudeln, Spiralnudeln, Muscheln und ähnliche Formen passen am besten zu saftigen Fleisch- und Gemüsesaucen.
- Zu leichten Sahnesaucen passt frische Pasta besser als getrocknete.

Für einen Italiener ist die ideale Menge an Sauce erreicht, wenn die Pasta damit leicht „benetzt" ist, ohne dass die Pasta im Teller „schwimmt". Aber dies ist natürlich Geschmacksache, und Sie können auch mehr Sauce verwenden.

KOCHZUBEHÖR FÜR PASTAGERICHTE

Dies sollte zur Grundausstattung gehören:

- Großer, tiefer Kochtopf; wenn Sie häufig Pasta kochen, empfiehlt sich die Anschaffung eines Topfes mit integriertem Abtropfsiebeinsatz.
- Große, breite Auflaufform für Lasagne.
- Langstielige Gabel zum Rühren der Pasta während des Kochens und zum Unterrühren der Sauce.
- Nudellöffel aus Holz, sieht aus wie ein flacher Löffel mit rechtwinklig angebrachten Zinken, sodass die Pasta beim Hochheben nicht vom Löffel rutschen kann.
- Nudelzange vor allem für Spaghetti und andere lange Nudelsorten.
- Langstieliger Schaumlöffel zum Herausheben von gefüllter Pasta aus dem Kochwasser.
- Parmesanreibe: spezielle, sehr scharfe Reibe für feste Käsesorten wie Parmesan oder Pecorino.
- Parmesanmesser: Messer mit einer kurzen Klinge zum Schneiden oder Abhobeln von Parmesan oder Pecorino.

PASTA KOCHEN

Pasta schmeckt am besten, wenn sie direkt nach dem Kochen serviert wird (außer bei Nudelsalaten), daher ist es wichtig, dass Sauce und Pasta gleichzeitig fertig sind. Dies kann bedeuten, dass Sie die Sauce schon einmal vom Herd nehmen, wenn sie bereits fertig ist, und sie nochmals erwärmen müssen, wenn die Pasta gar ist. Da es eine Weile dauert, bis das Nudelwasser kocht, können Sie es bereits aufsetzen, bevor Sie mit der Zubereitung der Sauce beginnen. Dies gilt insbesondere für frische Pasta.

Obwohl es natürlich wichtig ist, die Nudeln in ausreichend Wasser zu kochen, benötigen Sie keine Unmengen. Auch wenn die Pasta mit nur etwa 7,5 cm Wasser bedeckt ist, kocht sie ausgezeichnet, wenn Sie gleich zu Beginn und während des Kochens 2–3-mal umrühren und wenn das Wasser nur sanft köchelt.

Das Wasser in einem zugedeckten Topf zum Kochen bringen, Salz hinzugeben (dies ist nur eine Frage des persönlichen Geschmacks und kein Muss!), sämtliche Pasta hineingeben (Öl ist unnötig); Spaghetti leicht auffächern, während sie weich werden. Umrühren, zudecken und wieder zum Kochen bringen. Deckel entfernen und die Pasta köcheln lassen, bis sie gerade bissfest ist, sie gart auch nach dem Abgießen noch ein wenig nach.

Je nach Mehlsorte und Trockenzeit kann frische Pasta in nur etwa 1 Minute Kochzeit fertig sein oder auch bis zu 5 Minuten benötigen. Normalerweise sollte man mit 2–4 Minuten rechnen. Die Kochzeit bei getrockneter Pasta richtet sich nach den Packungsangaben, kosten Sie die Pasta aber bereits ein paar Minuten vor der angegebenen Zeit. Gefüllte Pasta gart in etwa 4–7 Minuten.

Pasta abgießen, sobald sie gar ist — entweder, indem Sie sie in ein großes, möglichst vorgewärmtes Abtropfsieb kippen oder indem Sie den integrierten Siebeinsatz des Kochtopfs anheben. Das Sieb zwei- bis dreimal kräftig schütteln, aber nicht zuviel Wasser abgießen. Lange Nudeln sollten noch wässrig sein; geformte

Nudeln und kurze Röhren müssen etwas gründlicher abgegossen werden, damit das eingeschlossene Wasser entweichen kann, aber auch sie sollten noch feucht sein. Frischeinudeln müssen kaum abgegossen werden, da sie mehr Sauce aufnehmen können als getrocknete Sorten.

Es ist hilfreich — und in einigen Rezepten sogar notwendig —, ein wenig vom Nudelwasser aufzufangen und später den Nudeln bzw. der Sauce zuzugeben, damit das Gericht nicht zu trocken wird. Das Wasser ist besser als heißes Wasser aus dem Hahn, da die darin enthaltene Stärke der Sauce mehr Gehalt und Geschmeidigkeit verleiht.

Pasta und Sauce mischen

Pasta sollte, sobald sie gar ist, mit der Sauce vermischt werden, ein bisschen Olivenöl oder Nudelwasser kann verhindern, dass die Nudeln zusammenkleben. Wenn die Pasta klebrig ist, einfach in das Abtropfsieb geben und Nudelwasser darübergießen. Zum Mischen mit der Sauce die Pasta wieder in den Kochtopf zurückgeben und die Sauce untermischen bzw. die Pasta in den Saucentopf geben. Sie können die Nudeln aber auch in einer vorgewärmten geräumigen Servierschüssel servieren und darin mit der Sauce vermischen. Manche Rezepte verlangen auch ein gemeinsames Aufwärmen von Pasta und Sauce, hierbei sollte die Hitze nicht zu groß sein und nicht über einen zu langen Zeitraum einwirken. Zum Vermischen von Pasta und Sauce eignen sich zwei langstielige Holzlöffel oder -gabeln oder eine Gabel und ein Löffel. Die Pasta anheben und sanft unter die Sauce heben. Wenn die Sauce nach dem Mischen zu dickflüssig erscheint, noch ein wenig Nudelwasser hinzufügen.

Kochen von gefüllter Pasta

Gefüllte Pastasorten wie Ravioli sind brüchiger als normale Sorten, deshalb sollte man beim Kochen vorsichtiger mit ihnen umgehen, damit die Füllung nicht herausfällt. Nicht zu stark kochen und am besten mit einer Schaumkelle aus dem Wasser heben.

Pasta für überbackene Gerichte

Aufgrund der zusätzlichen Backzeit im Ofen sollte die Kochzeit der Pasta bei überbackenen Gerichten etwas kürzer ausfallen: etwa 1—2 Minuten weniger, je nach Dauer der Backzeit.

Lasagneblätter und Cannelloni nach und nach in einem flachen, großen Topf kochen. Da das Umrühren schwieriger ist und sie dadurch eher zusammenkleben, 1—2 TL Olivenöl ins Nudelwasser geben. Nach Packungsangabe garen, gut abgießen und mit kaltem Wasser abschrecken, um überflüssige Stärke zu entfernen. Nochmals abgießen und auf einem Geschirrtuch zum Trocknen auslegen. Cannelloniröhren müssen noch vorsichtiger zubereitet werden als Lasagneblätter.

Nudeln, die nicht vorgekocht werden müssen, sind durch kurzes Aufkochen besser zu verarbeiten; Pasta etwa 1 Minute kochen lassen, bis sie formbar ist. Wenn Sie die Nudeln nicht vorkochen möchten, obwohl es das Rezept verlangt, bereiten Sie etwas mehr Sauce zu oder machen die Sauce ein wenig dünnflüssiger.

Pasta in der Mikrowelle

Lediglich kurze Röhrennudeln, Suppenpasta und Mengen unter 225 g eignen sich für ein Garen in der Mikrowelle, die Resultate sind trotzdem nicht mit dem herkömmlichen Kochen der Nudeln zu vergleichen. Es macht keinen Sinn, größere Mengen mit der Mikrowelle zuzubereiten, da Sie aufgrund der benötigten Wassermenge schrittweise arbeiten müssten, was die Zeitersparnis durch die Mikrowelle wieder zunichte macht.

Mikrowellen können vor allem beim Auftauen von tiefgefrorenen Gerichten nützlich sein und zum Aufwärmen von bereits gegarter Pasta wie Lasagne oder Cannelloni, insbesondere bei Einzelportionen. Auch Pastasaucen lassen sich in der Mikrowelle zeitsparend auftauen und aufwärmen.

Wenn Sie weniger kleinere Mengen Nudeln in der Mikrowelle zubereiten wollen, sollten Sie die Pasta in eine passende Schüssel geben und vorab kochendes Wasser darübergießen, sodass die Nudeln etwa 2,5 cm hoch mit Wasser bedeckt sind. Kurz umrühren und in die Mikrowelle stellen. Frische Pasta auf der höchsten Stufe etwa 3—4 Minuten kochen lassen, getrocknete etwa 8—10 Minuten. Vor dem Abgießen 5 Minuten ziehen lassen.

PASTA SERVIEREN

Am besten richten Sie die Nudeln in Pastatellern oder tiefen Suppentellern an. Weil Pasta schnell erkaltet, sollten Sie die Teller vorher anwärmen. Nudelsalate sollten Sie warm oder kalt servieren, aber nicht gekühlt.

001
Bolognese-Sauce

VORBEREITUNGSZEIT 10 Minuten GARZEIT 1¼–2¼ Stunden FÜR 4 Personen

1 ZWIEBEL, FEIN GEHACKT
1 KLEINE KAROTTE, FEIN GEHACKT
1 KLEINE SELLERIESTANGE, FEIN GEHACKT
OLIVENÖL
2 KNOBLAUCHZEHEN, FEIN GEHACKT
350G MAGERES RINDERHACKFLEISCH
225ML MILCH

175ML TROCKENER WEISSWEIN
500G REIFE TOMATEN, GEWÜRFELT
1 EL TOMATENMARK
1 BOUQUET GARNI
SALZ UND FRISCH GEMAHLENER
   SCHWARZER PFEFFER

1   Zwiebel, Karotte und Sellerie in etwas Olivenöl goldbraun andünsten. Den Knoblauch zufügen und 1–2 Minuten mitbraten. Das Hackfleisch hinzugeben und unter Rühren Farbe annehmen lassen.
2   Die Milch in drei Portionen hinzugeben, jedesmal die Flüssigkeit einkochen lassen. Den Vorgang mit dem Wein wiederholen. Die Sauce nicht mehr aufkochen lassen, sonst wird das Fleisch zäh.
3   Tomaten, Tomatenmark, Bouquet garni und 225 ml Wasser zufügen. Die Sauce 1½–2 Stunden im offenen Topf köcheln lassen, dabei gelegentlich umrühren. Mit Salz und Pfeffer abschmecken. Das Bouquet garni entfernen.
4   Sofort mit heißer Pasta servieren. Die Sauce kann 1–2 Tage im Kühlschrank oder bis zu 1 Monat im Tiefkühlfach aufbewahrt werden. Am Vortag auftauen und beim Aufwärmen etwas Flüssigkeit zugießen.

16

SAUCENKLASSIKER

002
Schnelle Bolognese-Sauce

VORBEREITUNGSZEIT 10 Minuten GARZEIT 50 Minuten FÜR 4 Personen

1 GROSSE ZWIEBEL, FEIN GEHACKT
1 KAROTTE, FEIN GEHACKT
1 SELLERIESTANGE, FEIN GEHACKT
OLIVENÖL
2 KNOBLAUCHZEHEN, FEIN GEHACKT
450G RINDERHACKFLEISCH
300ML ROTWEIN

300ML RINDERFOND ODER -BRÜHE
1 DOSE (400G) PIZZATOMATEN
1 EL TOMATENMARK
2 TL OREGANO
SALZ UND FRISCH GEMAHLENER
   SCHWARZER PFEFFER
2 EL GLATTE PETERSILIE, GEHACKT

1   Zwiebel, Karotte und Sellerie in etwas Olivenöl goldbraun andünsten. Den Knoblauch zufügen und 1–2 Minuten mitbraten. Das Hackfleisch hinzugeben und unter Rühren Farbe annehmen lassen. Wein, Brühe, Tomaten, Tomatenmark und Oregano untermischen.
2   Die Sauce halb zugedeckt ca. 40 Minuten leicht köcheln lassen, bis das Fleisch sehr zart und die Sauce eingekocht ist. Gelegentlich umrühren. Wenn die Flüssigkeit zu wenig wird, etwas Wasser zugießen. Wenn sie zu flüssig ist, den Deckel abnehmen, damit mehr Flüssigkeit verdampft. Vor dem Servieren mit Salz und Pfeffer abschmecken und die Petersilie untermischen.

003
Béchamelsauce

VORBEREITUNGSZEIT 5 Minuten, plus 30 Minuten Stockzeit GARZEIT 10 Minuten FÜR 4 Personen

570ML MILCH	2 STÄNGEL PETERSILIE
I LORBEERBLATT	50G BUTTER
I ZWIEBELSCHEIBE	4 EL MEHL
I GEWÜRZNELKE	SALZ UND FRISCH GEMAHLENER SCHWARZER PFEFFER

1   Milch, Lorbeer, Zwiebelscheibe, Nelke und Petersilie in einen Topf geben und langsam zum Kochen bringen. Vom Herd nehmen und zugedeckt 30 Minuten ziehen lassen.
2   Die Butter in einem Topf zerlassen, das Mehl vorsichtig hineinsieben und unter Rühren 1—2 Minuten anschwitzen. Vom Herd nehmen, die Milch durch ein Sieb abgießen und langsam unter Rühren in den Topf zugießen. Alles unter ständigem Rühren zum Kochen bringen, bei schwacher Hitze noch 5 Minuten köcheln lassen. Gelegentlich umrühren. Mit Salz und Pfeffer abschmecken.
3   Wenn Sie die Sauce nicht sofort verwenden, die Oberfläche mit Frischhaltefolie abdecken, damit sich keine Haut bildet. Die Sauce lässt sich bis zu 3 Tage im Kühlschrank aufbewahren. Beim Aufwärmen etwas Milch zugießen, wenn die Sauce zu dickflüssig ist.

Übrigens:
Die Konsistenz einer Béchamelsauce (d. h. das Verhältnis von Butter, Mehl und Milch) variiert je nach Rezept. Die Aromazutaten — Lorbeer, Zwiebel und Petersilie — bleiben dagegen immer gleich.

004
Einfache weiße Sauce

VORBEREITUNGSZEIT 5 Minuten GARZEIT 10 Minuten FÜR 4 Personen

570ML MILCH	I LORBEERBLATT
35G MEHL	SALZ UND FRISCH GEMAHLENER
40G BUTTER	SCHWARZER PFEFFER

1   Alle Zutaten in einem kleinen Topf bei mittlerer Hitze unter ständigem Rühren kurz zum Kochen bringen. Köcheln lassen, bis die Sauce eindickt, dabei gelegentlich umrühren.
2   Die Sauce bei schwacher Hitze 2—3 Minuten leicht köcheln lassen, gelegentlich umrühren. Das Lorbeerblatt entfernen. Die Sauce mit Salz und Pfeffer abschmecken.

Variation:
Für eine Käsesauce am Schluss 50 g geriebenen Parmesan in die Sauce rühren. Nicht mehr aufkochen lassen.

005
Tomatensauce

VORBEREITUNGSZEIT 5 Minuten GARZEIT 25–30 Minuten FÜR 4 Personen

1 KLEINE ZWIEBEL, FEIN GEHACKT	3 STÄNGEL PETERSILIE
NATIVES OLIVENÖL	1 KG REIFE TOMATEN, GEWÜRFELT
2 GANZE KNOBLAUCHZEHEN	SALZ UND FRISCH GEMAHLENER
1 LORBEERBLATT	SCHWARZER PFEFFER
3 THYMIANZWEIGE	ZUCKER UND TOMATENMARK (NACH BELIEBEN)

1   Die Zwiebel in einer großen Pfanne in etwas Öl 2 Minuten andünsten. Knoblauch und Kräuter zufügen und 8–10 Minuten bei mittlerer Hitze mitbraten, bis die Zwiebel weich ist.
2   Die Tomaten zugeben und die Sauce bei starker Hitze einkochen. Mit Salz und Pfeffer abschmecken, nach Belieben 1–2 Prisen Zucker und Tomatenmark hineingeben. Knoblauch und Kräuter entfernen.
3   Wahlweise die Sauce im Mixer pürieren und durch ein Sieb passieren. Sofort servieren oder 2–3 Tage im Kühlschrank aufbewahren bzw. bis zu 1 Monat im Tiefkühlfach. Am Vortag auftauen.

Variation:

Für eine Grilltomatensauce 1 kg Tomaten unter dem Grill rösten, bis die Schale dunkel wird und Blasen wirft. Dunkle Schalen abziehen. Die Tomaten grob pürieren. Zwei gehackte Schalotten in etwas Öl andünsten, die Tomaten hinzugeben und köcheln lassen, bis die Sauce eindickt. Mit Salz und Pfeffer abschmecken, nach Belieben 1–2 Prisen Zucker zufügen. Zur Aufbewahrung siehe oben.

006
Pesto

VORBEREITUNGSZEIT 5 Minuten GARZEIT 0 Minuten FÜR 4 Personen

50 G BASILIKUMBLÄTTER	50 G PARMESAN, FRISCH GERIEBEN
2 KNOBLAUCHZEHEN, ZERDRÜCKT	SALZ UND FRISCH GEMAHLENER
2 EL PINIENKERNE	SCHWARZER PFEFFER
115 ML EXTRA NATIVES OLIVENÖL	1 SPRITZER ZITRONENSAFT (NACH BELIEBEN)

1   Basilikum, Knoblauch, Pinienkerne und etwas Öl im Mixer zu einer groben Paste pürieren. Das restliche Öl untermischen.
2   Die Paste in eine Schüssel geben und den Parmesan untermischen. Mit Salz und Pfeffer abschmecken, nach Belieben etwas Zitronensaft hinzugeben. Pesto lässt sich in einer Frischebox im Kühlschrank bis zu 1 Woche aufbewahren.

007
Rotes Pesto

VORBEREITUNGSZEIT 5 Minuten GARZEIT 0 Minuten FÜR 4 Personen

50G GETROCKNETE TOMATEN IN ÖL, ABGEGOSSEN

2 KNOBLAUCHZEHEN, ZERDRÜCKT

40G BASILIKUMBLÄTTER

3 EL PINIENKERNE, LEICHT ANGERÖSTET

3 EL OLIVENÖL

3 EL ÖL VON DEN EINGELEGTEN TOMATEN

4 EL FRISCH GERIEBENER PARMESAN

SALZ UND FRISCH GEMAHLENER

SCHWARZER PFEFFER

½–2 TL BALSAMICO-ESSIG

1   Tomaten, Knoblauch, Basilikum, Pinienkerne und etwas Öl im Mixer zu einer glatten Paste pürieren. Das restliche Öl untermischen.
2   Die Paste in eine Schüssel geben, den Parmesan hinzugeben und gut mischen. Mit wenig Salz und reichlich Pfeffer abschmecken, nach Belieben etwas Balsamico zufügen. Rotes Pesto lässt sich in einer Frischebox im Kühlschrank bis zu 1 Woche aufbewahren.

008
Winterliche Tomatensauce

VORBEREITUNGSZEIT 20 Minuten GARZEIT 30–35 Minuten FÜR 4 Personen

1 ZWIEBEL, GEHACKT

1 KAROTTE, GEHACKT

1 SELLERIESTANGE, GEHACKT

OLIVENÖL ODER ÖL VON DEN EINGELEGTEN TOMATEN

2 KNOBLAUCHZEHEN, GEHACKT

2 DOSEN (À 400G) PIZZATOMATEN

2 EL TOMATENMARK

150ML TROCKENER ROT- ODER WEISSWEIN

150ML GEMÜSEBRÜHE

50G GETROCKNETE TOMATEN IN ÖL, ABGEGOSSEN

UND IN STREIFEN GESCHNITTEN

SALZ UND FRISCH GEMAHLENER

SCHWARZER PFEFFER

1   Zwiebel, Karotte und Sellerie in etwas Öl goldgelb andünsten. Den Knoblauch hinzugeben und 1 Minute mitbraten. Pizzatomaten, Tomatenmark, Wein und Brühe zufügen. Im offenen Topf ca. 30 Minuten köcheln lassen, bis die Sauce eindickt, gelegentlich umrühren.
2   Die Sauce im Mixer pürieren. Die getrockneten Tomaten untermischen und die Sauce mit Salz und Pfeffer abschmecken.

Vorspeisen & Snacks

Ein Pastagericht, das als Vorspeise serviert wird, sollte nicht allzu gehaltvoll sein. Jedes Gericht aus diesem Kapitel lässt sich — in entsprechend größeren Portionen — natürlich auch als Hauptspeise servieren. Pasta-Vorspeisen sind in der Regel schnell und einfach zubereitet, die Zutaten dafür finden sich meist sogar im Vorratsschrank. Zeitaufwendiger sind Gnocchi, die am besten bereits am Vortag vorbereitet werden sollten. Im Folgenden finden Sie — neben Klassikern wie Spaghetti alla Carbonara oder Fettuccine all'Alfredo — auch leckere Variationen traditioneller Rezepte wie Trenette mit rotem Pesto und Ricotta oder Spaghetti mit sommerlicher Puttanesca-Sauce sowie einige köstliche Nudelsuppen.

KAPITEL

I

009
Nudelsuppe mit Gemüse und Borlottibohnen

VORBEREITUNGSZEIT 10 Minuten GARZEIT 50 Minuten FÜR 6 Personen

- 1 ZWIEBEL, GEHACKT
- 1 KLEINE LAUCHSTANGE, IN DÜNNE RINGE GESCHNITTEN
- 2 SELLERIESTANGEN, GEHACKT
- 3 KNOBLAUCHZEHEN, FEIN GEHACKT
- 3–4 THYMIANZWEIGE
- OLIVENÖL
- 1,2L GEMÜSEBRÜHE
- 1 DOSE (400G) BORLOTTIBOHNEN, ABGEGOSSEN UND ABGESPÜLT

- 1 ZUCCHINI, GEWÜRFELT
- 5 TOMATEN, GEWÜRFELT
- 150G GRÜNE BOHNEN, HALBIERT
- 150G JUNGE DICKE BOHNEN
- 50G FRISCHE MALTAGLIATI ODER ANDERE KLEINE SUPPENNUDELN
- 1 KLEINER BUND GLATTE PETERSILIE, GEHACKT
- SALZ UND FRISCH GEMAHLENER SCHWARZER PFEFFER
- PESTO (SIEHE SEITE 18) UND GEHOBELTER PECORINO, ZUM SERVIEREN

1 Zwiebel, Lauch, Sellerie, Knoblauch und Thymian in einem großen Topf in etwas Öl andünsten. Die Brühe zugießen und alles zugedeckt 30 Minuten köcheln lassen.
2 Borlottibohnen, Zucchini, Tomaten, grüne und Dicke Bohnen zugeben und 10 Minuten mitköcheln lassen. Pasta und Petersilie zufügen. Die Pasta unter Rühren in 5 Minuten bissfest garen.
3 Die Suppe mit Salz und Pfeffer abschmecken, den Thymian entfernen. Mit Pesto und Pecorino servieren.

010
Nudelsuppe mit Gemüse

VORBEREITUNGSZEIT 5 Minuten GARZEIT 25 Minuten FÜR 6–8 Personen

- 2,3L GEMÜSEBRÜHE
- 2–3 KNOBLAUCHZEHEN, FEIN GEHACKT
- 450G KARTOFFELN, GEWÜRFELT
- 2 LAUCHSTANGEN, IN DÜNNE RINGE GESCHNITTEN
- 3 KAROTTEN, GEHACKT
- 350G ZUCCHINI, GEWÜRFELT
- 1 DOSE (400G) CANNELLINI-BOHNEN, ABGEGOSSEN UND ABGESPÜLT

- 175G GRÜNE BOHNEN, HALBIERT
- 1 DOSE (400G) PIZZATOMATEN
- 115G FARFALLINE ODER ANDERE KLEINE SUPPENNUDELN
- 115G BRAUNE CHAMPIGNONS, GESCHNITTEN
- OLIVENÖL, ZUM ANBRATEN
- PESTO (SIEHE SEITE 18) UND FRISCH GERIEBENER PECORINO, ZUM SERVIEREN

1 Brühe mit Knoblauch in einem großen Topf zum Kochen bringen. Kartoffeln, Lauch und Karotten zugeben und zugedeckt in 20 Minuten weich garen.
2 Zucchini, beide Bohnensorten und Tomaten zufügen und alles zum Kochen bringen. Die Pasta zugeben und in 10 Minuten bissfest garen.
3 Inzwischen die Champignons in etwas Öl andünsten. 5 Minuten vor Ende der Garzeit in die Suppe geben. Die Suppe in vorgewärmten großen Suppentellern servieren, dazu Pesto und Pecorino reichen.

011
Hähnchentortellini-Suppe

VORBEREITUNGSZEIT 5 Minuten GARZEIT 10 Minuten FÜR 4 Personen

1 L KRÄFTIGE HÜHNERBRÜHE ODER GEFLÜGELFOND

1 REZEPTMENGE HÄHNCHENTORTELLINI (SIEHE SEITE 120) ODER FERTIGE GEFLÜGEL-TORTELLINI BZW. -RAVIOLI AUS DEM KÜHLREGAL

2 REIFE EIERTOMATEN, ENTKERNT UND FEIN GEWÜRFELT

FEIN GEHACKTE GLATTE PETERSILIE UND FRISCH GERIEBENER PARMESAN, ZUM SERVIEREN

1   Brühe oder Fond in einem Topf zum Kochen bringen. Die Tortellini hineingeben und in 4–5 Minuten bissfest garen.
2   Die Brühe bei schwacher Hitze leicht köcheln lassen. Die Tomaten zugeben und ein paar Minuten mitgaren. Die Suppe mit Parmesan und Petersilie bestreuen und servieren.

012
Nudelsuppe mit Kürbis

VORBEREITUNGSZEIT 15 Minuten GARZEIT 30 Minuten FÜR 4 Personen

I ZWIEBEL, FEIN GEHACKT

NATIVES OLIVENÖL

2 KNOBLAUCHZEHEN, FEIN GEHACKT

500G BUTTERNUT-KÜRBIS ODER GELBE ZUCCHINI, IN
  I CM GROßE WÜRFEL GESCHNITTEN

I GROßES LORBEERBLATT, HALBIERT

1,4L GEMÜSEBRÜHE

115ML TROCKENER WEIßWEIN

115G CONCHIGLIETTE ODER ANDERE KLEINE
  SUPPENNUDELN

FRISCH GERIEBENER PARMESAN, ZUM SERVIEREN

1   In einem Topf die Zwiebel in etwas Öl goldgelb andünsten. Knoblauch, Kürbis und Lorbeerblatt hinzufügen und 2 Minuten anbraten. Brühe und Wein zugießen und alles 10–15 Minuten köcheln lassen, bis der Kürbis weich ist.

2   1–2 Tassen Suppe im Mixer glatt pürieren und wieder in den Topf geben. Die Suppe zum Kochen bringen. Die Conchigliette hineingeben und unter Rühren in 6–8 Minuten bissfest garen. Mit Parmesan servieren.

TIPP:

Diese Suppe schmeckt köstlich mit Parmesancroûtons. Für die Croûtons 3 dicke entrindete Weißbrotscheiben mit Knoblauchbutter (aus I Esslöffel Butter, gemischt mit I zerdrückten Knoblauchzehe) bestreichen, mit 2 Esslöffel frisch geriebenem Parmesan bestreuen und in Würfel schneiden. Die Brotwürfel auf ein gefettetes Backblech verteilen und im vorgeheizten Backofen bei 200 °C (Gas Stufe 6) in 8–10 Minuten goldbraun backen.

013
Nudelsuppe mit Garnelen und Krebsfleisch

VORBEREITUNGSZEIT 10 Minuten GARZEIT 30 Minuten FÜR 4 Personen

1 ZWIEBEL, FEIN GEHACKT

1 KLEINE FENCHELKNOLLE, FEIN GEHACKT (DAS
   FENCHELGRÜN ZUM GARNIEREN AUFBEWAHREN)

OLIVENÖL

2 KNOBLAUCHZEHEN, FEIN GEHACKT

2 THYMIANZWEIGE

1 PRISE CHILIFLOCKEN

1L FISCHFOND

350ML PASSIERTE TOMATEN

65G FUNGHETTI ODER ANDERE KLEINE
   SUPPENNUDELN

175G KREBSFLEISCH

115G GARNELEN, GESCHÄLT, ENTDARMT UND GEGART

1 GROSSE GEGRILLTE PAPRIKA IN ÖL, ABGETROPFT
   UND GEWÜRFELT

SALZ UND FRISCH GEMAHLENER SCHWARZER PFEFFER

1 PRISE ZUCKER (NACH BELIEBEN)

1 KLEINER BUND GLATTE PETERSILIE, GEHACKT

1   In einem Topf Zwiebel und Fenchel in etwas Öl glasig dünsten. Knoblauch, Thymian und Chili zufügen und
    kurz mitdünsten. Fond und Tomaten zugeben, aufkochen lassen und alles ca. 15 Minuten köcheln lassen.
2   Die Pasta zufügen, die Suppe wieder zum Kochen bringen und Nudeln nach Packungsanleitung bissfest
    garen. Krebsfleisch, Garnelen und Paprika untermischen und bei schwacher Hitze kurz erwärmen. Nicht
    mehr kochen lassen. Mit Salz und Pfeffer abschmecken, nach Belieben etwas Zucker hinzufügen. Die Suppe
    mit gehacktem Fenchelgrün und Petersilie bestreuen.

014
Nudelsuppe mit Hähnchen

VORBEREITUNGSZEIT 10 Minuten GARZEIT 25 Minuten FÜR 4 Personen

4–6 HÄHNCHENSCHENKEL

1 ROSMARINZWEIG

2 LORBEERBLÄTTER

5 KNOBLAUCHZEHEN

200ML TROCKENER WEISSWEIN

700ML HÜHNERBRÜHE

1 ZWIEBEL, FEIN GEHACKT

1 KAROTTE, GEHACKT

OLIVENÖL

50G KLEINE FARFALLINE ODER ANDERE KLEINE
  SUPPENNUDELN

1 KLEINER ROMANASALAT, IN STREIFEN GESCHNITTEN

2 EL GLATTE PETERSILIE, GEHACKT

SALZ UND FRISCH GEMAHLENER
  SCHWARZER PFEFFER

FRISCH GERIEBENER PARMESAN, ZUM SERVIEREN

1   Hähnchen, Rosmarin, Lorbeer, 4 Knoblauchzehen, Wein und Brühe in einem Topf langsam zum Kochen bringen. 10–15 Minuten köcheln lassen, bis die Hähnchenschenkel durchgegart sind. Die Hähnchenschenkel mit einem Schaumlöffel herausheben und warm halten. Die Brühe beiseite stellen.

2   Die übrige Knoblauchzehe fein hacken. Zwiebel, Karotte und Knoblauch in etwas Öl andünsten. Die Brühe durch ein Sieb abgießen und wieder zum Kochen bringen. Die Pasta hineingeben und in ca. 5 Minuten bissfest garen.

3   Inzwischen das Hähnchenfleisch fein hacken und zusammen mit Salat und Petersilie in die Suppe geben. Kurz erwärmen, bis der Salat zusammenfällt. Die Suppe mit Salz und Pfeffer abschmecken. Zum Servieren mit Parmesan bestreuen.

015
Tagliatelle-Suppe mit Zucchini und Dicken Bohnen

VORBEREITUNGSZEIT 5 Minuten GARZEIT 25 Minuten FÜR 4 Personen

1 ZWIEBEL, FEIN GEHACKT

2 KNOBLAUCHZEHEN, GEHACKT

4 EL OLIVENÖL

225G DICKE BOHNEN

350G ZUCCHINI, GERASPELT

1,4L HEISSE GEMÜSEBRÜHE

150G TAGLIATELLE, IN KURZE STÜCKE ZERBROCHEN

2 EL GLATTE PETERSILIE, GEHACKT

SALZ UND FRISCH GEMAHLENER
  SCHWARZER PFEFFER

FRISCH GERIEBENER PARMESAN, ZUM SERVIEREN

1   In einem großen Topf Zwiebel und Knoblauch in etwas Öl goldgelb andünsten. Bohnen und Zucchini zufügen und 1–2 Minuten anbraten, dann die Brühe zugießen. Alles zum Kochen bringen, unter Rühren 10 bis 15 Minuten köcheln lassen.

2   Die Hälfte des Gemüses herausnehmen, im Mixer pürieren und wieder zurück in den Topf geben.

3   Inzwischen die Pasta nach Packungsanleitung bissfest garen. Zusammen mit der Petersilie in die Suppe geben. Die Suppe mit Salz und Pfeffer abschmecken, kurz erwärmen und zum Servieren mit frisch geriebenem Parmesan bestreuen.

016
Frühlingsminestrone

VORBEREITUNGSZEIT 10 Minuten GARZEIT 15 Minuten FÜR 4–6 Personen

175G KLEINE KAROTTEN, FEIN GEWÜRFELT

85G BABY-FENCHELKNOLLEN (CA. 4 STÜCK) ODER
  1 KLEINE FENCHELKNOLLE, FEIN GEHACKT
OLIVENÖL

3 KLEINE LAUCHSTANGEN, IN DÜNNE RINGE
  GESCHNITTEN

175G ZUCCHINI, GANZ FEIN GEWÜRFELT

1,3L GEMÜSEBRÜHE

85G VERMICELLI ODER ANDERE KLEINE
  SUPPENNUDELN

200G ERBSEN, FRISCH ODER TIEFGEKÜHLT

200G DICKE BOHNEN, FRISCH ODER TIEFGEKÜHLT

3 EIERTOMATEN, ENTKERNT UND
  FEIN GEWÜRFELT

100G JUNGER BLATTSPINAT

SALZ UND FRISCH GEMAHLENER
  SCHWARZER PFEFFER

PESTO (SIEHE SEITE 18), ZUM SERVIEREN

1   In einem großen Topf Karotten und Fenchel in etwas Öl andünsten. Lauch und Zucchini hinzufügen, 2–3 Minuten anbraten, dann die Gemüsebrühe aufgießen und alles zum Kochen bringen. Die Pasta hineingeben und bissfest garen, 4–5 Minuten vor Ende der Garzeit Erbsen, Bohnen und Tomaten zugeben.

2   Den Blattspinat untermischen und kurz erhitzen, bis er zusammenfällt. Die Suppe mit Salz und Pfeffer abschmecken und servieren. Dazu Pesto reichen.

27

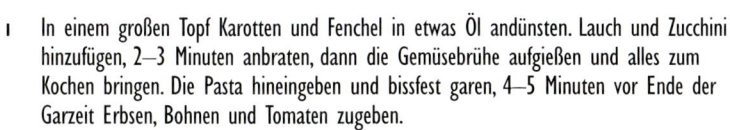
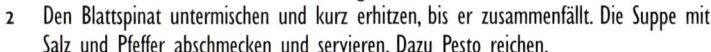

017
Kichererbsensuppe mit Salbei und Anelli Siciliani

VORBEREITUNGSZEIT 10 Minuten GARZEIT 25 Minuten FÜR 4 Personen

I SELLERIESTANGE, GEHACKT

I LAUCHSTANGE, IN DÜNNE RINGE GESCHNITTEN

I KAROTTE, FEIN GEWÜRFELT

NATIVES OLIVENÖL

3 KNOBLAUCHZEHEN, FEIN GEHACKT

8 KLEINE SALBEIBLÄTTER, FEIN GEHACKT

I DOSE (400G) KICHERERBSEN, ABGEGOSSEN
  UND ABGESPÜLT

I DOSE (400G) PIZZATOMATEN

800ML GEMÜSEBRÜHE

100G ANELLI SICILIANI ODER ANDERE KLEINE
  SUPPENNUDELN

SALZ UND FRISCH GEMAHLENER
  SCHWARZER PFEFFER

FRISCH GERIEBENER PARMESAN, ZUM SERVIEREN

1   Sellerie, Lauch und Karotte in einem großen Topf in etwas Öl goldbraun andünsten. Knoblauch und Salbei
    zugeben und 1 Minute anbraten, dann Kichererbsen, Tomaten und Brühe zugeben. 15–20 Minuten köcheln
    lassen. Drei Viertel der Suppe im Mixer glatt pürieren und wieder in den Topf geben.
2   Inzwischen die Pasta nach Packungsanleitung bissfest garen. Abgießen, in die Suppe geben und kurz
    erwärmen. Falls die Suppe zu dickflüssig ist, etwas Wasser aufgießen. Die Suppe mit Salz und Pfeffer
    abschmecken und mit frisch geriebenem Parmesan servieren.

28

018
Linguine mit Kräutern, Zitrone und Knoblauchcroûtons

VORBEREITUNGSZEIT 10 Minuten GARZEIT 10 Minuten FÜR 4 Personen

300G LINGUINE*
NATIVES OLIVENÖL
1 GROSSE KNOBLAUCHZEHE, ZERDRÜCKT
50G KLEINE WEISSBROTWÜRFEL
1 SCHALOTTE, GEHACKT

1 BUND GEMISCHTE FRISCHE KRÄUTER,
 Z. B. PETERSILIE, OREGANO, BASILIKUM, FENCHEL
 UND SCHNITTLAUCH, FEIN GEHACKT
SAFT VON 1 ZITRONE
1 TL ABGERIEBENE SCHALE EINER UNBEHANDELTEN
 ZITRONE
SALZ UND FRISCH GEMAHLENER SCHWARZER PFEFFER

1 Die Pasta nach Packungsanleitung bissfest garen.
2 Inzwischen ca. 3 Esslöffel Öl in einer Pfanne erhitzen, Knoblauch und Weißbrotwürfel hinzufügen und bei schwacher Hitze unter häufigem Rühren goldgelb anrösten. Die Schalotte zugeben und kurz anbraten.
3 2 Esslöffel Öl in einer Pfanne erwärmen, Kräuter, Zitronensaft, Zitronenschale unterrühren und die Kräutermischung mit Salz und Pfeffer abschmecken.
4 Die Pasta in die Kräutermischung geben und kurz erwärmen. Mit den Knoblauchcroûtons bestreuen und servieren.

* Alternativ können auch Spaghetti oder Bucatini verwendet werden.

019
Tagliarini mit Artischocken und Gremolata

VORBEREITUNGSZEIT 10 Minuten, plus 30 Minuten Marinierzeit GARZEIT 10 Minuten FÜR 4 Personen

8 GEGRILLTE ARTISCHOCKEN IN ÖL, ABGEGOSSEN
 UND GEVIERTELT
2 EL KAPERN
6 FRÜHLINGSZWIEBELN, FEIN GEHACKT
2–3 EL ZITRONENSAFT
NATIVES OLIVENÖL
SALZ UND FRISCH GEMAHLENER SCHWARZER PFEFFER

GERIEBENE SCHALE VON 1 UNBEHANDELTEN ZITRONE
3 KNOBLAUCHZEHEN, IN DÜNNE SCHEIBEN
 GESCHNITTEN
1 HANDVOLL GLATTE PETERSILIE, GEHACKT
250G TAGLIARINI
FRISCH GERIEBENER PARMESAN, ZUM SERVIEREN

1 Artischocken, Kapern, Frühlingszwiebeln und Zitronensaft in eine kleine Schüssel geben und mit Olivenöl bedecken. Mit wenig Salz und reichlich Pfeffer abschmecken. 30 Minuten ziehen lassen.
2 Für die Gremolata Zitronenschale, Knoblauch und Petersilie in einer kleinen Schüssel mischen.
3 Die Tagliarini nach Packungsanleitung bissfest garen. Die Artischockenmischung zugeben und die Gremolata darüberstreuen. Mit frisch geriebenem Parmesan servieren.

020
Spaghetti mit Zitrone, Basilikum und Parmesan

VORBEREITUNGSZEIT 5 Minuten GARZEIT 10 Minuten FÜR 4–6 Personen

85ML NATIVES OLIVENÖL
2 KNOBLAUCHZEHEN, FEIN GEHACKT
SAFT UND GERIEBENE SCHALE VON 1 UNBEHAN-
  DELTEN ZITRONE

400G SPAGHETTI
50G FRISCH GERIEBENER PARMESAN
1 HANDVOLL BASILIKUM, IN STREIFEN GESCHNITTEN
SALZ UND FRISCH GEMAHLENER SCHWARZER PFEFFER

1 Öl, Knoblauch und Zitronensaft in einem kleinen Topf bei schwacher Hitze erwärmen.
2 Inzwischen die Spaghetti bissfest garen und abgießen. Mit dem warmen Öl mischen, Parmesan und Basilikum darüberstreuen, mit Salz und Pfeffer abschmecken und mit Zitronenschale gernieren.

021
Frittata mit Basilikum und Ziegenkäse

VORBEREITUNGSZEIT 10 Minuten GARZEIT 15–20 Minuten FÜR 3–4 Personen

150G GEGARTE SPAGHETTINI (50G ROHGEWICHT)
4 EIER, LEICHT VERQUIRLT
2 KNOBLAUCHZEHEN, FEIN GEHACKT
2 EL GLATTE PETERSILIE, GEHACKT
SALZ UND FRISCH GEMAHLENER SCHWARZER PFEFFER
OLIVENÖL

85G ZIEGENKÄSE, FEIN GEWÜRFELT ODER
  ZERBRÖCKELT
2 REIFE TOMATEN, GEWÜRFELT
2 TL BALSAMICO-ESSIG
1 EL IN STREIFEN GESCHNITTENE BASILIKUMBLÄTTER
1½ EL FRISCH GERIEBENER PARMESAN

1 Pasta, Eier, Knoblauch und Petersilie mischen, mit Salz und Pfeffer abschmecken.
2 Etwas Öl in einem feuerfesten Topf erhitzen. Die Pastamischung hineingeben und glatt streichen. Bei mittlerer Hitze anbraten, bis die Sauce zu stocken beginnt, aber obenauf noch flüssig ist.
3 Den Ziegenkäse darüberstreuen und die Frittata unter dem vorgeheizten Grill überbacken, bis der Käse Blasen wirft.
4 Inzwischen Tomaten, Balsamico und Basilikum vermengen.
5 Die Frittata mit Parmesan bestreuen und in Stücke schneiden. Dazu die Tomaten reichen.

022
Spaghetti mit Knoblauch, Anchovis und Petersilie

VORBEREITUNGSZEIT 5 Minuten GARZEIT 10 Minuten FÜR 6 Personen

425G SPAGHETTI
3 KNOBLAUCHZEHEN, FEIN GEHACKT
1 DOSE (50G) ANCHOVIS IN ÖL, ABGEGOSSEN
2 TL OREGANO
1 KLEINER BUND GLATTE PETERSILIE, GROB GEHACKT

NATIVES OLIVENÖL
SALZ UND FRISCH GEMAHLENER
  SCHWARZER PFEFFER
FRISCH GERIEBENER PECORINO ODER PARMESAN

1 Die Spaghetti nach Packungsanleitung bissfest garen und abgießen.
2 Inzwischen Knoblauch, Anchovis, Oregano und Petersilie unter häufigem Rühren in etwas Öl andünsten, bis die Anchovis zerfallen und der Knoblauch goldgelb wird. Mit wenig Salz und reichlich Pfeffer würzen.
3 Die Sardellenmischung über die Spaghetti geben. Mit Käse bestreuen und servieren.

023
Cavatappi mit Rucola, Tomaten und Oliven

VORBEREITUNGSZEIT 10 Minuten GARZEIT 10 Minuten FÜR 4 Personen

250G CAVATAPPI
3 GROßE KNOBLAUCHZEHEN, IN DÜNNE SCHEIBEN
  GESCHNITTEN
4 EL NATIVES OLIVENÖL
550G REIFE TOMATEN, ENTKERNT UND FEIN
  GEWÜRFELT

50G RUCOLA
12 SCHWARZE OLIVEN, ENTSTEINT
1 EL PINIENKERNE, LEICHT GERÖSTET
SALZ UND FRISCH GEMAHLENER SCHWARZER PFEFFER
FRISCH GERIEBENER PECORINO ODER PARMESAN,
  ZUM SERVIEREN

1   Die Cavatappi nach Packungsanleitung bissfest garen und abgießen.
2   Inzwischen den Knoblauch in etwas Öl goldgelb andünsten. Herausnehmen und beiseite stellen. Die Tomaten in das heiße Öl geben und bei schwacher Hitze kurz erwärmen, aber nicht weich werden lassen.
3   Die Pasta mit den warmen Tomaten, Knoblauch, Rucola, Oliven und Pinienkernen vermengen, mit Salz und Pfeffer abschmecken. Dazu Käse servieren.

024
Kräuterfettuccine all'Alfredo

VORBEREITUNGSZEIT 5 Minuten GARZEIT 10 Minuten FÜR 6 Personen

45G BUTTER
225G SAHNE ODER CRÈME DOUBLE
1 KLEINE PRISE FRISCH GERIEBENE MUSKATNUSS
  (NACH BELIEBEN)

450G FRISCHE KRÄUTERFETTUCCINE* (SIEHE SEITE 10)
SALZ UND FRISCH GEMAHLENER SCHWARZER PFEFFER
50G FRISCH GERIEBENER PARMESAN UND ETWAS ZUM
  SERVIEREN (NACH BELIEBEN)

1   Inzwischen Butter und Sahne in einem Topf zum Kochen bringen und unter Rühren auf die Hälfte einkochen lassen. Nach Belieben Muskatnuss zufügen, mit Salz und reichlich Pfeffer abschmecken.
2   Die Pasta in kochendem Salzwasser bissfest garen. Abgießen und mit Sahnesauce und Käse vermengen. Nach Belieben mit Parmesan servieren.

*   Alternativ können auch herkömmliche Fettuccine verwendet werden.

025
Linguine mit Anchovis, Chili und Oliven

VORBEREITUNGSZEIT 5 Minuten GARZEIT 10 Minuten FÜR 6 Personen

400G LINGUINE
2 DÜNNE STREIFEN EINER UNBEHANDELTEN
  ZITRONENSCHALE
4 EL NATIVES OLIVENÖL
1 DOSE (50G) ANCHOVIS IN ÖL, ABGEGOSSEN UND
  FEIN GEHACKT
2 KNOBLAUCHZEHEN, FEIN GEHACKT

1 PRISE CHILIFLOCKEN
115G GEMISCHTE GRÜNE UND SCHWARZE OLIVEN,
  ENTSTEINT UND FEIN GEWÜRFELT
2 EL GLATTE PETERSILIE, GEHACKT
FRISCH GEMAHLENER SCHWARZER PFEFFER
FRISCH GERIEBENER PARMESAN, ZUM SERVIEREN

1   Die Pasta nach Packungsanleitung bissfest garen und abgießen. 125 ml Kochwasser zurückbehalten.
2   Inzwischen die Zitronenschale in Öl 2 Minuten bei schwacher Hitze andünsten. Die Anchovis untermischen und zerfallen lassen, Knoblauch, Chiliflocken und Oliven zugeben und bei starker Hitze 2–3 Minuten anbraten. Die Zitronenschale entfernen. Die Anchovis-Mischung mit Petersilie und reichlich Pfeffer bestreuen und über die Pasta geben. Bei Bedarf etwas Kochwasser zugießen. Mit Parmesan servieren.

026
Spaghetti mit Kräutersauce

VORBEREITUNGSZEIT 10 Minuten GARZEIT 10 Minuten FÜR 4–6 Personen

85ML NATIVES OLIVENÖL
1 KNOBLAUCHZEHE, FEIN GEHACKT
JE 1 HANDVOLL SALBEI, SCHNITTLAUCH
PETERSILIE UND THYMIAN, FEIN GEHACKT

2 EL GLATTE PETERSILIE, GEHACKT
SALZ UND FRISCH GEMAHLENER SCHWARZER PFEFFER
2 TL ZITRONENSAFT
375G SPAGHETTI

1   Öl, Knoblauch und Kräuter in einem Topf 1–2 Minuten erhitzen, gelegentlich umrühren. Mit Salz und Pfeffer abschmecken und den Zitronensaft zufügen.
2   Inzwischen die Spaghetti nach Packungsanleitung bissfest garen und abgießen. 125 ml Kochwasser zurückbehalten. Die Kräutermischung über die Spaghetti geben, bei Bedarf etwas Kochwasser zugießen.

027
Linguine mit Gorgonzola und Brunnenkresse

VORBEREITUNGSZEIT 5 Minuten GARZEIT 10 Minuten FÜR 4 Personen

200G LINGUINE
1 BUND BRUNNENKRESSE, DICKE STÄNGEL ENTFERNT
3 EL NATIVES OLIVENÖL

2 TL ZITRONENSAFT (NACH BELIEBEN)
SALZ UND FRISCH GEMAHLENER SCHWARZER PFEFFER
65G GORGONZOLA, GEWÜRFELT

1   Die Pasta nach Packungsanleitung bissfest garen und abgießen.
2   Inzwischen Kresse, Öl und Zitronensaft kurz im Mixer pürieren, bis die Kresse fein gehackt ist. Die Mischung mit Salz, Pfeffer und Zitronensaft abschmecken und zusammen mit dem Gorgonzola über die Pasta geben.

028
Fusilli mit Artischocken, Tomaten und Oliven

VORBEREITUNGSZEIT 5 Minuten GARZEIT 10 Minuten FÜR 4–6 Personen

300G FUSILLI*
1 ROTE ZWIEBEL, FEIN GEHACKT
6 STÜCK GETROCKNETE TOMATEN IN ÖL,
   ABGEGOSSEN UND IN STREIFEN GESCHNITTEN
   (ÖL AUFBEWAHREN)

10 GEGRILLTE ARTISCHOCKEN IN ÖL, ABGEGOSSEN
50G SCHWARZE OLIVEN, ENTSTEINT
100G RUCOLA
50G FRISCH GERIEBENER PECORINO

1   Die Fusilli nach Packungsanleitung bissfest garen und abgießen.
2   Inzwischen die Zwiebel in 1 Esslöffel Öl der eingelegten Tomaten goldgelb andünsten.
3   Artischocken und Oliven grob würfeln und zusammen mit den Tomaten zu der Zwiebel geben. Gut erwärmen, dann den Rucola zufügen. Die Sauce über die Pasta geben, die Hälfte des Pecorinos untermischen. Zum Servieren die Fusilli mit dem restlichen Käse bestreuen.

*   Alternativ können auch Eliche verwendet werden.

029
Fidelini mit Walnusssauce

VORBEREITUNGSZEIT 5 Minuten GARZEIT 10 Minuten FÜR 4 Personen

325G FIDELINI
85G WALNUSSHÄLFTEN, LEICHT GERÖSTET
1 KNOBLAUCHZEHE, ZERDRÜCKT
1 EL NATIVES OLIVENÖL

150G RICOTTA
SALZ UND FRISCH GEMAHLENER SCHWARZER PFEFFER
FEIN GEHACKTE GLATTE PETERSILIE UND FRISCH
GERIEBENER PECORINO, ZUM SERVIEREN

1   Die Pasta nach Packungsanleitung bissfest garen und abgießen, 125 ml Kochwasser zurückbehalten.
2   Inzwischen Walnüsse und Knoblauch im Mixer fein zerkleinern. Das Öl zugießen und alles zu einer groben Paste pürieren. In eine Schüssel geben, mit Ricotta mischen und mit Salz und Pfeffer abschmecken. Die Masse über die Pasta geben, bei Bedarf etwas Kochwasser zugeben. Zum Servieren die Pasta mit Petersilie und Pecorino bestreuen.

030
Tagliatelle mit Ricottapesto

VORBEREITUNGSZEIT 5 Minuten GARZEIT 20 Minuten FÜR 4 Personen

2 KNOBLAUCHZEHEN
250G RICOTTA
2 EL NATIVES OLIVENÖL
2 HANDVOLL BASILIKUM, EIN PAAR BLÄTTER ZUM
   GARNIEREN AUFBEWAHREN

SALZ UND FRISCH GEMAHLENER
   SCHWARZER PFEFFER
225G TAGLIATELLE
FRISCH GERIEBENER PARMESAN, ZUM SERVIEREN

1   Den Knoblauch 10 Minuten in kochendem Wasser weich garen, abgießen und zusammen mit Ricotta, Öl und Basilikum im Mixer glatt pürieren. Mit Salz und Pfeffer abschmecken.
2   Die Tagliatelle nach Packungsanleitung bissfest garen und abgießen, 125 ml Kochwasser zurückbehalten. Die heißen Tagliatelle sofort mit dem Ricottapesto mischen, bei Bedarf etwas Kochwasser zugeben. Mit Basilikum garnieren und zum Servieren mit Parmesan bestreuen.

031
Spaghetti mit Tomatentapenade

VORBEREITUNGSZEIT 5 Minuten GARZEIT 10 Minuten FÜR 4–6 Personen

400G SPAGHETTI
3 KNOBLAUCHZEHEN, ZERDRÜCKT
1 PRISE CHILIFLOCKEN
4 EL NATIVES OLIVENÖL

70G SCHWARZE OLIVEN, ENTSTEINT
65G GETROCKNETE TOMATEN IN ÖL
45G KAPERN
1 KLEINER BUND GLATTE PETERSILIE, GEHACKT

1   Die Pasta nach Packungsanleitung bissfest garen und abgießen.
2   Inzwischen Knoblauch, Chiliflocken, Öl, je ¾ der Oliven, getrockneten Tomaten und Kapern im Mixer zu einer glatten Sauce pürieren. Die restlichen Tomaten in dünne Streifen schneiden und die restlichen Oliven vierteln.
3   Die Sauce unter die Spaghetti heben. Mit Petersilie und den restlichen Tomaten, Oliven und Kapern bestreuen.

032
Warmer Nudelsalat mit Spinat, Tomaten und Oliven

VORBEREITUNGSZEIT 10 Minuten GARZEIT 10 Minuten FÜR 4 Personen

225G LINGUINE*

3 EL NATIVES OLIVENÖL

2 TL WEISSWEINESSIG

1 TL BALSAMICO-ESSIG

2 TL OREGANO

1 KLEINE KNOBLAUCHZEHE, ZERDRÜCKT

SALZ UND FRISCH GEMAHLENER SCHWARZER PFEFFER

50G JUNGER BLATTSPINAT

50G ENTSTEINTE KALAMATA-OLIVEN, HALBIERT

115G COCKTAILTOMATEN, HALBIERT

115G FETA, ZERBRÖCKELT

½ KLEINE ROTE ZWIEBEL, FEIN GEHACKT

1   Die Pasta nach Packungsanleitung bissfest garen und abgießen.
2   Inzwischen Öl, Essig, Oregano, Knoblauch, Salz und Pfeffer zu einem glatten Dressing verrühren.
3   Die Pasta mit dem Dressing und den restlichen Zutaten mischen. Warm servieren.

*   Alternativ können auch Cavatappi, Eliche, Fusilli oder Orecchiette verwendet werden.

34

033
Fusilli-Frittata mit Rucola und Tomaten

VORBEREITUNGSZEIT 5 Minuten GARZEIT 25 Minuten FÜR 4–6 Personen

100G FUSILLI	I EL THYMIAN
150G COCKTAILTOMATEN, HALBIERT	SALZ UND FRISCH GEMAHLENER
125G RUCOLA	SCHWARZER PFEFFER
7 EIER	NATIVES OLIVENÖL
50G WEICHER ZIEGENKÄSE, GEWÜRFELT	115G TALEGGIO, FEIN GEWÜRFELT

1 Die Pasta nach Packungsanleitung bissfest garen und abgießen. Mit Tomaten und Rucola mischen.
2 Inzwischen die Eier verquirlen und den Ziegenkäse unterheben. Pasta und Thymian zugeben, mit Salz und Pfeffer abschmecken.
3 In einem feuerfesten Topf etwas Öl erhitzen. Die Pastamischung hineingeben und bei schwacher Hitze etwas stocken lassen. Sie sollte oben noch flüssig sein. Den Taleggio darüberstreuen und die Frittata unter dem vorgeheizten Grill überbacken, bis der Käse goldgelb ist. In Stücke schneiden und servieren.

034
Trenette mit toskanischer Kräutersauce

VORBEREITUNGSZEIT 10 Minuten GARZEIT 10 Minuten FÜR 4–6 Personen

450G FRISCHE TRENETTE (SIEHE SEITE 10)	I KLEINER BUND GLATTE PETERSILIE, FEIN GEHACKT
2 KNOBLAUCHZEHEN, FEIN GEHACKT	I EL THYMIAN
4 EL NATIVES OLIVENÖL	I EL GEHACKTER MAJORAN
6 ANCHOVISFILETS, ABGEGOSSEN	I½ TL FEIN GEHACKTER ROSMARIN
2 EL PASSIERTE TOMATEN	SALZ UND FRISCH GEMAHLENER SCHWARZER PFEFFER
I PRISE CHILIFLOCKEN	FRISCH GERIEBENER PARMESAN, ZUM SERVIEREN

1 Die Pasta bissfest garen und abgießen.
2 Inzwischen den Knoblauch in Öl 2 Minuten andünsten, dann die Anchovis zugeben und umrühren, bis sie zerfallen. Die Tomaten zufügen, nach I Minute die Chiliflocken und Kräuter. Die Sauce ein paar Minuten erwärmen, mit Salz und Pfeffer abschmecken.
3 Die Sauce über die Trenette geben. Mit Parmesan servieren.

035
Trenette mit warmen Cocktailtomaten

VORBEREITUNGSZEIT 5 Minuten GARZEIT 10 Minuten FÜR 4 Personen

300G TRENETTE	SALZ UND FRISCH GEMAHLENER SCHWARZER PFEFFER
400G REIFE COCKTAIL- ODER EIERTOMATEN,	I HANDVOLL BASILIKUMBLÄTTER, IN STREIFEN
HALBIERT ODER GEVIERTELT	GESCHNITTEN
NATIVES OLIVENÖL	GEHOBELTER PECORINO ODER PARMESAN, ZUM
I–2 EL BALSAMICO-ESSIG (NACH BELIEBEN)	SERVIEREN
I PRISE ZUCKER (NACH BELIEBEN)	

1 Die Pasta nach Packungsanleitung bissfest garen und abgießen.
2 Inzwischen die Tomaten in einer Pfanne in etwas Öl I–2 Minuten andünsten, bis sie gerade weich werden. Vom Herd nehmen und den Balsamico über die Tomaten gießen. Nach Belieben etwas Zucker darübergeben, mit Salz und Pfeffer abschmecken. Die Pasta mit den Tomaten mischen und mit Basilikum und Käse bestreuen.

036
Fusilli mit Spinat, getrockneten Tomaten und Oliven

VORBEREITUNGSZEIT 5 Minuten GARZEIT 10 Minuten FÜR 4 Personen

225G FUSILLI*
1 GROßE HANDVOLL JUNGER BLATTSPINAT
12 GETROCKNETE TOMATEN IN ÖL, ABGEGOSSEN UND
   IN STREIFEN GESCHNITTEN (ÖL AUFBEWAHREN)
12 KALAMATA-OLIVEN, ENTSTEINT UND IN SCHEIBEN
   GESCHNITTEN

2–3 KNOBLAUCHZEHEN, FEIN GEHACKT
1–2 TL BALSAMICO-ESSIG
1 PRISE CHILIFLOCKEN (NACH BELIEBEN)
3 EL OLIVENÖL
2 EL ÖL VON DEN EINGELEGTEN TOMATEN
SALZ UND FRISCH GEMAHLENER SCHWARZER PFEFFER

1   Die Pasta nach Packungsanleitung bissfest garen und abgießen.
2   Die Pasta mit den restlichen Zutaten mischen, mit Salz und Pfeffer abschmecken und warm servieren.

*   Alternativ können auch Eliche oder Farfalle verwendet werden.

037
Tagliatelle mit Zitrone und Petersilie

VORBEREITUNGSZEIT 5 Minuten GARZEIT 5 Minuten FÜR 4–6 Personen

115G RICOTTA
3 EL ZITRONENSAFT, 2 EL GERIEBENE SCHALE EINER
   UNBEHANDELTEN ZITRONEN
2 EL GLATTE PETERSILIE, GEHACKT

SALZ UND FRISCH GEMAHLENER
   SCHWARZER PFEFFER
400G FRISCHE TAGLIATELLE (SIEHE SEITE 10)
4 EL FRISCH GERIEBENER PARMESAN

1   Ricotta, Zitronensaft und -schale mischen und glatt rühren. Die Petersilie zugeben, die Masse mit Salz und Pfeffer abschmecken.
2   Pasta bissfest garen, abgießen, die Ricottamischung darübergeben. Mit Parmesan servieren.

038
Spaghetti mit getrockneten Tomaten, Knoblauch und Chili

VORBEREITUNGSZEIT 5 Minuten GARZEIT 10 Minuten FÜR 6 Personen

400G SPAGHETTI*
12–14 GETROCKNETE TOMATEN IN ÖL, ABGEGOSSEN
   UND IN STREIFEN GESCHNITTEN
3 KNOBLAUCHZEHEN, FEIN GEHACKT

1 EL GLATTE PETERSILIE, GEHACKT
1 PRISE CHILIFLOCKEN
50ML NATIVES OLIVENÖL

1   Die Pasta nach Packungsanleitung bissfest garen und abgießen.
2   Inzwischen die Zutaten für die Sauce mischen und in einem kleinen Topf kurz erwärmen.
3   Die Spaghetti mit der Sauce mischen und servieren.

*   Alternativ können auch Bucatini oder Fusilli verwendet werden.

039
Gefüllte Tomaten mit Pancetta

VORBEREITUNGSZEIT 15 Minuten GARZEIT 35 Minuten FÜR 4 Personen

4 FLEISCHTOMATEN ODER ANDERE GROßE TOMATEN

50g MAKKARONI

NATIVES OLIVENÖL

85g PANCETTA, GEWÜRFELT

1 KLEINE ZWIEBEL, FEIN GEHACKT

1 KNOBLAUCHZEHE, FEIN GEHACKT

115g MOZZARELLA, FEIN GEWÜRFELT

8 KALAMATA-OLIVEN, ENTSTEINT UND FEIN GEHACKT

2 EL GLATTE PETERSILIE, GEHACKT

2 EL SCHNITTLAUCHRÖLLCHEN

SALZ UND FRISCH GEMAHLENER
  SCHWARZER PFEFFER

MAYONNAISE ODER AIOLI, ZUM SERVIEREN (NACH
  BELIEBEN)

1   Den Backofen auf 190 °C (Gas Stufe 5) vorheizen.
2   Von den Tomaten einen Deckel abschneiden und beiseite legen. Die Tomaten aushöhlen, Fruchtfleisch und
    Kerne durch ein Sieb in eine Schüssel streichen. Die Tomaten umgedreht auf Küchenpapier abtropfen
    lassen.
3   Die Makkaroni eine Minute kürzer garen als auf der Packung angegeben. Abgießen.
4   Inzwischen etwas Öl in einer Pfanne erhitzen und die Pancetta darin goldgelb anbraten. Herausnehmen
    und in der gleichen Pfanne Zwiebel und Knoblauch andünsten. Tomatenfruchtfleisch und -saft zugeben und
    leicht köcheln lassen, bis die Sauce eindickt. Pasta, Pancetta, Mozzarella, Oliven, Kräuter und Sauce mischen,
    mit Salz und Pfeffer abschmecken.
5   Die Tomaten mit der Öffnung nach oben in eine feuerfeste Form stellen und mit der Pastamischung füllen.
    Die Deckel aufsetzen und die Tomaten 20–25 Minuten backen, bis sie weich und leicht gebräunt sind.
    Dazu nach Belieben Mayonnaise oder Aioli servieren.

040
Tagliatelle mit sizilianischem Tomatenpesto

VORBEREITUNGSZEIT 5 Minuten, GARZEIT 10 Minuten, FÜR 4–6 Personen

50G BASILIKUMBLÄTTER

2 KNOBLAUCHZEHEN, FEIN GEHACKT

100G MANDELKERNE, ABGEZOGEN

350G REIFE TOMATEN, ENTKERNT
   UND GEWÜRFELT

40G FRISCH GERIEBENER PECORINO, UND
   ETWAS ZUM SERVIEREN

115–150ML NATIVES OLIVENÖL

SALZ UND FRISCH GEMAHLENER
   SCHWARZER PFEFFER

ETWA 1 EL TOMATENMARK (NACH BELIEBEN)

350G TAGLIATELLE

1   Basilikum, Knoblauch und Mandeln im Mixer zu einer groben Paste pürieren. Tomaten und Käse zugeben.
    Während der Mixer läuft, das Öl in einem dünnen Strahl zugießen. Das Pesto mit Salz und Pfeffer würzen,
    nach Belieben etwas Tomatenmark hineingeben.
2   Die Pasta nach Packungsanleitung bissfest garen, abgießen und mit der Hälfte des Pestos mischen. Nach
    Belieben das restliche Pesto dazu servieren.

TIPP:
   Zum Aufbewahren das Pesto in ein Schraubdeckelglas füllen und mit einer Schicht Olivenöl bedecken.
   So hält es im Kühlschrank bis zu 1 Woche.

38

041
Fusilli mit getrockneten Tomaten, Anchovis und Oliven

VORBEREITUNGSZEIT 10 Minuten GARZEIT 10 Minuten FÜR 4 Personen

2 SCHALOTTEN, FEIN GEHACKT

2 KNOBLAUCHZEHEN, FEIN GEHACKT

OLIVENÖL

8 ANCHOVISFILETS, ABGEGOSSEN

100G GETROCKNETE TOMATEN IN ÖL,
   ABGEGOSSEN UND GROB GEWÜRFELT

8 SCHWARZE OLIVEN, ENTSTEINT UND
   FEIN GEWÜRFELT

350G FUSILLI

1 EL KAPERN

1 KLEINER BUND GLATTE PETERSILIE, GEHACKT

FRISCH GEMAHLENER SCHWARZER PFEFFER

1   Schalotten und Knoblauch 1–2 Minuten in etwas Öl andünsten. Anchovis, Tomaten und Oliven zugeben und
    kurz erwärmen.
2   Inzwischen die Pasta nach Packungsanleitung bissfest garen und abgießen.
3   Die Tomatenmischung über die Fusilli geben. Mit Kapern, Petersilie und reichlich Pfeffer bestreuen.

042
Spaghetti mit Anchovis, Zitrone, Chili und Thymian-Pangritata

VORBEREITUNGSZEIT 5 Minuten GARZEIT 15 Minuten FÜR 4 Personen

2 DICKE WEIßBROTSCHEIBEN, ENTRINDET UND
  FEIN GEWÜRFELT
2½ TL THYMIAN
2 GROßE KNOBLAUCHZEHEN, FEIN GEHACKT
NATIVES OLIVENÖL
350G SPAGHETTI

1 PRISE CHILIFLOCKEN
12 ANCHOVISFILETS
SCHALE UND SAFT VON 1 UNBEHANDELTEN ZITRONE
SALZ UND FRISCH GEMAHLENER
  SCHWARZER PFEFFER

1   Für die Pangritata Brotwürfel, Thymian und 1 Knoblauchzehe in 115 ml Öl unter häufigem Rühren knusprig und goldbraun anrösten. Auf Küchenpapier abtropfen lassen.
2   Die Spaghetti nach Packungsanleitung bissfest garen und abgießen.
3   Inzwischen den restlichen Knoblauch und die Chiliflocken 30 Sekunden in etwas Öl anbraten. Die Anchovis zugeben und umrühren, bis sie zerfallen. Die Pfanne vom Herd nehmen, Zitronenschale zugeben, mit Salz, Pfeffer und Zitronensaft abschmecken. Die Sauce über die Spaghetti geben. Mit der Pangritata bestreuen und servieren.

043
Cavatelli mit Tomaten, Kräutern und Mozzarella

VORBEREITUNGSZEIT 10 Minuten GARZEIT 10 Minuten FÜR 4–6 Personen

225G BÜFFELMOZZARELLA, IN 5 MM DICKE
  WÜRFEL GESCHNITTEN
675G REIFE EIERTOMATEN, GEWÜRFELT
1 EL BASILIKUM, IN STREIFEN GESCHNITTEN
2 TL OREGANO
2 TL THYMIAN

5 EL NATIVES OLIVENÖL
2 TL ZITRONENSAFT
SALZ UND FRISCH GEMAHLENER
  SCHWARZER PFEFFER
400G CAVATELLI*

1   Mozzarella, Tomaten, Kräuter, Öl, Zitronensaft, Salz und Pfeffer in einer großen Schüssel mischen.
2   Die Pasta nach Packungsanleitung bissfest garen, abgießen und noch heiß in die Tomatenmischung geben. Wenn der Mozzarella zu langsam schmilzt, die Schüssel für 2 Minuten abdecken. Sofort servieren.

*   Alternativ können auch Cavatappi oder Eliche verwendet werden.

044
Kräuter-Carbonara

VORBEREITUNGSZEIT 5 Minuten GARZEIT 10 Minuten FÜR 4–6 Personen

350G LINGUINE*
1 EL BASILIKUM, GEZUPFT
2 EL GLATTE PETERSILIE, GEHACKT
85G FRISCH GERIEBENER PARMESAN

50G BUTTER, ZERLASSEN
SALZ UND FRISCH GEMAHLENER
  SCHWARZER PFEFFER
4 EIDOTTER

1   Die Linguine nach Packungsanleitung bissfest garen und abgießen.
2   Inzwischen Kräuter, Parmesan, Butter, Salz, Pfeffer und Eidotter mischen. Die Sauce über die Linguine geben und sofort servieren.

*   Alternativ können auch Tagliarini oder Spaghetti verwendet werden.

045
Spaghetti mit sommerlicher Puttanesca-Sauce

VORBEREITUNGSZEIT 10 Minuten GARZEIT 10 Minuten FÜR 4 Personen

300G SPAGHETTI
1 KNOBLAUCHZEHE, FEIN GEHACKT
NATIVES OLIVENÖL
3 ANCHOVISFILETS, KLEIN GESCHNITTEN
350G FLEISCHTOMATEN, ENTKERNT
  UND GEWÜRFELT

1 EL KAPERN
10 SCHWARZE OLIVEN, ENTSTEINT UND IN SCHEIBEN
  GESCHNITTEN
1 EL GLATTE PETERSILIE, GEHACKT
FRISCH GEMAHLENER SCHWARZER PFEFFER

1   Die Spaghetti nach Packungsanleitung bissfest garen und abgießen.
2   Inzwischen den Knoblauch in etwas Öl goldgelb andünsten. Die Anchovis zugeben und unter Rühren zerfallen lassen. Tomaten, Kapern und Oliven zufügen. Vom Herd nehmen, die Sauce mit Petersilie bestreuen und mit Pfeffer abschmecken.

046
Spaghetti alla Carbonara

VORBEREITUNGSZEIT 5 Minuten GARZEIT 10 Minuten FÜR 4 Personen

250G SPAGHETTI
85G PANCETTA ODER FRÜHSTÜCKSSPECK,
  IN STREIFEN GESCHNITTEN
1 TL BUTTER
4 EL TROCKENER WEIßWEIN

2 EIER
1½ EL GLATTE PETERSILIE, GEHACKT
25G FRISCH GERIEBENER PECORINO
25G FRISCH GERIEBENER PARMESAN
SALZ UND FRISCH GEMAHLENER SCHWARZER PFEFFER

1   Die Spaghetti nach Packungsanleitung bissfest garen.
2   Inzwischen die Pancetta in der Butter knusprig braten. Den Wein zugießen und auf die Hälfte einkochen lassen.
3   Die Eier in einer großen Schüssel verquirlen. Petersilie, je die Hälfte der beiden Käsesorten, 1 Prise Salz und reichlich schwarzen Pfeffer untermischen.
4   Die Spaghetti abgießen und noch heiß in die Eiermischung geben. Die Pancetta zufügen und alles gut vermengen. Mit dem restlichen Käse bestreuen und servieren.

047
Pasta, Garnelen und Pesto

VORBEREITUNGSZEIT 5 Minuten GARZEIT 10 Minuten FÜR 4–6 Personen

350G FUSILLI*
4 EL NATIVES OLIVENÖL
4 EL PESTO (SIEHE SEITE 18)
225G GARNELEN, GEGART UND GESCHÄLT

5 EIERTOMATEN, GEWÜRFELT
SALZ UND FRISCH GEMAHLENER SCHWARZER PFEFFER
IN FEINE STREIFEN GESCHNITTENE BASILIKUM-
BLÄTTER, ZUM SERVIEREN

1   Die Pasta nach Packungsanleitung bissfest garen und abgießen.
2   Inzwischen das Öl mit dem Pesto verrühren.
3   Pesto, Garnelen und Tomaten über die Pasta geben. Alles gut mischen, mit Salz und Pfeffer abschmecken und mit Basilikum bestreuen.

*   Alternativ können auch Cavatappi, Conchiglie oder Eliche verwendet werden.

048
Spaghetti mit roter Paprikasauce

VORBEREITUNGSZEIT 10 Minuten GARZEIT 10 Minuten FÜR 6 Personen

2 GROßE ROTE PAPRIKASCHOTEN, GEGRILLT,
   ABGEZOGEN UND GEWÜRFELT (SIEHE S. 67)
2 KNOBLAUCHZEHEN, FEIN GEHACKT
1 PRISE CHILIFLOCKEN (NACH BELIEBEN)
5 EL PINIENKERNE, LEICHT GERÖSTET

5 EL NATIVES OLIVENÖL
½ TL BALSAMICO-ESSIG (NACH BELIEBEN)
SALZ UND FRISCH GEMAHLENER SCHWARZER PFEFFER
FRISCH GERIEBENER PARMESAN, ZUM SERVIEREN

1   Paprika, Knoblauch, Chili (nach Belieben), Pinienkerne und Öl in einer Küchenmaschine zu einer glatten Paste pürieren. Mit Balsamico, Salz und Pfeffer abschmecken.
2   Die Spaghetti nach Packungsanleitung bissfest garen und abgießen. 125 ml Kochwasser zurückbehalten. Die Pasta mit der Sauce mischen, etwas Kochwasser zugeben. Mit frisch geriebenem Parmesan servieren.

049
Spaghetti mit Kapern, Oliven und Anchovis

VORBEREITUNGSZEIT 5 Minuten GARZEIT 10 Minuten FÜR 6 Personen

400G SPAGHETTI
1 KNOBLAUCHZEHE, FEIN GEHACKT
2 EL PANIERMEHL
115ML NATIVES OLIVENÖL
6 ANCHOVISFILETS, GEWÜRFELT

2 EL KAPERN
10 SCHWARZE OLIVEN, ENTSTEINT UND
   IN SCHEIBEN GESCHNITTEN
1 EL GLATTE PETERSILIE, GEHACKT
FRISCH GEMAHLENER SCHWARZER PFEFFER

1   Die Spaghetti nach Packungsanleitung bissfest garen und abgießen, 125 ml Kochwasser zurückbehalten.
2   Inzwischen Knoblauch und Paniermehl in dem Öl goldgelb anbraten. Die Anchovis zugeben und umrühren, bis sie zerfallen, dann Kapern und Oliven zufügen und 1 Minute unter Rühren anbraten. Die Sauce vom Herd nehmen, Petersilie und Pfeffer untermischen und alles über die Pasta geben. Bei Bedarf etwas Kochwasser zugeben.

050
Paprika mit Fidelini-Füllung

VORBEREITUNGSZEIT 10 Minuten GARZEIT 20–25 Minuten FÜR 4 Personen

40G FIDELINI

2 GROßE ROTE PAPRIKASCHOTEN

2 EL MILCH

2 EL KNOBLAUCH-KRÄUTER-FRISCHKÄSE

2 EIER, VERQUIRLT

2 EL GLATTE PETERSILIE, GEHACKT

1 REIFE TOMATE, ENTKERNT

   UND GEWÜRFELT

6 EL FRISCH GERIEBENER PARMESAN

1   Den Backofen auf 180 °C (Gas Stufe 4) vorheizen.

2   Die Fidelini 1½ Minuten kürzer garen als auf der Packung angegeben, abgießen und in kurze Stücke schneiden.

3   Inzwischen die Paprikaschoten längs halbieren, von Samen, Stielen und Trennwänden befreien und 3 Minuten in kochendem Wasser blanchieren. Mit der Öffnung nach unten abtropfen lassen.

4   Milch und Frischkäse glatt rühren, dann Eier und Petersilie untermischen.

5   Die Paprikahälften in eine feuerfeste Form setzen, bei Bedarf mit Alufolie stabilisieren. Zuerst die Fidelini und die Tomaten, dann die Käsemischung auf die Paprikahälften verteilen. Die Fidelini mit der Spitze eines Messers vorsichtig auflockern, damit die Käsemischung hineinläuft. Die Paprikahälften mit dem Parmesan bestreuen und 20–25 Minuten backen, bis die Füllung fest ist.

051
Tonnarelli mit Tomaten
und rotem Pesto

VORBEREITUNGSZEIT 10 Minuten GARZEIT 10 Minuten FÜR 6 Personen

4 REIFE EIERTOMATEN

4 GETROCKNETE TOMATEN IN ÖL, ABGEGOSSEN (ÖL

  AUFBEWAHREN) UND GEWÜRFELT

25G PINIENKERNE, LEICHT GERÖSTET

4 EL ÖL VON DEN EINGELEGTEN TOMATEN

3 EL NATIVES OLIVENÖL

1 HANDVOLL BASILIKUMBLÄTTER, IN STREIFEN

  GESCHNITTEN, UND ETWAS ZUM GARNIEREN

SALZ UND FRISCH GEMAHLENER SCHWARZER PFEFFER

4 EL KLEINE WEIßBROTWÜRFEL

2 KNOBLAUCHZEHEN, FEIN GEHACKT

350G FRISCHE TONNARELLI*

1   Frische und getrocknete Tomaten sowie Pinienkerne in einer Küchenmaschine pürieren und währenddessen 4 Esslöffel Öl in einem dünnen Strahl zugießen. Die Tomatenpaste mit Basilikum, Salz und Pfeffer abschmecken.

2   Weißbrotwürfel und Knoblauch in dem Olivenöl unter Rühren bei schwacher Hitze goldgelb anrösten.

3   Die Pasta bissfest garen und abgießen. 125 ml Kochwasser zurückbehalten. Die Pasta mit der Sauce mischen, wenn sie zu trocken ist, 2 Esslöffel Kochwasser zugeben. Mit gerösteten Weißbrotwürfeln und Basilikum garnieren.

*   Alternativ können auch Spaghetti verwendet werden.

052
Nudelsalat mit mediterranem Gemüse

VORBEREITUNGSZEIT 10 Minuten GARZEIT 10 Minuten FÜR 4 Personen

225G RADIATORI*

6 GETROCKNETE TOMATEN IN ÖL, ABGEGOSSEN (ÖL AUFBEWAHREN) UND IN STREIFEN GESCHNITTEN

5 EL NATIVES OLIVENÖL

I EL ROTWEINESSIG

I KNOBLAUCHZEHE, FEIN GEHACKT

SALZ UND FRISCH GEMAHLENER SCHWARZER PFEFFER

6 KALAMATA-OLIVEN, ENTSTEINT UND GEVIERTELT

150G COCKTAILTOMATEN, HALBIERT

115G ZUCCHINI, IN SCHEIBEN GESCHNITTEN

5 GEGRILLTE ARTISCHOCKENHERZEN IN ÖL, ABGEGOSSEN UND IN SCHEIBEN GESCHNITTEN

2 GEGRILLTE PAPRIKASCHOTEN IN ÖL, ABGEGOSSEN UND IN STREIFEN GESCHNITTEN

I HANDVOLL BASILIKUMBLÄTTER, IN STREIFEN GESCHNITTEN

2 HANDVOLL KNACKIGE GEMISCHTE SALATBLÄTTER

I HANDVOLL RUCOLA

1 Die Pasta nach Packungsanleitung bissfest garen und abgießen. Mit kaltem Wasser abschrecken und sofort mit I Esslöffel Öl von den eingelegten Tomaten mischen. Abkühlen lassen.
2 Inzwischen Öl, Essig, Knoblauch, Salz und Pfeffer zu einem Dressing verrühren. Oliven, Tomaten, Zucchini, Artischocken, Paprika, Basilikum und Dressing unter die Pasta heben. Auf Salatblättern anrichten.

* Alternativ können auch Fusilli oder Cavatelli verwendet werden.

053
Kartoffelgnocchi mit roter Paprika-Pesto-Sauce

VORBEREITUNGSZEIT 25 Minuten GARZEIT 30–35 Minuten FÜR 4 Personen

I GROßE ROTE PAPRIKASCHOTE, GEGRILLT, ABGEZOGEN UND GEWÜRFELT (SIEHE S. 67)

I REZEPTMENGE ROTES PESTO (SIEHE S. 19)

900G MEHLIGKOCHENDE KARTOFFELN

50G BUTTER

I EI, VERQUIRLT

SALZ UND FRISCH GEMAHLENER SCHWARZER PFEFFER

225–300G MEHL

BASILIKUMBLÄTTER UND ENTSTEINTE SCHWARZE OLIVEN, ZUM GARNIEREN

1 Paprika und Pesto im Mixer glatt pürieren. Beiseite stellen.
2 Die Kartoffeln sehr weich kochen, abgießen, schälen, zu einem Püree zerstampfen und noch warm mit Butter, Ei, Salz und Pfeffer mischen. Mit einer Gabel die Hälfte des Mehls unterrühren. Die Masse auf einer bemehlten Fläche mit dem restlichen Mehl verkneten, bis ein glatter, leicht klebriger Teig entsteht.
3 Den Teig zu mehreren 2,5 cm dicken Rollen formen. Die Rollen in 2,5 cm lange Stücke schneiden. Die Stücke mit leicht bemehlten Fingern rund formen und auf einer Seite mit dem Rücken einer Gabel eindrücken. Die fertigen Gnocchi auf einem bemehlten, sauberem Geschirrtuch auslegen.
4 Die Gnocchi portionsweise in kochendem Salzwasser 2–3 Minuten garen, bis sie an der Oberfläche schwimmen. Nach ein paar Sekunden mit dem Schaumlöffel herausheben und auf einem sauberen Geschirrtuch abtropfen lassen. Warm halten, bis alle Gnocchi fertig gegart sind. Die Gnocchi mit der Sauce mischen und mit Basilikum und Oliven garnieren.

054
Fusilli-Salat mit Hähnchen und Fenchel

VORBEREITUNGSZEIT 10 Minuten, plus Kühlzeit GARZEIT 10 Minuten FÜR 4–6 Personen

150G FUSILLI

3 EL ROTES PESTO (SIEHE SEITE 19)

1½ EL ZITRONENSAFT

3 EL OLIVENÖL

250G GEBRATENE ODER POCHIERTE
   HÄHNCHENBRUST, IN STREIFEN GESCHNITTEN

1 KLEINE FENCHELKNOLLE, IN DÜNNE SCHEIBEN
   GESCHNITTEN

1 GROßE KNOBLAUCHZEHE, FEIN GEHACKT

5 FRÜHLINGSZWIEBELN, FEIN GEHACKT

200G COCKTAILTOMATEN, GEVIERTELT

2 EL FRISCHE KRÄUTER (PETERSILIE, OREGANO
   UND THYMIAN), GEHACKT

LEICHT GERÖSTETE PINIENKERNE UND FRISCH
   GERIEBENER PARMESAN, ZUM SERVIEREN

1   Die Pasta nach Packungsanleitung bissfest
    garen und abgießen.
2   Inzwischen Pesto, Zitronensaft und Öl
    mischen. Die heiße Pasta zugeben, vermen-
    gen und abkühlen lassen.
3   Hähnchen, Fenchel, Knoblauch, Frühlings-
    zwiebeln, Tomaten und Kräuter zufügen und
    mischen. Den Salat zum Servieren mit
    Pinienkernen und Parmesan bestreuen.

44

055
Cavatappi mit Krebsfleisch und Basilikum

VORBEREITUNGSZEIT 5 Minuten GARZEIT 10 Minuten FÜR 4 Personen

225G CAVATAPPI
½ KLEINE ROTE CHILISCHOTE, VON DEN SAMEN
  BEFREIT UND FEIN GEWÜRFELT
I KLEINER BUND FRÜHLINGSZWIEBELN, SCHRÄG IN
  DÜNNE SCHEIBEN GESCHNITTEN
I TL BUTTER
4 EL TROCKENER WEIßWEIN

200G KREBSFLEISCH, FRISCH ODER TIEFGEKÜHLT
  UND AUFGETAUT
4 EL CRÈME FRAÎCHE
I EL IN STREIFEN GESCHNITTENES BASILIKUM, UND
  ETWAS ZUM GARNIEREN
SALZ UND FRISCH GEMAHLENER
  SCHWARZER PFEFFER

1 Die Pasta nach Packungsanleitung bissfest garen und abgießen. 125 ml Kochwasser zurückbehalten.
2 Inzwischen Chili und Frühlingszwiebeln in der Butter I Minute andünsten. Den Wein zugießen und zum
   Kochen bringen. Die Hitze reduzieren, das Krebsfleisch zufügen und kurz erwärmen. Die Sauce über die
   Pasta geben, Crème fraîche und Basilikum untermischen. Bei Bedarf etwas Kochwasser zugeben. Vor
   dem Servieren die Pastamischung mit Salz und Pfeffer abschmecken und mit Basilikum garnieren.

056
Linguine mit Brunnenkresse und Kapern

VORBEREITUNGSZEIT 5 Minuten GARZEIT 10 Minuten FÜR 4 Personen

300G LINGUINE*
I EL KAPERN
6 ANCHOVISFILETS, ABGEGOSSEN
I KNOBLAUCHZEHE

50G BRUNNENKRESSE
6 EL NATIVES OLIVENÖL
SALZ UND FRISCH GEMAHLENER SCHWARZER PFEFFER
FRISCH GERIEBENER PARMESAN, ZUM SERVIEREN

1 Die Pasta nach Packungsanleitung bissfest garen und abgießen. 4 Esslöffel Kochwasser zurückbehalten.
2 Inzwischen Kapern, Anchovis und Knoblauch im Mixer grob pürieren. Die Kresse zugeben, zerkleinern und
   währenddessen das Öl in einem dünnen Strahl zugießen. Alles zu einer glatten Paste verarbeiten. Mit Salz
   und Pfeffer abschmecken und das Kochwasser zufügen. Die Mischung über die Pasta geben. Mit frisch
   geriebenem Parmesan servieren.

* Alternativ können auch Spaghetti verwendet werden.

057
Fettuccine mit Tomaten und Basilikum

VORBEREITUNGSZEIT 5–10 Minuten GARZEIT 5 Minuten FÜR 4 Personen

4 GROßE TOMATEN (CA. 550G), ENTKERNT UND
  GEWÜRFELT
I–2 HANDVOLL BASILIKUMBLÄTTER, IN FEINE
  STREIFEN GESCHNITTEN
I KNOBLAUCHZEHE, FEIN GEHACKT
5 EL NATIVES OLIVENÖL

SALZ UND FRISCH GEMAHLENER
  SCHWARZER PFEFFER
I REZEPTMENGE FRISCHE FETTUCCINE MIT 2 EIERN
  (SIEHE SEITE 10) ODER 350G GETROCKNETE
  FETTUCCINE
FRISCH GERIEBENER PARMESAN, ZUM SERVIEREN

1 Tomaten, Basilikum und Knoblauch in einer Schüssel mischen. Das Öl unter Rühren langsam zugeben.
   Die Tomatenmischung mit Salz und Pfeffer abschmecken.
2 Die Fettuccine bissfest garen und abgießen (siehe Seite 14 oder nach Packungsanleitung). Die
   Tomatenmischung über die Pasta geben, untermischen und mit frisch geriebenem Parmesan bestreuen.

058
Spaghetti mit Knoblauch, Petersilie und Chili

VORBEREITUNGSZEIT 5 Minuten GARZEIT 10 Minuten FÜR 4–6 Personen

400G SPAGHETTI
4 KNOBLAUCHZEHEN, FEIN GEHACKT
3 EL GLATTE PETERSILIE, GEHACKT

I PRISE CHILIFLOCKEN
6 EL NATIVES OLIVENÖL

1   Die Spaghetti nach Packungsanleitung bissfest garen und abgießen. 125 ml Kochwasser zurückbehalten.
2   Inzwischen Knoblauch, Petersilie und Chili im Öl anbraten, bis der Knoblauch goldgelb ist. Die Masse über die Spaghetti geben, bei Bedarf etwas Kochwasser zufügen.

059
Spaghetti mit Petersilie und Pinienkernen

VORBEREITUNGSZEIT 5 Minuten GARZEIT 10 Minuten FÜR 4 Personen

300G SPAGHETTI
I BUND GLATTE PETERSILIE, GEHACKT
40G PINIENKERNE
75ML NATIVES OLIVENÖL

I EL BALSAMICO-ESSIG
SALZ UND FRISCH GEMAHLENER
  SCHWARZER PFEFFER
FRISCH GERIEBENER PARMESAN, ZUM SERVIEREN

1   Die Spaghetti nach Packungsanleitung bissfest garen und abgießen.
2   Inzwischen die Petersilie in eine Schüssel geben. Die Pinienkerne in I Esslöffel Öl goldgelb anbraten und über die Petersilie verteilen. Das restliche Öl vorsichtig erhitzen und über die Petersilie gießen. Pasta, Balsamico, Salz und Pfeffer hinzufügen und alles gut mischen. Mit Parmesan servieren.

060
Gnocchi-Salat mit Tomaten, Rucola und Oliven

VORBEREITUNGSZEIT 10 Minuten GARZEIT 10 Minuten FÜR 4 Personen

175G GNOCCHI*
I HANDVOLL RUCOLA
I HANDVOLL JUNGER BLATTSPINAT
4 FRÜHLINGSZWIEBELN, SCHRÄG IN SCHEIBEN
  GESCHNITTEN
115G COCKTAILTOMATEN, HALBIERT
8 GETROCKNETE TOMATEN IN ÖL, ABGEGOSSEN
  UND IN STREIFEN GESCHNITTEN
10 KALAMATA-OLIVEN, ENTSTEINT

FÜR DAS DRESSING
5 GETROCKNETE TOMATEN IN ÖL
6 EL ÖL VON DEN EINGELEGTEN TOMATEN
2 EL ROTWEINESSIG
I KNOBLAUCHZEHE, FEIN GEHACKT
SALZ UND FRISCH GEMAHLENER
  SCHWARZER PFEFFER

1   Die Pasta nach Packungsanleitung bissfest garen.
2   Inzwischen alle Zutaten für das Dressing im Mixer zerkleinern, mit Salz und Pfeffer abschmecken.
3   Die Pasta abgießen und noch heiß unter den Rucola und das Dressing heben. Die restlichen Zutaten darauf verteilen.

*   Alternativ können auch Conchiglie verwendet werden.

061
Farfalle mit Rucola, Walnüssen und Dolcelatte

VORBEREITUNGSZEIT 5 Minuten GARZEIT 10 Minuten FÜR 6 Personen

400G FARFALLE
50G WALNUSSHÄLFTEN, LEICHT GERÖSTET
85G RUCOLA
1 EL WALNUSSÖL

200–225G DOLCELATTE ODER GORGONZOLA, IN
KLEINE STÜCKE GESCHNITTEN
SALZ UND FRISCH GEMAHLENER
SCHWARZER PFEFFER

1   Die Pasta nach Packungsanleitung bissfest garen und abgießen. 125 ml Kochwasser zurückbehalten.
2   Die restlichen Zutaten unter die Pasta mischen. Mit Salz und Pfeffer abschmecken, bei Bedarf etwas Kochwasser dazugeben.

062
Tagliatelle mit Rucolapesto

VORBEREITUNGSZEIT 5 Minuten GARZEIT 10 Minuten FÜR 6 Personen

50G RUCOLA
1 KNOBLAUCHZEHE, FEIN GEHACKT
1 EL PINIENKERNE, LEICHT GERÖSTET
150ML NATIVES OLIVENÖL

150G WEICHER ZIEGENKÄSE
2 EL FRISCH GERIEBENER PARMESAN
SALZ UND FRISCH GEMAHLENER SCHWARZER PFEFFER
450G TAGLIATELLE

1   Rucola, Knoblauch und Pinienkerne im Mixer zu einer groben Paste pürieren. Das Öl langsam einfließen lassen. Den Käse zufügen und alles kurz zu einer glatten Sauce verarbeiten. Mit Salz und Pfeffer abschmecken.
2   Die Pasta nach Packungsanleitung bissfest garen und abgießen. 125 ml Kochwasser zurückbehalten. Das Pesto über die Pasta geben, bei Bedarf etwas Kochwasser zufügen.

063
Orecchiette mit Tomaten, Rucola und Pinienkernen

VORBEREITUNGSZEIT 5 Minuten GARZEIT 10 Minuten FÜR 6 Personen

375G ORECCHIETTE
2 EL PINIENKERNE
3 EL NATIVES OLIVENÖL
500G REIFE COCKTAILTOMATEN, HALBIERT

SALZ UND FRISCH GEMAHLENER
SCHWARZER PFEFFER
85G RUCOLA
50G GEHOBELTER PARMESAN

1   Die Pasta nach Packungsanleitung bissfest garen und abgießen.
2   Inzwischen die Pinienkerne in 2 Esslöffel Öl in 1–2 Minuten goldgelb anbraten. Die Tomaten zugeben, mit Salz und Pfeffer abschmecken und 1–2 Minuten erwärmen. Die Pfanne dabei häufig schwenken, damit die Tomaten nicht zerfallen.
3   Das restliche Öl, Rucola, heiße Tomatensauce und die Hälfte des Parmesan unter die Pasta heben. Zum Servieren mit dem restlichen Parmesan bestreuen.

064
Eliche mit Tomaten, Oliven und Basilikum

VORBEREITUNGSZEIT 10 Minuten, plus 30 Minuten Marinierzeit GARZEIT 10 Minuten FÜR 4–6 Personen

450G REIFE TOMATEN, ENTKERNT UND IN 5 MM
  GROßE WÜRFEL GESCHNITTEN
I KNOBLAUCHZEHE, FEIN GEHACKT
12 KALAMATA-OLIVEN, ENTSTEINT UND GEWÜRFELT

4 EL BASILIKUM, IN STREIFEN GESCHNITTEN
5 EL NATIVES OLIVENÖL
SALZ UND FRISCH GEMAHLENER SCHWARZER PFEFFER
350G ELICHE

1   Tomaten, Knoblauch, Oliven, Basilikum, Öl, Salz und Pfeffer mischen und zugedeckt mindestens 30 Minuten ziehen lassen.
2   Die Pasta nach Packungsanleitung bissfest garen und abgießen.
3   Inzwischen die Tomatenmischung bei schwacher Hitze vorsichtig erwärmen. Über die Pasta geben.

065
Spaghetti mit Ziegenkäse, Rucola und Walnüssen

VORBEREITUNGSZEIT 5 Minuten GARZEIT 10 Minuten FÜR 4 Personen

275G SPAGHETTI
40G WALNUSSHÄLFTEN, LEICHT GERÖSTET
NATIVES OLIVENÖL
85G WEICHER ZIEGENKÄSE, ZERBRÖCKELT

I KLEINE HANDVOLL RUCOLA, LANGE BLÄTTER
  HALBIERT
SALZ UND FRISCH GEMAHLENER SCHWARZER PFEFFER
GEHOBELTER PARMESAN (NACH BELIEBEN)

1   Die Spaghetti nach Packungsanleitung bissfest garen und abgießen.
2   Inzwischen die Walnüsse im Mixer grob hacken.
3   Die Spaghetti mit etwas Olivenöl, Nüssen, Käse, Rucola, Salz und reichlich Pfeffer mischen. Nach Belieben mit gehobeltem Parmesan bestreuen.

066
Spaghetti mit gegrillter Paprika und Knoblauch

VORBEREITUNGSZEIT 10 Minuten GARZEIT 15 Minuten FÜR 4–6 Personen

2 GROßE ROTE PAPRIKASCHOTEN, LÄNGS HALBIERT
3 GROßE KNOBLAUCHZEHEN, UNGESCHÄLT
5 EL NATIVES OLIVENÖL
5 EL PINIENKERNE, LEICHT GERÖSTET

SALZ UND FRISCH GEMAHLENER SCHWARZER PFEFFER
I SPRITZER BALSAMICO-ESSIG
375G SPAGHETTI
FRISCH GERIEBENER PARMESAN, ZUM SERVIEREN

1   Paprika und Knoblauch unter dem Grill rösten, bis die Haut der Paprika dunkel wird und Blasen wirft und der Knoblauch weich ist.
2   Die Paprika abkühlen lassen, Haut abziehen und Paprikafleisch in den Mixer geben. Den Knoblauch aus den Schalen lösen und zusammen mit Paprika, Öl und Pinienkernen im Mixer glatt pürieren. Mit Salz, Pfeffer und Balsamico abschmecken.
3   Die Spaghetti nach Packungsanleitung bissfest garen und abgießen. 125 ml Kochwasser zurückbehalten. Die Pasta mit der Sauce mischen, bei Bedarf etwas Kochwasser zugeben. Mit Parmesan servieren.

067
Grüne und weiße Tagliatelle mit Pinienkernen und Parmesan

VORBEREITUNGSZEIT 5 Minuten GARZEIT 10 Minuten FÜR 4–6 Personen

I GROSSER BUND GEMISCHTE FRISCHE KRÄUTER,
  Z. B. BASILIKUM, PETERSILIE, ROSMARIN, THYMIAN
  UND OREGANO
I GROSSE KNOBLAUCHZEHE, GEHACKT
450G FRISCHE GRÜNE UND WEISSE TAGLIATELLE
  (PAGLIA E FIENO)*

5 EL NATIVES OLIVENÖL
85G PINIENKERNE, LEICHT GERÖSTET
85G FRISCH GERIEBENER PARMESAN
SALZ UND FRISCH GEMAHLENER
  SCHWARZER PFEFFER

1   Kräuter und Knoblauch im Mixer fein hacken. Beiseite stellen.
2   Die Tagliatelle bissfest garen und abgießen.
3   Kräutermischung, Öl, Pinienkerne, Parmesan, Salz und Pfeffer über die Pasta geben und gut mischen.

*   Alternativ können auch herkömmliche Tagliatelle oder Fettuccine verwendet werden.

068
Spaghetti mit Butter und Parmesan

VORBEREITUNGSZEIT 5 Minuten GARZEIT 10 Minuten FÜR 4–6 Personen

350G SPAGHETTI
85G BUTTER, GEWÜRFELT

85G FRISCH GERIEBENER PARMESAN
SALZ UND FRISCH GEMAHLENER SCHWARZER PFEFFER

1 Die Spaghetti nach Packungsanleitung bissfest garen und abgießen.
2 Die Butter über die heißen Spaghetti verteilen und zerlaufen lassen, dann ¾ des Parmesan untermischen.
Mit Salz und reichlich Pfeffer abschmecken, den restlichen Parmesan darüberstreuen und servieren.

069
Pasta e Piselli (Pasta mit Erbsen)

VORBEREITUNGSZEIT 5 Minuten GARZEIT 10 Minuten FÜR 4 Personen

1 ZWIEBEL, HALBIERT UND IN DICKE SCHEIBEN
   GESCHNITTEN
OLIVENÖL
4 SCHEIBEN PARMASCHINKEN, IN STREIFEN
   GESCHNITTEN
1L HEISSE HÜHNERBRÜHE
150G CONCHIGLIETTE ODER ANDERE SUPPENNUDELN

225G ERBSEN, FRISCH ODER TIEFGEKÜHLT
1 HANDVOLL BASILIKUMBLÄTTER, IN STREIFEN
   GESCHNITTEN
SALZ UND FRISCH GEMAHLENER
   SCHWARZER PFEFFER
4 TL BUTTER

1 Die Zwiebel in etwas Öl andünsten. Den Schinken zugeben und 1 Minute anbraten, dann die Brühe
zugießen. Zum Kochen bringen, die Pasta hinzufügen und bissfest garen. Frische Erbsen 4 Minuten,
tiefgekühlte 2 Minuten vor Ende der Garzeit zufügen.
2 Basilikum, Salz und Pfeffer darübergeben. Jede Portion mit 1 Teelöffel Butter servieren.

070
Warme Pasta mit Paprika
und Tomaten

VORBEREITUNGSZEIT 10 Minuten GARZEIT 10 Minuten FÜR 4 Personen

5 EL NATIVES OLIVENÖL
½ ROTE PAPRIKASCHOTE, IN STREIFEN GESCHNITTEN
½ GELBE PAPRIKASCHOTE, IN STREIFEN GESCHNITTEN
175G GELBE COCKTAILTOMATEN, HALBIERT
175G ROTE COCKTAILTOMATEN, HALBIERT
1 HANDVOLL GEMISCHTE FRISCHE KRÄUTER, Z. B.
   THYMIAN, PETERSILIE, MAJORAN UND OREGANO
12 OLIVEN, ENTSTEINT

3 EL KAPERN
SCHALE VON ½ UNBEHANDELTEN ZITRONE, IN SEHR
   FEINE STREIFEN GESCHNITTEN
SALZ UND FRISCH GEMAHLENER SCHWARZER PFEFFER
225G PASTA, Z. B. CONCHIGLIE ODER FUSILLI
ZITRONENSAFT (NACH BELIEBEN)
4 EL FRISCH GERIEBENER PARMESAN

1 Öl, Paprika, Tomaten, Kräuter, Oliven, Kapern, Zitronenschale, Salz und Pfeffer mischen und beiseite stellen.
2 Die Pasta nach Packungsanleitung bissfest garen und abgießen. Die Gemüsemischung darübergeben.
Mit Zitronensaft abschmecken, mit Parmesan bestreuen und warm servieren.

071
Trenette mit rotem Pesto und Ricotta

VORBEREITUNGSZEIT 5 Minuten GARZEIT 10 Minuten FÜR 4–6 Personen

400G TRENETTE   3 EL RICOTTA
1 REZEPTMENGE ROTES PESTO (SIEHE SEITE 19)

1   Die Pasta nach Packungsanleitung bissfest garen und abgießen. 125 ml Kochwasser zurückbehalten.
2   Inzwischen das Pesto und den Ricotta mischen, unter die Pasta heben. Bei Bedarf etwas Kochwasser zufügen.

072
Spaghetti mit Tomaten, Oliven und Walnüssen

VORBEREITUNGSZEIT 10 Minuten GARZEIT 10 Minuten FÜR 4 Personen

300G SPAGHETTI   1 HANDVOLL BASILIKUMBLÄTTER, IN STREIFEN
85G WALNUSSHÄLFTEN   GESCHNITTEN
3 REIFE EIERTOMATEN, ENTKERNT   3 EL NATIVES OLIVENÖL
   UND GEWÜRFELT   SALZ UND FRISCH GEMAHLENER
16 KALAMATA-OLIVEN, ENTSTEINT UND GROB   SCHWARZER PFEFFER
   GEWÜRFELT

51

1   Die Spaghetti nach Packungsanleitung bissfest garen und abgießen.
2   Inzwischen die Walnüsse unter ständigem Rühren anrösten, dann in große Stücke zerteilen.
3   Walnüsse, Tomaten, Oliven, Basilikum, Öl, Salz und Pfeffer unter die Spaghetti heben und noch warm servieren.

073
Spinat-Ricotta-Gnocchi

VORBEREITUNGSZEIT 10–15 Minuten, plus 30 Minuten Kühlzeit GARZEIT 15 Minuten FÜR 4 Personen

400G BLATTSPINAT   150G RICOTTA
50G MEHL, UND ETWAS ZUM BESTAUBEN   SALZ UND FRISCH GEMAHLENER
1 EIDOTTER   SCHWARZER PFEFFER
100G FRISCH GERIEBENER PARMESAN, UND ETWAS   70G BUTTER, ZERLASSEN
   ZUM SERVIEREN

1   Den Spinat in einem großen Topf mit Salzwasser erhitzen, bis er zusammenfällt. Kalt abschrecken und abtropfen lassen, fein hacken und überschüssige Flüssigkeit ausdrücken. Spinat, Mehl, Eidotter und zwei Drittel des Parmesan mischen. Ricotta, etwas Salz und reichlich schwarzen Pfeffer zugeben und vorsichtig verrühren. 30 Minuten kalt stellen.
2   Mit einem Teelöffel Portionen aus der Spinatmischung abstechen und mit bemehlten Händen zu 1–2 cm dicken Gnocchi formen.
3   Die Gnocchi in kochendem Salzwasser in ca. 3 Minuten bissfest garen. Mit einem Schaumlöffel herausheben, auf Küchenpapier abtropfen lassen und in eine flache feuerfeste Form legen.
4   Die zerlassene Butter und den restlichen Parmesan über die Gnocchi geben. Unter dem vorgeheizten Grill überbacken, bis der Käse geschmolzen ist. Mit geriebenem Parmesan servieren.

074
Riccioli mit Erbsen und Safran

VORBEREITUNGSZEIT 5 Minuten, plus 20 Minuten Einweichzeit GARZEIT 10 Minuten FÜR 4 Personen

1 PRISE SAFRANFÄDEN
150G SAHNE
225G RICCIOLI ODER GNOCCHI

1 TL BUTTER
225G ERBSEN, FRISCH ODER TIEFGEKÜHLT
FRISCH GERIEBENER PARMESAN, ZUM SERVIEREN

1   Die Safranfäden 20 Minuten in 1 Esslöffel Sahne einweichen.
2   Die Riccioli nach Packungsanleitung bissfest garen. Frische Erbsen 4 Minuten, tiefgekühlte 2 Minuten vor
    Ende der Garzeit zufügen. Abgießen.
3   Inzwischen restliche Sahne und Safransahne erwärmen, Butter darin auflösen, gelegentlich umrühren. Nicht
    aufkochen lassen. Sahnesauce, Pasta und Erbsen mischen. Zum Servieren mit Parmesan bestreuen,
    geriebenen Parmesan dazu reichen.

075
Trenette mit Pinienkernen und Kräutern

VORBEREITUNGSZEIT 5 Minuten GARZEIT 10 Minuten FÜR 4 Personen

300G FRISCHE TRENETTE
2 KNOBLAUCHZEHEN, IN DÜNNE SCHEIBEN
  GESCHNITTEN
½ ROTE CHILISCHOTE, VON DEN SAMEN BEFREIT
  UND IN DÜNNE STREIFEN GESCHNITTEN
5 EL NATIVES OLIVENÖL

50G PINIENKERNE
1 HANDVOLL GLATTE PETERSILIE, FEIN GEHACKT
10–14 BASILIKUMBLÄTTER, IN STREIFEN
  GESCHNITTEN
SALZ UND FRISCH GEMAHLENER SCHWARZER PFEFFER
FRISCH GERIEBENER PARMESAN, ZUM SERVIEREN

1   Die Trenette in kochendem Salzwasser bissfest garen.
2   Inzwischen Knoblauch und Chili 1 Minute in etwas Öl anbraten. Pinienkerne und Petersilie zugeben und
    1 Minute unter Rühren anbraten. Vom Herd nehmen, Basilikum, Salz und Pfeffer zugeben.
3   Die Pasta abgießen und die Kräutermischung darübergeben. Mit frisch geriebenem Parmesan servieren.

076
Cavatappi mit Tomaten, Avocado
und Basilikum

VORBEREITUNGSZEIT 10 Minuten GARZEIT 10 Minuten FÜR 4 Personen

225G CAVATAPPI
1 KNOBLAUCHZEHE, ZERDRÜCKT
NATIVES OLIVENÖL
3 REIFE TOMATEN, ENTKERNT
  UND GEWÜRFELT
1 AVOCADO, ENTSTEINT UND GEWÜRFELT

4 FRÜHLINGSZWIEBELN, SCHRÄG IN DÜNNE RINGE
  GESCHNITTEN
2 HANDVOLL BASILIKUMBLÄTTER, IN STREIFEN
  GESCHNITTEN
SALZ UND FRISCH GEMAHLENER SCHWARZER PFEFFER
FRISCH GERIEBENER PARMESAN, ZUM SERVIEREN

1   Die Pasta nach Packungsanleitung bissfest garen und abgießen.
2   Inzwischen den Knoblauch in etwas Öl 1–2 Minuten anbraten. Die Tomaten zugeben und bei schwacher
    Hitze erwärmen. Tomatenmischung, Pasta, Avocado, Frühlingszwiebeln, Basilikum, Salz und Pfeffer mischen.
    Warm oder kalt mit frisch geriebenem Parmesan servieren.

077
Cavatappi mit Spinat, Rosinen und Pinienkernen

VORBEREITUNGSZEIT 5 Minuten GARZEIT 10 Minuten FÜR 4 Personen

25G ROSINEN
225G CAVATAPPI
500G JUNGER BLATTSPINAT
I TL BUTTER

SALZ UND FRISCH GEMAHLENER
 SCHWARZER PFEFFER
3–4 EL PINIENKERNE, LEICHT GERÖSTET
FRISCH GERIEBENER PARMESAN, ZUM SERVIEREN

1   Die Rosinen in etwas heißem Wasser 3–5 Minuten einweichen und abgießen.
2   Inzwischen die Pasta nach Packungsanleitung bissfest garen und abgießen.
3   Den Spinat in Salzwasser bei geschlossenem Deckel erhitzen, bis er zusammenfällt. Abgießen, kalt abschrecken und überschüssige Flüssigkeit gut ausdrücken. Den Spinat in der Butter erwärmen, gelegentlich umrühren, mit Salz und Pfeffer abschmecken. Spinat, Pasta, Rosinen und Pinienkerne mischen. Mit frisch geriebenem Parmesan servieren.

078
Spaghetti mit Knoblauch-Kräuter-Mayonnaise

VORBEREITUNGSZEIT 5 Minuten GARZEIT 10 Minuten FÜR 3–4 Personen

225G SPAGHETTI

1 KNOBLAUCHZEHE, FEIN GEHACKT

SALZ

4–5 EL MAYONNAISE

1 BUND GEMISCHTE FRISCHE KRÄUTER, Z. B.
   PETERSILIE, THYMIAN, SCHNITTLAUCH, BASILIKUM

FRISCH GERIEBENER PARMESAN, ZUM SERVIEREN

1   Die Spaghetti nach Packungsanleitung bissfest garen und abgießen. 125 ml Kochwasser zurückbehalten.
2   Inzwischen den Knoblauch im Mörser mit 1 Prise Salz zu einer Paste verreiben und mit der Mayonnaise mischen. Die Kräuter unterheben. Kräutermayonnaise über die Pasta verteilen, etwas Kochwasser zugeben und untermischen. Mit frisch geriebenem Parmesan servieren.

079
Pennette mit Tomaten-Mandel-Sauce

VORBEREITUNGSZEIT 10 Minuten GARZEIT 10 Minuten FÜR 4–6 Personen

3 REIFE EIERTOMATEN, ENTKERNT UND
   GEWÜRFELT

25G MANDELKERNE, ABGEZOGEN UND LEICHT
   GERÖSTET

6 EL NATIVES OLIVENÖL

4 GETROCKNETE TOMATEN IN ÖL, ABGEGOSSEN UND
   GEWÜRFELT

12 BASILIKUMBLÄTTER, IN STREIFEN GESCHNITTEN

SALZ UND FRISCH GEMAHLENER
   SCHWARZER PFEFFER

350G PENNETTE

2 KNOBLAUCHZEHEN

4 EL WEISSBROTKRUMEN

1   Tomaten, Mandeln, ¾ des Öls und getrocknete Tomaten im Mixer zu einer groben Paste pürieren. In eine hitzebeständige Schüssel geben, Basilikum, Salz und Pfeffer zufügen. Über einem Topf mit siedendem Wasser erwärmen.
2   Die Pasta nach Packungsanleitung bissfest garen und abgießen. 125 ml Kochwasser zurückbehalten.
3   Inzwischen Knoblauch und Weißbrotkrumen in einer kleinen Pfanne bei schwacher Hitze in dem restlichen Öl goldbraun anrösten.
4   Die Pasta mit der Sauce mischen, bei Bedarf etwas Kochwasser zugeben. Mit den Knoblauchcroûtons bestreuen.

080
Pasta mit gegrilltem Knoblauch, Thymian und Ziegenkäse

VORBEREITUNGSZEIT 5 Minuten GARZEIT 20–25 Minuten FÜR 4 Personen

1 GROSSE KNOBLAUCHKNOLLE, IN EINZELNE ZEHEN
   GETEILT

50ML NATIVES OLIVENÖL

BLÄTTER VON 8 GROSSEN THYMIANZWEIGEN

225G SPAGHETTI

200G ZIEGENKÄSE, ZERBRÖCKELT

SALZ UND FRISCH GEMAHLENER
   SCHWARZER PFEFFER

1   Die Knoblauchzehen zerdrücken, die Schalen abziehen. Knoblauchzehen im Öl 20–25 Minuten goldgelb andünsten, nicht anbrennen lassen, sonst schmecken sie bitter. Nach 15 Minuten den Thymian zugeben.
2   Inzwischen die Spaghetti nach Packungsanleitung bissfest garen und abgießen. Knoblauch, Öl, Thymian und Ziegenkäse unterheben, mit Salz und Pfeffer abschmecken.

081
Tagliatelle mit Rucola, Pinienkernen und Thymian

VORBEREITUNGSZEIT 10 Minuten GARZEIT 10 Minuten FÜR 6 Personen

2 GROßE KNOBLAUCHZEHEN, ZERDRÜCKT
4 EL PINIENKERNE
NATIVES OLIVENÖL
15 COCKTAILTOMATEN, HALBIERT
BLÄTTER VON 6 THYMIANZWEIGEN

SALZ UND FRISCH GEMAHLENER SCHWARZER PFEFFER
500G FRISCHE TAGLIATELLE
1 GROßER BUND RUCOLA, LANGE BLÄTTER HALBIERT
85G FRISCH GERIEBENER PARMESAN

1   Knoblauch und Pinienkerne in etwas Öl 1½ Minuten unter häufigem Rühren goldgelb anbraten. Tomaten und die Hälfte des Thymians zufügen und unter Rühren bei schwacher Hitze erwärmen. Die Tomaten sollen nicht zerfallen. Mit Salz und Pfeffer abschmecken.
2   Die Pasta bissfest garen und abgießen. Rucola, Sauce, restlichen Thymian, 3 Esslöffel Öl und die Hälfte des Parmesan unter die Tagliatelle mischen. Den restlichen Parmesan dazu reichen.

082
Pappardelle mit Provolone und schwarzer Olivenpaste

VORBEREITUNGSZEIT 5 Minuten GARZEIT 15 Minuten FÜR 4 Personen

300G PAPPARDELLE
NATIVES OLIVENÖL
5 EL SCHWARZE OLIVENPASTE

FRISCH GEMAHLENER SCHWARZER PFEFFER
1-2 EL PINIENKERNE
115G FRISCH GERIEBENER PROVOLONE

1   Die Pasta nach Packungsanleitung bissfest garen, abgießen und in eine Gratinform geben.
2   Etwas Öl, Olivenpaste und Pfeffer über der Pasta verteilen und gut mischen. Mit Pinienkernen, Provolone und Pfeffer bestreuen. Unter dem vorgeheizten Grill überbacken, bis der Käse goldgelb und knusprig ist.

083
Fettuccine mit Pesto, Ricotta und getrockneten Tomaten

VORBEREITUNGSZEIT 5 Minuten GARZEIT 5 Minuten FÜR 4 Personen

10 GETROCKNETE TOMATEN IN ÖL, IN STREIFEN
   GESCHNITTEN (ÖL AUFBEWAHREN)
2 EL NATIVES OLIVENÖL
2–3 EL PESTO (SIEHE SEITE 18)
4 EL RICOTTA

1–2 EL FRISCH GERIEBENER PARMESAN
FRISCH GEMAHLENER SCHWARZER PFEFFER
350G FRISCHE FETTUCCINE (SIEHE SEITE 10) ODER
   300G GETROCKNETE FETTUCCINE

1   Das Öl von den eingelegten Tomaten, Olivenöl, Pesto und Ricotta mischen und glatt rühren. Parmesan zufügen, mit schwarzem Pfeffer abschmecken.
2   Die Pasta bissfest garen und abgießen (siehe Seite 14 oder nach Packungsanleitung). Mit der Ricottasauce und den Tomatenstreifen mischen.

084
Knusprig gebratene Pasta mit Knoblauch und Mozzarella

VORBEREITUNGSZEIT 5 Minuten GARZEIT 10 Minuten FÜR 4-6 Personen

300G TAGLIATELLE
2 KNOBLAUCHZEHEN, IN SCHEIBEN GESCHNITTEN
4 EL NATIVES OLIVENÖL
FRISCH GEMAHLENER SCHWARZER PFEFFER

175G BÜFFELMOZZARELLA, GERIEBEN (ZUM REIBEN
  VORHER 1 STUNDE INS GEFRIERFACH LEGEN)
1 KLEINE HANDVOLL GEHACKTE FRISCHE KRÄUTER,
  ZUM SERVIEREN (NACH BELIEBEN)

1   Die Tagliatelle nach Packungsanleitung bissfest garen und abgießen.
2   Inzwischen in einem großen Topf Öl erhitzen und den Knoblauch darin goldbraun anbraten. Den Knoblauch entfernen.
3   Die Pasta in das heiße Öl geben und bei starker Hitze in ein paar Minuten knusprig anbraten. Mit reichlich grob gemahlenem Pfeffer, Mozzarella und Kräutern (nach Belieben) bestreuen.

085
Tonnarelli mit Salbei und Olivenöl

VORBEREITUNGSZEIT 5 Minuten, GARZEIT 5 Minuten, FÜR 4 Personen

BLÄTTER VON 1 KLEINEM BUND SALBEI,
  IN STREIFEN GESCHNITTEN
85ML NATIVES OLIVENÖL

300G FRISCHE TONNARELLI (SIEHE SEITE 10)*
SALZ UND FRISCH GEMAHLENER SCHWARZER PFEFFER
FRISCH GERIEBENER PARMESAN, ZUM SERVIEREN

1   Die Salbeiblätter in eine hitzebeständige Schüssel geben. Das Öl in einem kleinen Topf erhitzen und das heiße Öl über den Salbei gießen.
2   Die Pasta bissfest garen und abgießen. Das Salbeiöl darüber verteilen, mit Salz und Pfeffer abschmecken. Mit frisch geriebenem Parmesan servieren.

*   Alternativ können auch Spaghetti verwendet werden.

086
Tagliatelle mit Zitronensauce

VORBEREITUNGSZEIT 5 Minuten, GARZEIT 10 Minuten, FÜR 4 Personen

350G TAGLIATELLE
SAFT VON 2 ZITRONEN
200G SAHNE
50G BUTTER, GEWÜRFELT

115G FRISCH GERIEBENER PARMESAN
SALZ UND FRISCH GEMAHLENER SCHWARZER PFEFFER
IN STREIFEN GESCHNITTENES BASILIKUM,
  ZUM SERVIEREN

1   Die Pasta nach Packungsanleitung bissfest garen und abgießen.
2   Inzwischen Zitronensaft, Sahne und Butter zum Kochen bringen. 5 Minuten köcheln lassen, gelegentlich umrühren, bis die Sauce leicht eindickt.
3   Parmesan und Sahnesauce unter die Pasta mischen, mit Salz und Pfeffer abschmecken. Zum Servieren mit Basilikum bestreuen.

*   Falls Sie es weniger säuerlich wünschen, können Sie etwas weniger Zitronensaft verwenden.

087
Conchiglie mit Gorgonzola und Walnüssen

VORBEREITUNGSZEIT 10 Minuten GARZEIT 10 Minuten FÜR 4 Personen

300G CONCHIGLIE
1 TL SALBEI, FEIN GEHACKT
1 TL BUTTER
3 EL RICOTTA
5 EL MILCH

115G GORGONZOLA, FEIN GEWÜRFELT
SALZ UND FRISCH GEMAHLENER SCHWARZER PFEFFER
50G WALNUSSHÄLFTEN, LEICHT GERÖSTET UND FEIN
  GEHACKT
FRISCH GERIEBENER PARMESAN, ZUM SERVIEREN

1   Die Pasta nach Packungsanleitung bissfest garen und abgießen.
2   Inzwischen Salbei und Butter in einem kleinen Topf 1–2 Minuten erhitzen. Ricotta und Milch zufügen und
     glatt rühren, dann den Gorgonzola untermischen. Die Sauce bei schwacher Hitze glatt rühren, nicht mehr
     aufkochen lassen. Mit wenig Salz und reichlich Pfeffer abschmecken.
3   Die Sauce über die Pasta geben, und Walnüsse untermischen. Mit frisch geriebenem Parmesan servieren.

088
Spaghetti mit Lachskaviar und Schnittlauch

VORBEREITUNGSZEIT 5 Minuten GARZEIT 10 Minuten FÜR 4 Personen

300G SPAGHETTI
2 EL CRÈME FRAÎCHE
40G BUTTER, GEWÜRFELT

65G LACHSKAVIAR (KETA-KAVIAR)
1½ EL SCHNITTLAUCHRÖLLCHEN
SALZ UND FRISCH GEMAHLENER SCHWARZER PFEFFER

1   Die Spaghetti nach Packungsanleitung bissfest garen und abgießen. 125 ml Kochwasser zurückbehalten.
2   Inzwischen Crème fraîche und Butter in einem Topf erwärmen, aber nicht aufkochen lassen. Die Mischung
     über die Pasta geben, Kaviar, Schnittlauch, Salz und Pfeffer zufügen und vorsichtig mischen, damit der
     Kaviar intakt bleibt. Bei Bedarf etwas Kochwasser zugeben.

089
Trenette mit schneller
Spinat-Walnuss-Sauce

VORBEREITUNGSZEIT 10 Minuten GARZEIT 10 Minuten FÜR 4–6 Personen

300G TRENETTE*
40G JUNGER BLATTSPINAT
3 KNOBLAUCHZEHEN, ZERDRÜCKT
3–4 EL WALNUSSHÄLFTEN, LEICHT GERÖSTET

5 EL NATIVES OLIVENÖL
50G PECORINO ODER FRISCH GERIEBENER PARMESAN
SALZ UND FRISCH GEMAHLENER
  SCHWARZER PFEFFER

1   Die Pasta nach Packungsanleitung bissfest garen und abgießen. 125 ml Kochwasser zurückbehalten.
2   Inzwischen Spinat, Knoblauch, Walnüsse und Öl im Mixer grob pürieren. Die Masse in eine Schüssel geben,
     den Käse zufügen, mit Salz und Pfeffer abschmecken. Die Sauce über die Pasta geben, bei Bedarf etwas
     Kochwasser zugeben.

*   Alternativ können auch Linguine, Tagliatelle, Gnocchi Rigate oder Conchiglie Rigate verwendet werden.

090
Gnocchi alla Romana

VORBEREITUNGSZEIT 5 Minuten, plus 2 Stunden Kühlzeit GARZEIT 25–30 Minuten FÜR 4 Personen

1 ZWIEBEL
1 GEWÜRZNELKE
500ML MILCH
1 LORBEERBLATT
85G HARTWEIZENGRIEß
1 GROßER EIDOTTER

40G FRISCH GERIEBENER PARMESAN
50G BUTTER, ZERLASSEN
1½ TL DIJONSENF
SALZ UND FRISCH GEMAHLENER
  SCHWARZER PFEFFER
KNACKIGER GRÜNER SALAT, ZUM SERVIEREN

1   Die Zwiebel mit der Nelke spicken und zusammen mit Milch und Lorbeerblatt in einen Topf geben. Langsam zum Kochen bringen, vom Herd nehmen und zugedeckt 10 Minuten ziehen lassen. Die Milch durch ein Sieb in einen sauberen Topf abgießen und zum Kochen bringen. Bei mittlerer Hitze den Grieß unter Rühren einrieseln lassen. 3–5 Minuten unter ständigem Rühren köcheln lassen, bis die Mischung eindickt.

2   Vom Herd nehmen, den Eidotter, zwei Drittel des Parmesan, die Hälfte der Butter und den Senf untermischen. Mit Salz und reichlich Pfeffer abschmecken. Die Masse mit einem angefeuchteten Palettmesser 1 cm dick auf einem mit angefeuchtetem Backpapier ausgelegten Backblech verstreichen. Mit der restlichen Butter bepinseln. Abkühlen lassen und 2 Stunden kalt stellen.

3   Den Backofen auf 230 °C (Gas Stufe 8) vorheizen.

4   Aus dem Gnocchiteig 5 cm große Kreise ausstechen und in eine gebutterte Gratinform setzen. Mit dem restlichen Käse bestreuen und 15–20 Minuten goldbraun backen. Mit grünem Salat servieren.

091
Spinat-Kartoffel-Gnocchi mit Fontina

VORBEREITUNGSZEIT 15 Minuten GARZEIT 20–25 Minuten FÜR 4–6 Personen

750G KARTOFFELN, GESCHÄLT UND GEWÜRFELT	175G FONTINA, IN DÜNNE SCHEIBEN GESCHNITTEN
200G BLATTSPINAT	2 EL BUTTER, ZERLASSEN
ETWA 100G MEHL	FEIN GEHACKTE PETERSILIE ODER
SALZ UND FRISCH GEMAHLENER SCHWARZER PFEFFER	BASILIKUMBLÄTTER, ZUM SERVIEREN

1   Die Kartoffeln in 15 Minuten sehr weich kochen. Abgießen, in einen Topf geben und bei schwacher Hitze die restliche Flüssigkeit verdampfen lassen. Die Kartoffeln zu einem Püree zerstampfen und durch ein Sieb streichen.

2   Den Backofen auf 220 °C (Gas Stufe 7) vorheizen.

3   Inzwischen den Spinat in einem Topf mit Salzwasser erhitzen, bis er zusammenfällt. Abgießen, kalt abschrecken und überschüssige Flüssigkeit ausdrücken. Spinat pürieren und unter das Kartoffelpüree mischen. So viel Mehl zufügen, bis ein kompakter Teig entsteht, mit Salz und Pfeffer abschmecken.

4   Den Teig auf einer bemehlten Fläche kurz kneten, bei Bedarf etwas mehr Mehl zufügen. Den Teig in 12 Portionen teilen und jede zu einer 1 cm dicken Rolle formen. Die Rollen in 2 cm lange Stücke schneiden. Die Stücke mit leicht bemehlten Fingern rund formen und auf einer Seite mit dem Rücken einer Gabel eindrücken. Die fertigen Gnocchi auf einem bemehlten sauberen Geschirrtuch auslegen.

5   Die Gnocchi portionsweise in kochendem Salzwasser 1–2 Minuten garen, bis sie an der Oberfläche schwimmen. Mit einem Schaumlöffel herausheben und auf Küchenpapier abtropfen lassen.

6   Die Hälfte der Gnocchi in eine gebutterte, feuerfeste Form legen. Die Hälfte des Fontina und die Hälfte der Butter darauf verteilen. Die restlichen Zutaten in derselben Reihenfolge aufschichten. Die Gnocchi 10 Minuten backen, bis der Käse geschmolzen ist. Zum Servieren mit Petersilie oder Basilikum bestreuen.

092
Tomatensalat mit Pasta und Oliven

VORBEREITUNGSZEIT 10 Minuten, plus 1–2 Stunden Kühlzeit GARZEIT etwa 10 Minuten FÜR 4 Personen

175G PASTA, Z. B. CONCHIGLIE, RICCIOLI ODER GNOCCHETTI	1 KLEINER BUND FRÜHLINGSZWIEBELN, SCHRÄG IN DÜNNE RINGE GESCHNITTEN
6 GETROCKNETE TOMATEN IN ÖL, ABGEGOSSEN UND IN STREIFEN GESCHNITTEN	1 KNOBLAUCHZEHE, GEHACKT
3 EL ÖL VON DEN EINGELEGTEN TOMATEN	2 TL TOMATENMARK
ETWA 10 KALAMATA-OLIVEN, ENTSTEINT UND IN SCHEIBEN GESCHNITTEN (NACH BELIEBEN)	1–2 EL ROTWEINESSIG
225G COCKTAILTOMATEN, HALBIERT	2 EL NATIVES OLIVENÖL
	SALZ UND FRISCH GEMAHLENER SCHWARZER PFEFFER
	1 KLEINE HANDVOLL BASILIKUMBLÄTTER, IN STREIFEN GESCHNITTEN

1   Die Pasta nach Packungsanleitung bissfest garen und abgießen. Mit 4 getrockneten Tomaten, 1 Esslöffel Öl, Oliven, Cocktailtomaten und Frühlingszwiebeln mischen.

2   Inzwischen die restlichen Tomaten mit dem restlichen Öl, Knoblauch, Tomatenmark und Essig kurz im Mixer pürieren und währenddessen das Olivenöl in einem dünnen Strahl zugießen. So lange mischen, bis ein dickflüssiges Dressing entsteht. Mit Salz und Pfeffer abschmecken und unter den Salat heben.

3   Den Salat abdecken und an einem kühlen Ort (am besten nicht im Kühlschrank) 1–2 Stunden durchziehen lassen. Vor dem Servieren mit Basilikum bestreuen.

Fisch & Meeresfrüchte

Garnelen, Krebsfleisch, Jakobsmuscheln, Tintenfisch, Thunfisch, Sardinen und Anchovis sind die gängigsten maritimen Zutaten in der italienischen Küche. Die meisten Fisch- und Meeresfrüchtesaucen werden mit Spaghetti, Linguine und anderen langen Pastasorten serviert, was nicht heißen soll, dass man nicht auch kurze Nudeln verwenden kann. Die Meereszutaten kombiniert man in der Regel mit einer Sahne- oder auch mit einer Tomatensauce. Für eine etwas leichtere, frischere Variante werden Fisch und Meeresfrüchte nur kurz gegart und dann mit der Pasta vermischt, wie z. B. bei Tagliatelle mit Jakobsmuscheln, Paprika und Basilikum. Frischer oder geräucherter Lachs passt ebenfalls wunderbar zu Pasta: Ein klassisches Beispiel hierfür sind grüne und weiße Tagliatelle mit Räucherlachs, Spinat und Zitrone.

KAPITEL
2

093
Fusilli mit Thunfisch, Oliven und Knoblauch

VORBEREITUNGSZEIT 5 Minuten GARZEIT 20 Minuten FÜR 4 Personen

3 KNOBLAUCHZEHEN, FEIN GEHACKT
NATIVES OLIVENÖL
3 EL GEHACKTE GLATTE PETERSILIE UND
  GEHACKTER OREGANO
1 DOSE (400G) PIZZATOMATEN
375G FUSILLI

1 DOSE (300G) THUNFISCH IN ÖL, ABGEGOSSEN UND
  MIT EINER GABEL ZERTEILT
18 SCHWARZE OLIVEN, ENTSTEINT UND HALBIERT
SALZ UND FRISCH GEMAHLENER SCHWARZER PFEFFER
1 TL BUTTER
FEIN GERIEBENE SCHALE VON 1 UNBEHANDELTEN
  ZITRONE UND GEHACKTE GLATTE PETERSILIE, ZUM
  GARNIEREN

1 In einem Topf 2 Knoblauchzehen in etwas Öl andünsten. Die Kräuter zufügen und 30 Sekunden anbraten,
   dann die Tomaten zugeben. 15–20 Minuten köcheln lassen, bis die Sauce eindickt.
2 Inzwischen die Pasta nach Packungsanleitung bissfest garen.
3 Thunfisch und Oliven in die Sauce geben, mit Salz und Pfeffer abschmecken und zugedeckt noch 5 Minuten
   erwärmen. Die Butter in die Sauce rühren und alles über die Pasta geben. Zum Servieren mit restlichem
   Knoblauch, Zitronenschale und Basilikum bestreuen.

094
Farfalle mit Paprika, Anchovis und Kapern

VORBEREITUNGSZEIT 10 Minuten GARZEIT 10 Minuten FÜR 4 Personen

350G FARFALLE
2 KNOBLAUCHZEHEN, FEIN GEHACKT
1 PRISE CHILIFLOCKEN
NATIVES OLIVENÖL
50G ANCHOVIS IN ÖL, ABGEGOSSEN UND GEHACKT
1 DOSE (400G) PIZZATOMATEN
2 EL KAPERN

3 ROTE UND 2 GELBE PAPRIKASCHOTEN, GEGRILLT,
  ABGEZOGEN UND IN STREIFEN GESCHNITTEN
  (SIEHE SEITE 67)
SALZ UND FRISCH GEMAHLENER
  SCHWARZER PFEFFER
ZITRONENSAFT (NACH BELIEBEN)
GEHACKTE GLATTE PETERSILIE UND FRISCH
  GERIEBENER PARMESAN, ZUM SERVIEREN

1 Die Pasta nach Packungsanleitung bissfest garen und abgießen.
2 Inzwischen Knoblauch und Chiliflocken in etwas Öl 1 Minute anbraten. Anchovis und Tomaten zufügen und
   umrühren. Die Sauce 5 Minuten etwas einkochen lassen, dann Kapern und Paprika zugeben. Mit Salz, Pfeffer
   und Zitronensaft abschmecken und kurz erwärmen, dann über die Pasta verteilen. Zum Servieren mit
   Petersilie und Parmesan bestreuen.

095
Lachsravioli

VORBEREITUNGSZEIT 45 Minuten, plus 30 Minuten Ruhezeit GARZEIT 8—12 Minuten FÜR 4 Personen

1 REZEPTMENGE PASTATEIG MIT 2 EIERN
   (SIEHE SEITE 10)
225G LACHSFILET
115G SCHOLLENFILET
1 SPRITZER ZITRONENSAFT
2 EL SAHNE
2 EIDOTTER
3 EL FRISCH GERIEBENER PARMESAN
SALZ UND FRISCH GEMAHLENER SCHWARZER PFEFFER

ZUM SERVIEREN
50G BUTTER
SAFT VON 1 ZITRONE
FEIN GEHACKTE GLATTE PETERSILIE,
   ZUM BESTREUEN

1   Während der Pastateig 30 Minuten ruht, den Lachs 3—4 Minuten und die Scholle
    2—3 Minuten in leicht siedendem Wasser mit 1 Spritzer Zitronensaft pochieren.
2   Scholle und Lachs nacheinander mit einem Schaumlöffel herausheben, häuten,
    entgräten und in den Mixer geben. Die Sahne zugießen und alles kurz zu einer
    groben Paste pürieren. Die Masse in eine Schüssel geben, Eidotter, Käse, Salz und
    Pfeffer zufügen und mit einer Gabel untermischen. Bis zur Verwendung kalt stellen.
3   Den Ravioliteig ausrollen und füllen (siehe Seite 11).
4   Die Ravioli in kochendem Salzwasser portionsweise in 4 Minuten bissfest garen.
    Abtropfen lassen.
5   Inzwischen Butter und Zitronensaft in einem kleinen Topf bei schwacher Hitze erwärmen.
    Zum Servieren die Zitronenbutter über die Ravioli geben, mit Petersilie und Pfeffer
    bestreuen.

63

096
Linguine mit Venusmuscheln

VORBEREITUNGSZEIT 5 Minuten GARZEIT 10 Minuten FÜR 4 Personen

300G LINGUINE
2 KNOBLAUCHZEHEN, FEIN GEHACKT
1 PRISE CHILIFLOCKEN
NATIVES OLIVENÖL

900G VENUSMUSCHELN
115ML TROCKENER WEIẞWEIN
3 EL GLATTE PETERSILIE, GEHACKT

1   Die Linguine beinahe bissfest garen und abgießen (sie werden in der Sauce fertig gegart).
2   Inzwischen Knoblauch und Chili in einem großen Topf in etwas Öl andünsten. Die Muscheln zufügen,
    den Wein zugießen und die Muscheln im geschlossenen Topf 2 Minuten kochen, bis sie sich geöffnet haben.
    Geschlossene Muscheln wegwerfen.
3   Die Pasta und die Hälfte der Petersilie zugeben und im geschlossenen Topf noch ca. 1 Minute erhitzen.
    Den Topf dabei mehrmals schwenken, bis die Pasta bissfest und gut mit der Sauce vermengt ist. Zum
    Servieren mit der restlichen Petersilie bestreuen.

097
Spaghetti alla Puttanesca

VORBEREITUNGSZEIT 5 Minuten GARZEIT 15 Minuten FÜR 4 Personen

2 KNOBLAUCHZEHEN, FEIN GEHACKT
NATIVES OLIVENÖL
6 ANCHOVISFILETS, GEHACKT
2 DOSEN (À 400G) PIZZATOMATEN
SALZ UND FRISCH GEMAHLENER SCHWARZER PFEFFER

450G SPAGHETTI
1 EL OREGANO
1 EL KAPERN, ABGEGOSSEN
14 SCHWARZE OLIVEN, ENTSTEINT UND
   IN SCHEIBEN GESCHNITTEN

1   Den Knoblauch 1 Minute in etwas Öl anbraten, dann die Anchovis zufügen und kurz umrühren. Die
    Tomaten zugeben und alles zum Kochen bringen, ca. 15 Minuten köcheln lassen, bis die Sauce eindickt.
    Gelegentlich umrühren. Mit Salz und Pfeffer abschmecken.
2   Inzwischen die Spaghetti nach Packungsanleitung bissfest garen und abgießen.
3   Oregano, Kapern und Oliven in die Sauce geben und unter die Spaghetti heben.

098
Farfalle mit Räucherlachs und Paprika

VORBEREITUNGSZEIT 5 Minuten GARZEIT 20 Minuten FÜR 4 Personen

400G FARFALLE
85G PINIENKERNE
NATIVES OLIVENÖL
3 GROẞE ROTE PAPRIKASCHOTEN, GEGRILLT,
   ABGEZOGEN UND IN STREIFEN GESCHNITTEN
   (SIEHE SEITE 67)

225G RÄUCHERLACHS,
   MIT EINER GABEL ZERTEILT
3 EL GEHACKTE FRISCHE KRÄUTER
   (PETERSILIE, THYMIAN, BASILIKUM UND DILL)
FRISCH GEMAHLENER SCHWARZER PFEFFER

1   Die Pasta nach Packungsanleitung bissfest garen und abgießen.
2   Inzwischen die Pinienkerne in einer großen Pfanne in etwas Öl erhitzen, bis sie sich leicht braun färben.
    Paprika mitsamt Saft zugeben und 1 Minute anbraten, dann den Lachs zufügen. Nach 1 Minute
    vom Herd nehmen, Kräuter und Pfeffer unterheben und über die Pasta verteilen.

099
Linguine mit Meeresfrüchten

VORBEREITUNGSZEIT 5 Minuten GARZEIT 10 Minuten FÜR 4 Personen

400G LINGUINE
2 GROßE KNOBLAUCHZEHEN, FEIN GEHACKT
NATIVES OLIVENÖL, 4 EL TROCKENER MARSALA
600G GEMISCHTE MEERESFRÜCHTE, AM BESTEN
  FRISCH ODER TIEFGEKÜHLT UND AUFGETAUT

1 BUND GLATTE PETERSILIE, GEHACKT
4 EL CRÈME FRAÎCHE ODER SAURE SAHNE
SAFT VON 1 ZITRONE
SALZ UND FRISCH GEMAHLENER
  SCHWARZER PFEFFER

1   Die Pasta nach Packungsanleitung bissfest garen und abgießen.
2   Inzwischen den Knoblauch in etwas Öl 30 Sekunden andünsten. Marsala, Meeresfrüchte und die Hälfte
    der Petersilie zufügen und unter Rühren kochen lassen, bis der Marsala auf die Hälfte reduziert ist.
    Crème fraîche zugeben und kurz aufkochen lassen. Die Sauce mit dem Zitronensaft unter die Pasta
    mischen, mit Salz und Pfeffer abschmecken. Zum Servieren mit der restlichen Petersilie bestreuen.

100
Spaghetti mit Cocktailtomaten und Anchovis

VORBEREITUNGSZEIT 10 Minuten GARZEIT 10 Minuten FÜR 4 Personen

400G SPAGHETTI
2 KNOBLAUCHZEHEN, FEIN GEHACKT
NATIVES OLIVENÖL
8 ANCHOVISFILETS, GEHACKT
550G COCKTAILTOMATEN, HALBIERT

SAFT VON 1 ZITRONE
FRISCH GEMAHLENER SCHWARZER PFEFFER
1 BUND BASILIKUM, BLÄTTER IN STREIFEN
  GESCHNITTEN

1   Die Spaghetti nach Packungsanleitung bissfest garen und abgießen.
2   Inzwischen den Knoblauch in etwas Öl 1 Minute andünsten. Anchovis und 3 Esslöffel Wasser zugeben und
    rühren, bis die Anchovis zerfallen, dann Tomaten, Zitronensaft und Pfeffer zufügen. Gut erwärmen, dabei den
    Topf gelegentlich umrühren und die Sauce über die Pasta geben. Zum Servieren mit Basilikum bestreuen.

101
Strozzapreti mit frischem Thunfisch,
Chili, Tomaten und Oliven

VORBEREITUNGSZEIT 10 Minuten GARZEIT 10 Minuten FÜR 4 Personen

400G STROZZAPRETI
450G FRISCHE THUNFISCHFILETS, IN 2,5 CM GROßE
  WÜRFEL GESCHNITTEN
1 KNOBLAUCHZEHE, IN DÜNNE SCHEIBEN
  GESCHNITTEN
3 EL NATIVES OLIVENÖL, UND ETWAS ZUM SERVIEREN

12 COCKTAILTOMATEN, GEVIERTELT ODER HALBIERT
1 ROTE CHILISCHOTE, VON DEN SAMEN BEFREIT
  UND FEIN GEHACKT
12–14 KALAMATA-OLIVEN, ENTSTEINT UND
  IN SCHEIBEN GESCHNITTEN
1 BUND GLATTE PETERSILIE, FEIN GEHACKT

1   Die Pasta nach Packungsanleitung bissfest garen und abgießen.
2   Inzwischen Thunfisch und Knoblauch in Olivenöl bei mittlerer Hitze 2 Minuten anbraten. Tomaten, Chili
    und Oliven zufügen, alles zugedeckt 3 Minuten köcheln lassen.
3   Die Sauce und ¾ der Petersilie über die Pasta geben und mischen. Zum Servieren mit der restlichen
    Petersilie bestreuen und mit etwas Olivenöl beträufeln.

102
Orecchiette mit Blumenkohl, Anchovis und Tomaten

VORBEREITUNGSZEIT 10 Minuten GARZEIT 25 Minuten FÜR 4 Personen

450G BLUMENKOHL, IN EINZELNE RÖSCHEN GETEILT
1 ZWIEBEL, IN DÜNNE SCHEIBEN GESCHNITTEN
3 EL NATIVES OLIVENÖL
300G PIZZATOMATEN (DOSE)
400G ORECCHIETTE
4 ANCHOVISFILETS

1 PRISE CHILIFLOCKEN
12 SCHWARZE OLIVEN, ENTSTEINT UND
   IN SCHEIBEN GESCHNITTEN
1 EL GLATTE PETERSILIE, GEHACKT
FRISCH GEMAHLENER SCHWARZER PFEFFER
2 EL FRISCH GERIEBENER PECORINO

1   Den Blumenkohl in einem großen Topf mit kochendem Wasser 3 Minuten blanchieren.
    Mit einem Schaumlöffel herausheben.
2   Inzwischen die Zwiebel in 2 Esslöffel Öl glasig andünsten. Tomaten zugeben und zum Kochen bringen.
    Den Blumenkohl zufügen und alles zugedeckt 10 Minuten köcheln lassen, bis der Blumenkohl weich ist.
3   Währenddessen die Pasta nach Packungsanleitung bissfest garen.
4   Anchovis und Chili in dem restlichen Öl 2 Minuten anbraten, dann zusammen mit Oliven und Petersilie
    in die Tomatensauce geben. Die Sauce mit Pfeffer abschmecken und über die Pasta geben. Zum Servieren
    mit Pecorino bestreuen.

103
Spaghetti mit Thunfisch, Pancetta und Tomaten

VORBEREITUNGSZEIT 10 Minuten, plus 20 Minuten Einweichzeit GARZEIT 25 Minuten FÜR 4 Personen

15G GETROCKNETE WALDPILZE
2 KNOBLAUCHZEHEN, FEIN GEHACKT
50G PANCETTA, IN STREIFEN GESCHNITTEN
OLIVENÖL
600G REIFE TOMATEN, ENTKERNT
   UND GEWÜRFELT

1 DOSE (200G) THUNFISCH, ABGEGOSSEN
SALZ UND FRISCH GEMAHLENER
   SCHWARZER PFEFFER
400G SPAGHETTI
2 EL GLATTE PETERSILIE, FEIN GEHACKT

1   Die Pilze in eine Schüssel geben und heißes Wasser zugießen, bis sie bedeckt sind. 20 Minuten einweichen,
    dann abgießen, das Wasser auffangen. Die Pilze fein würfeln.
2   Knoblauch und Pancetta in etwas Öl anbraten, bis die Pancetta anbräunt. Pilze und Tomaten zufügen
    und alles 15 Minuten köcheln lassen, bis die Sauce eindickt. Das Einweichwasser von den Pilzen zugießen
    und die Sauce weitere 5 Minuten köcheln lassen. Vorsichtig den Thunfisch untermischen. Die Sauce mit Salz
    und Pfeffer abschmecken.
3   Inzwischen die Spaghetti nach Packungsanleitung bissfest garen und abgießen. Die Sauce über die
    Spaghetti geben. Zum Servieren mit Petersilie bestreuen.

104
Fusilli Lunghi mit frischem Thunfisch und gegrillter Paprika

VORBEREITUNGSZEIT 10 Minuten GARZEIT 20 Minuten FÜR 4 Personen

2–3 FLEISCHIGE, ROTE PAPRIKASCHOTEN

300G FUSILLI LUNGHI

1 ROTE ZWIEBEL, IN DÜNNE SCHEIBEN GESCHNITTEN

NATIVES OLIVENÖL

1 GROßE KNOBLAUCHZEHE, FEIN GEHACKT

350G FRISCHE THUNFISCHFILETS,
  IN 1 CM DICKE WÜRFEL GESCHNITTEN

85ML TROCKENER WEIßWEIN

2 EL KAPERN

1½ EL GLATTE PETERSILIE, GEHACKT

SALZ UND FRISCH GEMAHLENER
  SCHWARZER PFEFFER

1   Die Paprika unter dem Grill rösten, bis die Haut dunkel wird und Blasen wirft . Abkühlen lassen und über einer Schüssel die Haut vom Fruchtfleisch abziehen. Das Fruchtfleisch in dünne Streifen schneiden.

2   Inzwischen die Pasta nach Packungsanleitung bissfest garen und abgießen. 125 ml Kochwasser zurückbehalten.

3   Währenddessen die Zwiebel in etwas Öl goldgelb andünsten. Knoblauch zufügen und 1 Minute anbraten. Den Thunfisch zugeben und 1 Minute anbraten, bis er Farbe annimmt. Paprika und Wein zufügen. Die Sauce sprudelnd kochen lassen, bis sie auf die Hälfte reduziert ist. Dann Kapern und Petersilie untermischen. Mit Salz und Pfeffer abschmecken. Die Sauce über die Pasta geben, bei Bedarf etwas Kochwasser zugießen.

105
Bucatini mit Sardinen, Zitrone und Fenchel

VORBEREITUNGSZEIT 10 Minuten GARZEIT 10 Minuten FÜR 4 Personen

400G BUCATINI

1 FENCHELKNOLLE, FEIN GEHACKT

   (FENCHELGRÜN ZUM GARNIEREN AUFBEWAHREN)

2 KNOBLAUCHZEHEN, FEIN GEHACKT

2 EL NATIVES OLIVENÖL

8 FRISCHE SARDINENFILETS

1 BUND GLATTE PETERSILIE, GEHACKT

SAFT VON 1 ZITRONE

SALZ UND FRISCH GEMAHLENER

   SCHWARZER PFEFFER

1   Die Pasta nach Packungsanleitung bissfest garen und abgießen. 125 ml Kochwasser zurückbehalten.

2   Inzwischen Fenchel und Knoblauch im Öl unter Rühren ca. 1 Minute andünsten. Die Sardinen mit der Haut nach unten in die Pfanne legen und 1 Minute anbraten. Wenden und noch 1 Minute braten, bis sie durchgegart sind, Sardinen herausnehmen.

3   Petersilie, Fenchelgrün und Zitronensaft zugeben, mit Salz und reichlich Pfeffer abschmecken. Die Sauce über die Pasta geben, bei Bedarf etwas Kochwasser zugießen und zusammen mit den Sardinen servieren.

106
Penne mit Thunfisch in Tomaten-Oliven-Sauce

VORBEREITUNGSZEIT 5 Minuten GARZEIT 10 Minuten FÜR 4 Personen

I KLEINE ZWIEBEL, FEIN GEHACKT
4 EL NATIVES OLIVENÖL
3 KNOBLAUCHZEHEN, FEIN GEHACKT
I DOSE (400G) PIZZATOMATEN
200G THUNFISCH (DOSE), ABGEGOSSEN
  UND MIT EINER GABEL ZERTEILT

12 SCHWARZE OLIVEN, ENTSTEINT UND GEVIERTELT
I EL KAPERN
SALZ UND FRISCH GEMAHLENER
  SCHWARZER PFEFFER
400G PENNE
2 EL GLATTE PETERSILIE, FEIN GEHACKT

1   Die Zwiebel im Öl andünsten, den Knoblauch zufügen und I Minute anbraten. Die Tomaten zugeben und aufkochen lassen, bis die Sauce eindickt. Thunfisch, Oliven und Kapern untermischen und vorsichtig erwärmen. Mit Salz und Pfeffer abschmecken.
2   Inzwischen die Pasta nach Packungsanleitung bissfest garen und abgießen. Die Thunfischsauce unterheben und mit Petersilie bestreuen.

107
Warmer Pastasalat mit Meeresfrüchten

VORBEREITUNGSZEIT 10 Minuten GARZEIT 10 Minuten FÜR 4 Personen

175G FUSILLI
3 EL NATIVES OLIVENÖL, I EL REISWEINESSIG
GERIEBENE SCHALE UND SAFT VON I UNBEHAN-
  DELTEN ZITRONE
I KNOBLAUCHZEHE, FEIN GEHACKT (NACH BELIEBEN)
SALZ UND FRISCH GEMAHLENER SCHWARZER PFEFFER
350G GEMISCHTE GEGARTE MEERESFRÜCHTE, Z. B.
  (RIESEN-)GARNELEN, JAKOBSMUSCHELN (GROSSE
  EXEMPLARE GEVIERTELT) UND MIESMUSCHELN

I GROSSE AVOCADO, IN SCHEIBEN GESCHNITTEN
225G ROTE UND GELBE COCKTAILTOMATEN, HALBIERT
I BUND FRÜHLINGSZWIEBELN, IN DÜNNE RINGE
  GESCHNITTEN
50G GRÜNE OLIVEN, ENTSTEINT UND IN SCHEIBEN
  GESCHNITTEN
I BUND GEMISCHTE FRISCHE KRÄUTER,
  Z.B. PETERSILIE, BASILIKUM UND MAJORAN,
  GEHACKT

1   Die Fusilli nach Packungsanleitung bissfest garen und abgießen.
2   Inzwischen Öl, Essig, Zitronenschale und -saft, Knoblauch, Salz und Pfeffer zu einem Dressing verrühren. Über die warmen Fusilli geben. Die restlichen Zutaten untermischen. Warm servieren.

108
Spaghetti mit Garnelen, Tomaten und Kapern

VORBEREITUNGSZEIT 10 Minuten GARZEIT 10 Minuten FÜR 4 Personen

I ZWIEBEL, GEHACKT
NATIVES OLIVENÖL
2 KNOBLAUCHZEHEN, ZERDRÜCKT
500G REIFE EIERTOMATEN, GEWÜRFELT
I TL OREGANO

350G GARNELEN, GESCHÄLT UND ENTDARMT
I ½ EL KAPERN
SALZ UND FRISCH GEMAHLENER
  SCHWARZER PFEFFER
400G SPAGHETTI

1   Die Zwiebel in einer großen Pfanne in etwas Öl andünsten. Knoblauch zugeben und I–2 Minuten anbraten. Tomaten und Oregano zufügen und die Sauce sprudelnd kochen lassen, bis die Flüssigkeit verdampft ist, die Tomaten aber noch nicht ganz zerfallen sind.
2   Die Garnelen in die Sauce geben und bei schwacher Hitze ca. 2 Minuten garen, bis sie rosafarben sind. Vom Herd nehmen, Kapern zugeben, die Sauce mit Salz und Pfeffer abschmecken.
3   Inzwischen Pasta in kochendem Salzwasser bissfest garen. Mit der Sauce mischen und servieren.

109
Spaghetti mit Sardinen und Tomaten

VORBEREITUNGSZEIT 10 Minuten GARZEIT 15 Minuten FÜR 4–5 Personen

3 KNOBLAUCHZEHEN, FEIN GEHACKT

1 PRISE CHILIFLOCKEN

2–3 SALBEIBLÄTTER, IN FEINE STREIFEN
  GESCHNITTEN

2 EL NATIVES OLIVENÖL

500G REIFE TOMATEN, ENTKERNT
  UND GEWÜRFELT

50G ANCHOVISFILETS IN ÖL (DOSE), ABGEGOSSEN

115G SCHWARZE OLIVEN, GEWÜRFELT

50G KAPERN

2–3 EL OREGANO, GEHACKT

SALZ UND FRISCH GEMAHLENER
  SCHWARZER PFEFFER

400G SPAGHETTI

8–12 FRISCHE SARDINEN

3 EL GLATTE PETERSILIE, GEHACKT

1   Knoblauch, Chili und Salbei 1½ Minuten im Öl anbraten. Tomaten, Anchovis, Oliven, Kapern und Oregano zufügen und alles 10 Minuten köcheln lassen. Mit Salz und Pfeffer abschmecken.
2   Inzwischen die Pasta nach Packungsanleitung bissfest garen und abgießen.
3   Währenddessen die Sardinen salzen und pfeffern und auf beiden Seiten 2 Minuten grillen, bis sie gerade durchgegart sind. Etwas abkühlen lassen, dann das Fleisch in großen Stücken von den Gräten lösen.
4   Die Sauce unter die Pasta heben und mit Petersilie bestreuen. Die zerteilten Sardinen untermischen und servieren.

110
Schwarze Oliventagliatelle mit Brokkoli, Kapern und Anchovis

VORBEREITUNGSZEIT 5 Minuten GARZEIT 10 Minuten FÜR 4 Personen

450G BROKKOLI

1 KNOBLAUCHZEHE, FEIN GEHACKT

2 ANCHOVISFILETS, GEHACKT

NATIVES OLIVENÖL

25G KAPERN

FRISCH GEMAHLENER SCHWARZER PFEFFER

500G SCHWARZE OLIVENTAGLIATELLE
  (SIEHE SEITE 10)

FRISCH GERIEBENER PARMESAN,
  ZUM SERVIEREN

1   Wasser in einem großen Topf zum Kochen bringen. Brokkoli hineingeben und 2–3 Minuten garen. Mit Schaumlöffel herausheben und abtropfen. Topf abdecken und warm halten.
2   Knoblauch und Anchovis in etwas Öl unter Rühren 2 Minuten anbraten. Brokkoli und Kapern zufügen und bei geringer Hitze unter gelegentlichem Rühren 4–5 Minuten anbraten. Mit Pfeffer abschmecken.
3   Brokkolikochwasser wieder zum Kochen bringen und Pasta darin garen. Abgießen und mit der Brokkolisauce mischen. Mit frisch geriebenem Parmesan servieren.

111
Taglioni mit Miesmuscheln, Spinat und Pancetta

VORBEREITUNGSZEIT 10 Minuten GARZEIT 10 Minuten FÜR 4 Personen

200G PANCETTA, IN STREIFEN GESCHNITTEN
2 KNOBLAUCHZEHEN, FEIN GEHACKT
OLIVENÖL
100ML TROCKENER WEISSWEIN
1 KLEINE HANDVOLL GLATTE PETERSILIE, GEHACKT
3 FRÜHLINGSZWIEBELN, IN DÜNNE RINGE
  GESCHNITTEN

250G MIESMUSCHELN, GEGART UND AUSGELÖST
150G JUNGER BLATTSPINAT
SALZ UND FRISCH GEMAHLENER
  SCHWARZER PFEFFER
600G FRISCHE TAGLIONI

1   In einem großen Topf Salzwasser für die Taglioni zum Kochen bringen.
2   Inzwischen in einem Topf Pancetta und Knoblauch in etwas Öl leicht goldbraun anbraten. Mit einem Schaumlöffel herausheben und auf Küchenpapier abtropfen lassen. Wein, Petersilie und Frühlingszwiebeln in den Topf geben und 3–4 Minuten kochen lassen. Pancetta, Muscheln und Spinat zufügen und erhitzen, bis der Spinat zusammenfällt. Mit Salz und Pfeffer abschmecken.
3   Direkt nach dem Zufügen des Spinats die Taglioni in das kochende Salzwasser geben. Abgießen, mit der Sauce mischen und servieren.

112
Linguine mit gebackenen Rotbarben und Cocktailtomaten

VORBEREITUNGSZEIT 5 Minuten GARZEIT 20–25 Minuten FÜR 4 Personen

425G COCKTAILTOMATEN, HALBIERT
NATIVES OLIVENÖL
SALZ UND FRISCH GEMAHLENER SCHWARZER PFEFFER
325G LINGUINE

2 ROTBARBEN, JE ETWA 300G, FILETIERT
1 EL FRISCHER OREGANO
1 PRISE CHILIFLOCKEN
16 SCHWARZE OLIVEN, ENTSTEINT UND HALBIERT

1   Den Backofen auf 200 °C (Gas Stufe 6) vorheizen.
2   Die Tomaten mit etwas Öl, Salz und Pfeffer mischen, auf ein mit Backpapier ausgelegtes Backblech legen und 20–25 Minuten im Backofen braten.
3   Inzwischen die Pasta nach Packungsanleitung bissfest garen und abgießen.
4   Gleichzeitig die Rotbarbenfilets nebeneinander in eine feuerfeste Form legen, mit Oregano, Chili, Salz und Pfeffer bestreuen und mit etwas Olivenöl beträufeln. 5 Minuten im Ofen backen, bis sich die Filets mit einer Gabel zerteilen lassen.
5   Pasta, Tomaten mitsamt Saft, Oliven und 1 Esslöffel Öl mischen. Die Rotbarbenfilets mit einer Gabel zerteilen, über die Pasta geben und vorsichtig unterheben.

113
Warmer Salade Niçoise mit Thunfischsteaks

VORBEREITUNGSZEIT 10 Minuten GARZEIT 10 Minuten FÜR 4 Personen

225G FARFALLE

200G GRÜNE BOHNEN

350G THUNFISCHSTEAKS

1 EL NATIVES OLIVENÖL

SALZ UND FRISCH GEMAHLENER SCHWARZER PFEFFER

1 EL BALSAMICO-ESSIG

1 EL ZITRONENSAFT

1 KNOBLAUCHZEHE, FEIN GEHACKT

2 EL KRÄUTER, Z. B. THYMIAN, MAJORAN, PETERSILIE,
    BASILIKUM UND FENCHELKRAUT, FEIN GEHACKT

2 EL KAPERN

7 ANCHOVISFILETS, GEHACKT

150G COCKTAILTOMATEN, HALBIERT

50G SCHWARZE OLIVEN, ENTSTEINT

1   Die Pasta nach Packungsanleitung bissfest garen, 3 Minuten vor Ende der Garzeit die Bohnen zufügen. Abgießen, mit kaltem Wasser abschrecken und abtropfen lassen.

2   Inzwischen den Thunfisch mit etwas Olivenöl bepinseln, salzen und pfeffern und 3–4 Minuten auf jeder Seite grillen. Die Steaks sollten in der Mitte noch rosafarben sein. In mundgerechte Stücke schneiden.

3   Währenddessen Balsamico, 6 Esslöffel Öl, Zitronensaft, Knoblauch, Kräuter, Kapern und Pfeffer zu einem Dressing verrühren. Über Pasta und Bohnen geben, Anchovis, Tomaten, Oliven und Thunfisch untermischen.

114
Spaghetti mit Kabeljau und Pangritata

VORBEREITUNGSZEIT 10 Minuten GARZEIT 15–20 Minuten FÜR 4 Personen

115G FRISCHE WEISSBROTKRUMEN

50G ANCHOVISFILETS IN ÖL, FEIN GEHACKT
   (ÖL AUFBEWAHREN)

115ML NATIVES OLIVENÖL

1 TL FENCHELSAMEN, ZERDRÜCKT

2 KNOBLAUCHZEHEN, FEIN GEHACKT

50G PINIENKERNE, GEHACKT

4 EL GLATTE PETERSILIE, GEHACKT

350G SPAGHETTI

500G KABELJAUFILET

150ML TROCKENER WEISSWEIN

1 LORBEERBLATT, HALBIERT

SALZ UND FRISCH GEMAHLENER SCHWARZER PFEFFER

ZITRONENSPALTEN, ZUM SERVIEREN

1   Den Backofen auf 200 °C (Gas Stufe 6) vorheizen.

2   Brotkrumen, Anchovis mitsamt ihrem Öl, Olivenöl, Fenchelsamen, Knoblauch und Pinienkerne in einer feuerfesten Form mischen. 15–20 Minuten im Backofen knusprig und goldbraun anrösten, gelegentlich umrühren. Herausnehmen und die Petersilie untermischen.

3   Inzwischen die Pasta nach Packungsanleitung bissfest garen und abgießen,

4   Den Kabeljau in einer Mischung aus Wein, 150 ml Wasser, Lorbeerblatt, Salz und Pfeffer ca. 5 Minuten pochieren, bis sich das Fleisch mit einer Gabel zerteilen lässt. Den Kabeljau herausheben. Das Lorbeerblatt aus dem Sud entfernen, den Sud sprudelnd kochen lassen und auf eine Menge von etwa 4 Esslöffeln reduzieren.

5   Inzwischen den Kabeljau häuten und in mundgerechte Stücke teilen. Mit Pasta und reduziertem Sud mischen. Zum Servieren mit der Pangritata bestreuen, mit Zitronenspalten garnieren.

115
Grüne und weiße Tagliatelle mit Räucherlachs, Spinat und Zitrone

VORBEREITUNGSZEIT 5 Minuten GARZEIT 10 Minuten FÜR 4 Personen

400G GRÜNE UND WEIßE TAGLIATELLE
400G JUNGER BLATTSPINAT, 1 TL BUTTER
GERIEBENE SCHALE UND SAFT VON 1 UNBE-
    HANDELTEN ZITRONE
200G CRÈME FRAÎCHE

SALZ UND FRISCH GEMAHLENER SCHWARZER PFEFFER
175G RÄUCHERLACHS,
    IN STREIFEN GESCHNITTEN
SCHNITTLAUCHRÖLLCHEN, ZUM GARNIEREN

1   Die Pasta nach Packungsanleitung
    bissfest garen und abgießen.
    30 Sekunden vor Ende der Garzeit
    den Spinat zufügen. Abgießen.
2   Inzwischen die Butter in einem kleinen
    Topf zerlassen. Zitronenschale und -saft
    sowie Crème fraîche untermischen. Die
    Sauce mit Salz und Pfeffer abschmecken
    und gut erwärmen. Zusammen mit dem
    Räucherlachs über die Pasta geben. Mit
    Schnittlauchröllchen garniert servieren.

116
Pipe mit Thunfisch, Zitrone und Basilikum

VORBEREITUNGSZEIT 5 Minuten GARZEIT 10 Minuten FÜR 4 Personen

400G PIPE*

250G REIFE KIRSCH- ODER COCKTAILTOMATEN,
HALBIERT

4 EL NATIVES OLIVENÖL

2 EL ZITRONENSAFT

I EL KAPERN

2 DOSEN (À 200G) THUNFISCH IN ÖL, ABGEGOSSEN

SALZ UND FRISCH GEMAHLENER
SCHWARZER PFEFFER

½ TL GERIEBENE UNBEHANDELTE ZITRONENSCHALE

I HANDVOLL BASILIKUMBLÄTTER,
IN STREIFEN GESCHNITTEN

1 Die Pasta nach Packungsanleitung bissfest garen und abgießen.
2 Inzwischen die Tomaten in einer großen Pfanne im Öl bei schwacher Hitze erwärmen. Kurz bevor
die Pasta fertig ist, die Tomaten vorsichtig mit Zitronensaft, Kapern und Thunfisch mischen, mit Salz und
Pfeffer abschmecken und gut erwärmen.
3 Die Sauce, Zitronenschale und Basilikum unter die Pasta heben.

* Alternativ können auch Conchiglie, Gnocchi oder Chifferi verwendet werden.

FISCH & MEERESFRÜCHTE

117
Cannelloni mit Krebsfleisch und Dill

VORBEREITUNGSZEIT 15 Minuten*, plus I 8 Stunden Marinierzeit GARZEIT 35 Minuten* FÜR 4 Personen

200G WEIßES UND BRAUNES KREBSFLEISCH

225G RICOTTA

½ EL ZITRONENSAFT UND I EL FEIN GERIEBENE
UNBEHANDELTE ZITRONENSCHALE

I–2 EL DILL (FRISCHER DILL SCHMECKT ETWAS
INTENSIVER), GEHACKT

2 GROßE SCHALOTTEN

SALZ UND FRISCH GEMAHLENER
SCHWARZER PFEFFER

8 CANNELLONI, CA. 7,5 CM LANG

I REZEPTMENGE TOMATENSAUCE (SIEHE SEITE 18),
ANGEWÄRMT

1 Krebsfleisch, Ricotta, Zitronensaft und -schale sowie Dill in einer Schüssel mischen. Die Schalotten in eine
Knoblauchpresse geben und in die Schüssel pressen. Die Mischung mit Salz und Pfeffer abschmecken.
Zugedeckt an einem kühlen Ort I–8 Stunden durchziehen lassen.
2 Den Backofen auf 190 °C (Gas Stufe 5) vorheizen.
3 Die Cannelloni bissfest garen, abgießen und abschrecken; selbst wenn Sie Cannelloni verwenden, die nicht
vorgegart werden müssen (siehe Seite 15), Nudeln kurz in kochendes Wasser geben. Zum Trocknen auf ein
sauberes Geschirrtuch legen.
4 Die Cannelloni mit der Krebsmischung füllen und in eine geölte, feuerfeste Form legen. Die Sauce
darübergießen und 25 Minuten backen, bis die Füllung gut erwärmt ist.

* Bei Verwendung von fertiger Tomatensauce.

118
Bucatini mit Zwiebelconfit, Kapern und Anchovis

VORBEREITUNGSZEIT 10 Minuten GARZEIT 25–35 Minuten FÜR 4 Personen

550G ZWIEBELN, IN SEHR DÜNNE SCHEIBEN
  GESCHNITTEN
NATIVES OLIVENÖL
SALZ UND FRISCH GEMAHLENER SCHWARZER PFEFFER
3 EL TROCKENER MARSALA

200G BUCATINI
2 EL KAPERN
6–8 ANCHOVISFILETS IN ÖL
2 EL GEHACKTE GLATTE PETERSILIE,
  UND ETWAS ZUM SERVIEREN

1 Die Zwiebeln in einem Topf in etwas Öl ca. 5 Minuten andünsten. Mit Salz und Pfeffer abschmecken und den Marsala zugießen. Einen Ring aus Butterbrotpapier ausschneiden und auf den Topfrand legen, damit der Topf dicht verschlossen wird. Den Deckel aufsetzen und die Zwiebeln 20–30 Minuten bei schwacher Hitze garen, bis sie fast zerfallen. Wenn die Zwiebeln zu trocken werden, etwas Wasser zufügen. Den Deckel abnehmen und das Zwiebelconfit 1–2 Minuten umrühren.
2 Inzwischen die Pasta nach Packungsanleitung bissfest garen und abgießen.
3 Kapern und Anchovis in das Zwiebelconfit geben und rühren, bis die Anchovis zerfallen, dann die Petersilie untermischen. Das Zwiebelconfit über die Pasta geben, mit etwas Petersilie bestreuen und servieren.

119
Conchiglie mit Lachsfüllung und Pesto-Tomaten-Sauce

VORBEREITUNGSZEIT 5 Minuten, plus Marinierzeit GARZEIT 30 Minuten FÜR 4 Personen

200G RÄUCHERLACHS
225G RICOTTA
2–3 TL GERIEBENE UNBEHANDELTE ZITRONENSCHALE
SALZ UND FRISCH GEMAHLENER
  SCHWARZER PFEFFER
115G GROßE CONCHIGLIE, CA. 7,5 CM LANG
2 EL PESTO (SIEHE SEITE 18)

2 REIFE TOMATEN, ENTKERNT
  UND GEWÜRFELT

FÜR DIE WEIßE SAUCE
35G BUTTER
35G MEHL
425ML MILCH

1 Lachs, Ricotta, Zitronenschale, Salz und Pfeffer mischen. Am besten zugedeckt über Nacht durchziehen lassen, damit sich die Aromen verbinden.
2 Den Backofen auf 190 °C (Gas Stufe 5) vorheizen.
3 Die Conchiglie nach Packungsanleitung bissfest garen und mit der Öffnung nach unten abtropfen lassen.
4 Die Conchiglie mit der Lachsmischung füllen und in eine feuerfeste Form setzen. Mit Alufolie abdecken und 15–20 Minuten im Ofen backen.
5 Inzwischen aus Butter, Mehl und Milch eine einfache weiße Sauce zubereiten (siehe Seite 17). Pesto und Tomaten in die Sauce mischen. Die Conchiglie mit der Sauce servieren.

120
Cannelloni mit Meeresfrüchten

VORBEREITUNGSZEIT 10 Minuten GARZEIT 35 Minuten FÜR 4 Personen

225G FRISCHE LASAGNEBLÄTTER (SIEHE SEITE 10)

2 SCHALOTTEN, FEIN GEHACKT

OLIVENÖL

2 KNOBLAUCHZEHEN, FEIN GEHACKT

JE 1 TL GEHACKTER OREGANO, GEHACKTER
ESTRAGON UND GEHACKTE PETERSILIE

500G FISCH UND MEERESFRÜCHTE (SEETEUFEL,
LACHS UND GARNELEN, FEIN GEWÜRFELT)

4 EL FRISCHE WEIßBROTKRUMEN

2 REIFE TOMATEN, ABGEZOGEN, ENTKERNT UND
FEIN GEWÜRFELT

SALZ UND FRISCH GEMAHLENER
SCHWARZER PFEFFER

450G BLATTSPINAT

15G BUTTER

1 REZEPTMENGE FRISCHE ODER WINTERLICHE
TOMATENSAUCE (SIEHE SEITE 18 BZW. 19)

4 EL FRISCH GERIEBENER PARMESAN

1   Den Backofen auf 190 °C (Gas Stufe 5) vorheizen.
2   Lasagneblätter bissfest garen (siehe Seite 15), abgießen und auf einem sauberen Geschirrtuch abtropfen lassen.
3   Inzwischen die Schalotten in etwas Öl andünsten. Den Knoblauch zufügen und 1 Minute anbraten.
    Kräuter, Fisch und Meeresfrüchte sowie ¾ der Brotkrumen und Tomaten untermischen. Mit Salz und
    Pfeffer abschmecken und vom Herd nehmen.
4   Den Spinat in einem großen Topf mit Salzwasser erhitzen, bis er zusammenfällt. Kalt abschrecken und
    abtropfen lassen, grob hacken und überschüssige Flüssigkeit ausdrücken. Spinat und Butter in einen
    kleinen Topf geben und 2–3 Minuten unter Rühren erhitzen, mit Salz und Pfeffer abschmecken.
5   Meeresfrüchtemischung und Spinat auf die Lasagneblätter verteilen. Die Blätter zu Cannelloni
    einrollen und mit der Nahtstelle nach unten in eine geölte feuerfeste Form legen. Tomatensauce
    darübergießen, mit restlichen Brotkrumen und Parmesan bestreuen.
6   Die Cannelloni in 30 Minuten im Ofen goldbraun backen.

76

121
Raviolini mit Räucherfisch

VORBEREITUNGSZEIT 45 Minuten, plus Ruhezeit GARZEIT 20 Minuten FÜR 4 Personen

1 REZEPTMENGE PASTATEIG MIT 2 EIERN
(SIEHE SEITE 10)

550G RÄUCHERFISCH
(Z. B. KABELJAU ODER SCHELLFISCH)

OLIVENÖL, ZUM BEPINSELN

2 SCHALOTTEN, FEIN GEHACKT

1 TL BUTTER

115G RICOTTA, ABGESIEBT

2 EIDOTTER

2 EL GLATTE PETERSILIE,
FEIN GEHACKT

FRISCH GEMAHLENER SCHWARZER PFEFFER

ZUM SERVIEREN
50G BUTTER
SAFT VON 1 KLEINEN ZITRONE

1   Den Pastateig in Frischhaltefolie wickeln und 30 Minuten ruhen lassen.
2   Inzwischen den Fisch mit etwas Öl bepinseln und mit der Hautseite nach oben 5–10 Minuten grillen,
    bis sich das Fleisch mit einer Gabel zerteilen lässt. Den Fisch häuten und entgräten, das Fleisch in
    eine Schüssel geben und zerkleinern.
3   Während der Fisch gegrillt wird, die Schalotten in der Butter glasig andünsten. Schalotten, Fisch, Ricotta,
    Eidotter, Petersilie und Pfeffer mit einer Gabel mischen.
4   Aus dem Teig und der Füllung Raviolini zubereiten (siehe Seite 11).
5   Die Raviolini in kochendem Wasser portionsweise in ca. 3 Minuten bissfest garen, mit einem Schaumlöffel
    herausheben und abtropfen lassen.
6   Inzwischen die Butter zerlassen und den Zitronensaft zufügen. Die Zitronenbutter über die Raviolini geben
    und servieren.

122
Räucherfisch-Auflauf

VORBEREITUNGSZEIT 15 Minuten, plus Zubereitung der Tomatensauce GARZEIT 45 Minuten FÜR 6 Personen

625G BLATTSPINAT

1 TL BUTTER

675G RÄUCHERFISCH (Z. B. KABELJAU ODER
SCHELLFISCH), GEHÄUTET, ENTGRÄTET UND
GEWÜRFELT

1 REZEPTMENGE GRILLTOMATENSAUCE
(SIEHE SEITE 18)

2 EL GEMISCHTE KRÄUTER WIE BASILIKUM,
OREGANO, THYMIAN UND FENCHELKRAUT, GEHACKT

350G CHIFFERI RIGATE ODER MAKKARONI RIGATE

2 EL FRISCH GERIEBENER PARMESAN

1 EL FRISCHE WEISSBROTKRUMEN

FÜR DIE KÄSESAUCE

25G BUTTER

3 EL MEHL

300ML MILCH

40G FRISCH GERIEBENER PARMESAN

1   Den Spinat in einem großen Topf mit Salzwasser erhitzen, bis er zusammenfällt. Kalt abschrecken und
    abtropfen lassen, grob hacken und überschüssige Flüssigkeit ausdrücken. Spinat und Butter in einen kleinen
    Topf geben und erwärmen, dann in eine 2,5 Liter fassende feuerfeste Form geben und glatt streichen. Den
    Räucherfisch gleichmäßig darauf verteilen. Die Tomatensauce mit den Kräutern mischen und über den Fisch
    geben.
2   Inzwischen die Pasta nach Packungsanleitung bissfest garen und abgießen.
3   Währenddessen die Käsesauce zubereiten (siehe Seite 17). Käsesauce und Pasta mischen und gleichmäßig
    über den Fisch verteilen. Mit Parmesan und Brotkrumen bestreuen.
4   Den Auflauf im vorgeheizten Backofen bei 190 °C (Gas Stufe 5) goldgelb backen.

FISCH & MEERESFRÜCHTE

77

123
Lasagne mit Kabeljau, Garnelen und Lauch

VORBEREITUNGSZEIT 15 Minuten GARZEIT 45 Minuten FÜR 6 Personen

450g KABELJAUFILET, GEHÄUTET

1 LORBEERBLATT, HALBIERT

JE 1 SCHEIBE KAROTTE, FENCHEL UND ZWIEBEL

300ml TROCKENER WEIßWEIN

ETWA 700ml FISCHFOND

200g GRÜNE LASAGNEBLÄTTER

450g LAUCH, IN RINGE GESCHNITTEN

1 KNOBLAUCHZEHE, FEIN GEHACKT

115g BUTTER

85g MEHL

115g RICOTTA

150g CRÈME FRAÎCHE

1 EL DILL, GEHACKT

SALZ UND FRISCH GEMAHLENER
   SCHWARZER PFEFFER

225g GARNELEN, GEGART UND GESCHÄLT

4 EL FRISCH GERIEBENER PARMESAN

ZITRONENSPALTEN, ZUM SERVIEREN

1   Kabeljau, Lorbeerblatt, Gemüsescheiben und die Hälfte des Weins in einen Topf geben. Die Zutaten mit Wasser bedecken und in ca. 5 Minuten weich pochieren. Den Fisch herausnehmen und mit einer Gabel zerteilen, Haut und Gräten entfernen. Den Sud durch ein Sieb in einen sauberen Topf abgießen und mit dem Fischfond auf insgesamt 1 Liter aufgießen.

2   Den Backofen auf 200 °C (Gas Stufe 6) vorheizen.

3   Inzwischen die Lasagneblätter bissfest garen, abgießen und abschrecken; selbst wenn Sie Lasagne verwenden, die nicht vorgegart werden muss (siehe Seite 15), Nudeln kurz in kochendes Wasser geben. Zum Trocknen auf ein sauberes Geschirrtuch legen.

4   Lauch und Knoblauch im geschlossenen Topf in 50 g Butter andünsten. Mit einem Schaumlöffel herausheben. Die restliche Butter in den Topf geben und daraus mit Mehl, Pochiersud und Wein eine weiße Sauce zubereiten (siehe Seite 17). Die Sauce vom Herd nehmen, Ricotta, Crème fraîche und Kräuter zufügen, mit Salz und Pfeffer abschmecken.

5   Etwas Sauce in eine flache feuerfeste Form geben. Je eine Schicht Lasagne, Fisch, Garnelen und Lauch einlegen, dann wieder etwas Sauce zugeben. Die Zutaten in derselben Reihenfolge weiter aufschichten, mit Sauce abschließen und zum Schluss den Parmesan darüberstreuen.

6   Die Lasagne ca. 30 Minuten goldgelb backen, 5 Minuten ruhen lassen. Mit Zitronenspalten servieren.

124
Lasagne mit Jakobsmuscheln und Garnelen

VORBEREITUNGSZEIT 10 Minuten GARZEIT 30 Minuten FÜR 4 Personen

3 SCHALOTTEN, FEIN GEHACKT

1 PRISE CHILIFLOCKEN

OLIVENÖL

1 EL GLATTE PETERSILIE, GEHACKT

225G GARNELEN, GESCHÄLT, ENTDARMT
   UND HALBIERT

115G ZACKENBARSCH-, KABELJAU- ODER
   SCHELLFISCHFILET, GEHÄUTET

225G JAKOBSMUSCHELN, AUSGELÖST,
   GEVIERTELT ODER GEWÜRFELT

1 REZEPTMENGE PASTATEIG MIT 2 EIERN (SIEHE
   SEITE 10), IN LASAGNEBLÄTTER GESCHNITTEN

2 EL FRISCH GERIEBENER PARMESAN
   (NACH BELIEBEN)

ZITRONENSPALTEN, ZUM SERVIEREN

FÜR DIE BÉCHAMELSAUCE

225ML TROCKENER WEISSWEIN

350ML MILCH

1 LORBEERBLATT, 2 PETERSILIENSTÄNGEL

1 ZWIEBELSCHEIBE. 1 GEWÜRZNELKE

50G BUTTER

4 EL MEHL

SALZ UND FRISCH GEMAHLENER SCHWARZER PFEFFER

1   Den Backofen auf 200 °C (Gas Stufe 6) vorheizen. Eine Béchamelsauce zubereiten (siehe Seite 17).
2   Schalotten und Chili in etwas Öl andünsten, bis die Schalotten weich und leicht goldbraun sind.
    Petersilie, Garnelen und Fisch zufügen und 1 Minute bei starker Hitze anbraten. Jakobsmuscheln zugeben
    und 1 Minute anbraten.
3   Inzwischen die Lasagneblätter bissfest garen, abgießen und abschrecken. Zum Trocknen auf ein sauberes
    Geschirrtuch legen.
4   Etwas Béchamelsauce in eine feuerfeste Form streichen. Eine Schicht Pasta darauflegen. Fischmischung
    und restliche Béchamelsauce mischen und dünn über die Lasagneblätter streichen. Lasagne und Sauce
    abwechselnd aufeinanderschichten, mit Sauce abschließen. Nach Belieben Parmesan darüberstreuen.
5   Die Lasagne 15–20 Minuten goldgelb backen, 5 Minuten ruhen lassen. Mit Zitronenspalten servieren.

79

125
Cannelloni mit Räucherfisch und Pilzen

VORBEREITUNGSZEIT 10 Minuten GARZEIT 45 Minuten FÜR 6 Personen

675G RÄUCHERFISCH (KABELJAU ODER SCHELLFISCH)

1 BOUQUET GARNI AUS 2 ESTRAGONZWEIGEN,
   1 LORBEERBLATT UND 2 THYMIANZWEIGEN

3 KNOBLAUCHZEHEN

725ML MILCH

225G LASAGNEBLÄTTER

85G BUTTER

50G MEHL

2 EL GLATTE PETERSILIE, GEHACKT

GERIEBENE SCHALE UND SAFT VON 1 UNBE-
   HANDELTEN ZITRONE

115G BRAUNE CHAMPIGNONS, IN DÜNNE SCHEIBEN
   GESCHNITTEN

3 EL FRISCH GERIEBENER PARMESAN

ZITRONENSPALTEN, ZUM SERVIEREN

1   Räucherfisch, Bouquet garni, Knoblauch und 570 ml Milch in einen Topf geben. Den Fisch zugedeckt
    10 Minuten pochieren, bis er beim Einstechen mit einem Messer zerfällt. Herausnehmen und zerkleinern,
    Haut und Gräten entfernen. Die Milch durch ein Sieb in einen sauberen Topf abgießen und mit der
    restlichen Milch auf 570 ml aufgießen.
2   Den Backofen auf 190 °C (Gas Stufe 5) vorheizen.
3   Inzwischen die Lasagneblätter bissfest garen, abgießen und abschrecken; selbst wenn Sie Lasagne verwenden,
    die nicht vorgegart werden muss (siehe Seite 15), Nudeln kurz in kochendes Wasser geben. Zum Trocknen
    auf ein sauberes Geschirrtuch legen.
4   Währenddessen aus Butter, Mehl und Milch eine weiße Sauce zubereiten (siehe Seite 17). Vom Herd
    nehmen, Petersilie, Zitronenschale und -saft zufügen.
5   Ein Viertel der Sauce mit Fisch und Champignons mischen. Die Füllung auf die Lasagneblätter verteilen
    und die Blätter zu Cannelloni aufrollen. Mit der Nahtseite nach unten in eine geölte, feuerfeste Form legen.
    Die restliche Sauce über die Cannelloni geben und den Parmesan darüberstreuen.
6   Die Cannelloni in 30 Minuten goldgelb backen. Mit Zitronenspalten servieren.

126
Riccioli mit Garnelen und grünem Spargel

VORBEREITUNGSZEIT 10 Minuten GARZEIT 15 Minuten FÜR 4 Personen

350G GRÜNER SPARGEL

1 KNOBLAUCHZEHE, ZERDRÜCKT

NATIVES OLIVENÖL

450G GARNELEN, GEGART UND GESCHÄLT

SALZ UND FRISCH GEMAHLENER SCHWARZER PFEFFER

400G RICCIOLI*

1 TL BUTTER

FRISCH GERIEBENER PARMESAN (NACH BELIEBEN)

1   Den Spargel in kochendem Salzwasser 3–4 Minuten blanchieren. Abgießen (Kochwasser auffangen), mit kaltem Wasser abschrecken und abtropfen lassen, dann in 4 cm lange Stücke schneiden.
2   Knoblauch und Spargel in etwas Öl 2–3 Minuten anbraten. 115 ml Spargelkochwasser zugießen und auf die Hälfte einkochen lassen. Garnelen zufügen und 2–3 Minuten unter Rühren kochen, bis sie rosafarben sind und die Sauce noch leicht flüssig ist. Bei Bedarf etwas mehr Kochwasser zugießen. Die Sauce mit Salz und Pfeffer abschmecken.
3   Inzwischen die Pasta nach Packungsanleitung bissfest garen und abgießen. Mit der Butter und der Spargelsauce mischen und nach Belieben mit Parmesan servieren.

*   Alternativ können auch Radiatori, Fusilli oder Eliche verwendet werden.

127
Pastasalat mit geräucherten Miesmuscheln und Paprika

VORBEREITUNGSZEIT 10 Minuten GARZEIT 10 Minuten FÜR 4 Personen

300G CONCHIGLIE

115G GRÜNE BOHNEN, HALBIERT

6 EL NATIVES OLIVENÖL,
  UND ETWAS ZUM BEPINSELN

ETWA 1 EL BALSAMICO-ESSIG

1 KNOBLAUCHZEHE, FEIN GEHACKT

1 ROTE CHILISCHOTE, VON DEN SAMEN BEFREIT
  UND FEIN GEHACKT

SALZ UND FRISCH GEMAHLENER SCHWARZER PFEFFER

1 AVOCADO, GEWÜRFELT

3 FRÜHLINGSZWIEBELN,
  IN DÜNNE RINGE GESCHNITTEN

200G GERÄUCHERTE MIESMUSCHELN (DOSE),
  ABGEGOSSEN

1½ EL KAPERN

1 DOSE GEGRILLTE ROTE PAPRIKA IN ÖL,
  ABGEGOSSEN UND IN STREIFEN GESCHNITTEN

1 HANDVOLL GLATTE PETERSILIE, GEHACKT

ZITRONENSPALTEN, ZUM SERVIEREN

1   Die Pasta nach Packungsanleitung bissfest garen. 3–4 Minuten vor Ende der Garzeit die Bohnen zufügen. Abgießen und mit kaltem Wasser abschrecken.
2   Inzwischen Öl, Essig, Knoblauch und Chili mischen, mit Salz und Pfeffer abschmecken.
3   Dressing und restliche Zutaten unter die Bohnen-Pasta-Mischung heben. Kalt, aber nicht direkt aus dem Kühlschrank servieren. Mit Zitronenspalten garnieren.

128
Linguine mit Miesmuscheln und Zucchini

VORBEREITUNGSZEIT 10 Minuten GARZEIT 10 Minuten FÜR 4 Personen

400G LINGUINE

2 SCHALOTTEN, FEIN GEHACKT

1 KNOBLAUCHZEHE, FEIN GEHACKT

1 PRISE CHILIFLOCKEN

NATIVES OLIVENÖL

450G ZUCCHINI, IN 1 CM DICKE SCHEIBEN
  GESCHNITTEN

5 EL TROCKENER WEISSER WERMUT

725G MIESMUSCHELN

BLÄTTER VON 1 BUND BASILIKUM,
  IN STREIFEN GESCHNITTEN

SALZ UND FRISCH GEMAHLENER
  SCHWARZER PFEFFER

1   Die Linguine 1 Minute kürzer garen als auf der Packung angegeben. Abgießen und 125 ml Kochwasser
    zurückbehalten.
2   Inzwischen Schalotten, Knoblauch und Chili in einen großen Topf geben und in etwas Öl 1 Minute
    andünsten. Die Zucchini zufügen und anbraten, bis sie weich und goldgelb sind.
3   Den Wermut zugießen, zum Kochen bringen, dann die Muscheln zufügen. Zugedeckt 3—4 Minuten erhitzen,
    bis sie sich öffnen. Geschlossene Muscheln entfernen. Die Muschelsauce unter die Linguine heben, mit
    Basilikum bestreuen. Bei Bedarf etwas Kochwasser zugießen. Mit Salz und Pfeffer abschmecken und alles
    noch 1 Minute erwärmen.

129
Cavatappi mit Garnelen,
asiatischen Pilzen und Tomaten

VORBEREITUNGSZEIT 10 Minuten GARZEIT 10 Minuten FÜR 4 Personen

400G CAVATAPPI

1 ZWIEBEL, IN DÜNNE SCHEIBEN GESCHNITTEN

NATIVES OLIVENÖL

2 KNOBLAUCHZEHEN, ZERDRÜCKT

JE 175G AUSTERNPILZE UND SHIITAKEPILZE,
  HALBIERT, GROSSE EXEMPLARE GEVIERTELT

175ML TROCKENER WEISSWEIN

4 REIFE EIERTOMATEN, GEWÜRFELT

500G GROSSE GARNELEN, GESCHÄLT UND ENTDARMT

2 EL GLATTE PETERSILIE, GEHACKT

SALZ UND FRISCH GEMAHLENER
  SCHWARZER PFEFFER

1   Die Pasta nach Packungsanleitung bissfest garen und abgießen.
2   Inzwischen die Zwiebel in etwas Öl glasig andünsten. Den Knoblauch zugeben und 1 Minute anbraten. Die
    Pilze zufügen und anbraten. Den Wein zugießen und auf die Hälfte einkochen.
3   Tomaten und Garnelen zugeben und 2—3 Minuten leicht köcheln lassen, bis die Garnelen rosafarben sind.
    Die Sauce mit Petersilie bestreuen, mit Salz und Pfeffer abschmecken und über die Pasta geben.

130
Taglioni mit Garnelen und Spinat

VORBEREITUNGSZEIT 5 Minuten GARZEIT 10 Minuten FÜR 4 Personen

375G TAGLIONI

NATIVES OLIVENÖL

2 KNOBLAUCHZEHEN, FEIN GEHACKT

250G GROSSE GARNELEN, GESCHÄLT UND ENTDARMT

225G JUNGER BLATTSPINAT

3 EL IN FEINE STREIFEN GESCHNITTENES BASILIKUM

SALZ UND FRISCH GEMAHLENER

  SCHWARZER PFEFFER

1   Die Taglioni nach Packungsanleitung bissfest garen.

2   Inzwischen 4 Esslöffel Öl erhitzen, Knoblauch und Garnelen zufügen. Alles 2–3 Minuten unter Rühren anbraten, bis die Garnelen rosafarben sind, nicht übergaren. Zusammen mit dem Spinat und dem Basilikum unter die Pasta heben. Mit Salz und Pfeffer abschmecken, 4 Esslöffel Öl untermischen und servieren.

131
Tagliatelle mit Miesmuscheln und Pesto

VORBEREITUNGSZEIT 10 Minuten GARZEIT 10 Minuten FÜR 4 Personen

1 SCHALOTTE, FEIN GEHACKT

2 KNOBLAUCHZEHEN, IN DÜNNE SCHEIBEN

  GESCHNITTEN

2 PETERSILIENSTÄNGEL

4 EL TROCKENER WEISSER WERMUT

1KG MIESMUSCHELN

400G TAGLIATELLE

1 REZEPTMENGE PESTO (SIEHE SEITE 18)

1   Schalotten, Knoblauch, Petersilie, Wermut und Miesmuscheln in einem großen Topf zugedeckt bei starker Hitze zum Kochen bringen. 3–4 Minuten kochen lassen, den Topf gelegentlich rütteln, bis die Muscheln sich geöffnet haben. Geschlossene Muscheln entfernen. Die Hälfte der Muscheln auslösen. Abgießen, die Garflüssigkeit auffangen.

2   Die Pasta nach Packungsanleitung bissfest garen und abgießen.

3   Inzwischen das Pesto bei schwacher Hitze erwärmen. Die Muscheln zufügen und erwärmen. Die Masse über die Pasta geben, bei Bedarf etwas Kochwasser zugießen.

132
Fidelini mit Hummer, Basilikum und Tomaten

VORBEREITUNGSZEIT 15 Minuten GARZEIT 10 Minuten FÜR 4 Personen

375G FIDELINI

1 KNOBLAUCHZEHE, FEIN GEHACKT

4 EL NATIVES OLIVENÖL

450G REIFE COCKTAIL- ODER KIRSCHTOMATEN,

  GEVIERTELT

675–900G FRISCHER HUMMER, AUSGELÖST UND

  IN KLEINE STÜCKE GESCHNITTEN

2 EL TROCKENER WEISSER WERMUT

2 EL BASILIKUM, IN FEINE STREIFEN GESCHNITTEN

SALZ UND FRISCH GEMAHLENER SCHWARZER PFEFFER

1   Die Pasta nach Packungsanleitung bissfest garen und abgießen, 125 ml Kochwasser zurückbehalten.

2   Inzwischen den Knoblauch 2 Minuten im Öl anbraten. Tomaten und Hummer zufügen und 2–3 Minuten anbraten, gelegentlich umrühren, bis die Tomaten sehr weich sind.

3   Wermut und Basilikum zufügen und die Sauce 1–2 Minuten sprudelnd kochen lassen, mit Salz und Pfeffer abschmecken. Die Pasta mit der Sauce mischen, bei Bedarf etwas Kochwasser zugießen.

133
Schwarze Spaghettini mit Jakobsmuscheln, Weißwein und Petersilie

VORBEREITUNGSZEIT 5 Minuten GARZEIT 10 Minuten FÜR 4 Personen

I KNOBLAUCHZEHE, FEIN GEHACKT
OLIVENÖL
150G BUTTER
3 GROßE JAKOBSMUSCHELN, AUSGELÖST
  UND HALBIERT

115ML TROCKENER WEIßWEIN
2 EL GLATTE PETERSILIE, GEHACKT
SALZ UND FRISCH GEMAHLENER
  SCHWARZER PFEFFER
450G FRISCHE SCHWARZE SPAGHETTINI

1   In einem Topf Wasser für die Pasta zum Kochen bringen. Den Knoblauch in einer großen Pfanne in etwas Öl und der Butter 2 Minuten andünsten. Die Jakobsmuscheln zufügen und bei starker Hitze auf beiden Seiten kurz anbraten, bis sie gebräunt, aber noch weich sind. Herausnehmen.

2   Wein, Petersilie, Salz und Pfeffer in die Pfanne geben und die Flüssigkeit etwas einkochen lassen. Die Jakobsmuscheln bei schwacher Hitze zufügen, die Sauce aber nicht mehr aufkochen lassen, sonst werden die Muscheln zäh.

3   Die Pasta bissfest garen. Abgießen und mit der Muschelsauce mischen.

134
Pasta al forno mit Räucherfisch und Spinat

VORBEREITUNGSZEIT 15 Minuten* GARZEIT 45 Minuten FÜR 6 Personen

625G BLATTSPINAT
1 TL BUTTER
675G GERÄUCHERTES SCHELLFISCHFILET,
   GEHÄUTET UND GEWÜRFELT
1 REZEPTMENGE GRILLTOMATENSAUCE
   (SIEHE SEITE 18)
2 EL GEMISCHTE FRISCHE KRÄUTER WIE BASILIKUM,
   OREGANO, THYMIAN, FENCHELKRAUT, GEHACKT
350G CHIFFERI RIGATE ODER MAKKARONI RIGATE

2 EL FRISCH GERIEBENER PARMESAN
1 EL FRISCHE WEISSBROTKRUMEN

FÜR DIE KÄSESAUCE
25G BUTTER
3 EL MEHL
300ML MILCH
40G FRISCH GERIEBENER PARMESAN

1   Den Backofen auf 190 °C (Gas Stufe 5) vorheizen.
2   Den Spinat in einem großen Topf mit Salzwasser erhitzen, bis er zusammenfällt. Kalt abschrecken, abtropfen lassen und überschüssige Flüssigkeit ausdrücken. Spinat und Butter in einen kleinen Topf geben und erwärmen, dann in einer feuerfesten Form verteilen. Den Räucherfisch daraufgeben. Die Tomatensauce mit den Kräutern mischen und darübergießen.
3   Die Pasta nach Packungsanleitung bissfest garen und abgießen.
4   Inzwischen die Käsesauce zubereiten (siehe Seite 17). Sauce und Pasta mischen und über den Fisch geben. Mit Parmesan und Brotkrumen bestreuen.
5   In 20–25 Minuten goldbraun backen.

*   Bei Verwendung von fertiger Tomatensauce.

84

FISCH & MEERESFRÜCHTEFISCH & MEERESFRÜCHTE

135
Mediterraner Pastasalat mit Meeresfrüchten

VORBEREITUNGSZEIT 15 Minuten, plus Kühlzeit GARZEIT 15 Minuten FÜR 4 Personen

225G TROCKENER WEISSWEIN
1 KNOBLAUCHZEHE
1 SCHALOTTE, GEVIERTELT
1 LORBEERBLATT
1 ZITRONE, IN SCHEIBEN GESCHNITTEN
4 EL NATIVES OLIVENÖL
1½ EL ZITRONENSAFT
SALZ UND FRISCH GEMAHLENER
   SCHWARZER PFEFFER
225G RIESENGARNELEN, GESCHÄLT UND ENTDARMT

125G JAKOBSMUSCHELN, AUSGELÖST UND HALBIERT
   ODER GEVIERTELT
125G MIESMUSCHELN, GEGART UND AUSGELÖST
200G SCHWARZE LINGUINE
2 ROTE PAPRIKASCHOTEN, GEGRILLT, ABGEZOGEN
   UND GEWÜRFELT (SIEHE SEITE 67)
1 EL KAPERN
1 BUND GLATTE PETERSILIE, GEHACKT
2 HANDVOLL KNACKIGE SALATBLÄTTER
1 ZITRONE, IN SPALTEN GESCHNITTEN

1   Wein, Knoblauch, Schalotte, Lorbeerblatt und Zitronenscheiben in einen Topf geben. Zugedeckt zum Kochen bringen. Vom Herd nehmen und 10 Minuten ziehen lassen.
2   Inzwischen aus Öl, Zitronensaft, Salz und Pfeffer ein Dressing zubereiten.
3   Die Schalottenmischung wieder zum Köcheln bringen. Die Garnelen zugeben und in 2 Minuten rosafarben pochieren. Mit einem Schaumlöffel herausheben und in das Dressing geben. Die Jakobsmuscheln 1 Minute pochieren, bis sie Farbe annehmen, dann zu den Garnelen geben. Die Muscheln in dem heißen Sud kurz erwärmen, dann zu den restlichen Meeresfrüchten geben. Beiseite stellen.
4   Den Sud durch ein Sieb in einen neuen Topf gießen, mit reichlich Wasser aufgießen und zum Kochen bringen. Die Pasta darin nach Packungsanleitung bissfest garen, abgießen, zu den Meeresfrüchten geben, mischen und abkühlen lassen.
5   Paprika, Kapern und Petersilie über den Salat geben und untermischen. Auf einem Bett aus Salatblättern anrichten. Mit Zitronenspalten servieren.

136
Pizza-Makkaroni-Auflauf

VORBEREITUNGSZEIT 20 Minuten GARZEIT 35 Minuten FÜR 4–6 Personen

175G MAKKARONI

1 ZWIEBEL, FEIN GEHACKT

3 KNOBLAUCHZEHEN,
   IN DÜNNE SCHEIBEN GESCHNITTEN

570ML MILCH

40G BUTTER

40G MEHL

SALZ UND FRISCH GEMAHLENER SCHWARZER PFEFFER

1½ EL TOMATENMARK

85G PARMESAN, FRISCH GERIEBEN

150G BÜFFELMOZZARELLA,
   IN DÜNNE SCHEIBEN GESCHNITTEN

3–4 REIFE TOMATEN, IN SCHEIBEN GESCHNITTEN

1 DOSE (50G) ANCHOVIS, ABGEGOSSEN UND
   LÄNGS HALBIERT

12 SCHWARZE OLIVEN, ENTSTEINT UND IN SCHEIBEN
   GESCHNITTEN

KRÄUTER DER PROVENCE, ZUM BESTREUEN

40G FRISCHE WEISSBROTKRUMEN

OLIVENÖL

1 Den Backofen auf 190 °C (Gas Stufe 5) vorheizen.
2 Die Pasta 2 Minuten kürzer garen als auf der Packung angegeben, abgießen.
3 Inzwischen Zwiebel und Knoblauch in einen kleinen Topf geben und so viel Milch zugießen, bis das Gemüse bedeckt ist. Alles köcheln lassen, bis das Gemüse weich ist. Nach Belieben pürieren.
4 Aus Butter, Mehl und restlicher Milch eine weiße Sauce zubereiten (siehe Seite 17). Mit Salz und Pfeffer abschmecken, Tomatenmark, Parmesan und Makkaroni zufügen und mischen.
5 Die Nudeln in eine geölte, feuerfeste Form mit 1,75 Liter Fassungsvermögen geben. Mozzarella und Tomaten abwechselnd darüberschichten, mit Oliven, Anchovis, Kräutern und schwarzem Pfeffer bestreuen. Den äußeren Rand mit Brotkrumen bestreuen und mit etwas Öl beträufeln.
6 Den Auflauf 25 Minuten im vorgeheizten Ofen backen.

137
Spaghetti mit Meeresfrüchten, Zitrone und Rucola

VORBEREITUNGSZEIT 5 Minuten GARZEIT 10 Minuten FÜR 4 Personen

500G SPAGHETTI
450G MEERESFRÜCHTESALAT AUS DEM
  FEINKOSTGESCHÄFT*
100G RUCOLA

GERIEBENE SCHALE UND SAFT VON 1 UNBEHAN-
  DELTEN ZITRONE
4 EL PETERSILIE, GEHACKT
3 EL PINIENKERNE, LEICHT GERÖSTET
FRISCH GEMAHLENER SCHWARZER PFEFFER

1 Die Spaghetti nach Packungsanleitung bissfest garen und abgießen.
2 Wieder in den Topf geben, mit dem Meeresfrüchtesalat mischen und bei mittlerer Hitze 2–3 Minuten gut erwärmen. Rucola, Zitronenschale und -saft sowie Petersilie zufügen und noch kurz erhitzen, bis der Rucola zusammenfällt. Mit Pinienkernen und schwarzem Pfeffer bestreuen und servieren.

* Alternativ 650 g gegarte gemischte Meeresfrüchte mit 3 Esslöffel nativem Olivenöl, einem Spritzer Weißweinessig und 1 Handvoll gehackten Kräutern nach Wahl mischen.

138
Linguine mit Venusmuscheln und Tomatensauce

VORBEREITUNGSZEIT 5 Minuten GARZEIT 30 Minuten FÜR 4 Personen

1 KLEINE ZWIEBEL, FEIN GEHACKT
2 GROßE KNOBLAUCHZEHEN, ZERDRÜCKT
NATIVES OLIVENÖL
1 DOSE (400G) PIZZATOMATEN
SALZ UND FRISCH GEMAHLENER
  SCHWARZER PFEFFER

900G VENUSMUSCHELN
175ML TROCKENER WEIßWEIN
350G LINGUINE
1 HANDVOLL GLATTE PETERSILIE, GEHACKT

1 Zwiebel und Knoblauch in etwas Öl glasig andünsten. Die Tomaten zufügen, zum Kochen bringen und 15–20 Minuten köcheln lassen, bis die Sauce eindickt. Mit Salz und Pfeffer abschmecken.
2 Inzwischen Muscheln und Wein in einen Topf geben und zugedeckt bei starker Hitze 5 Minuten kochen lassen, bis die Muscheln sich geöffnet haben. Den Topf gelegentlich etwas rütteln. Geschlossene Muscheln entfernen. Die Muscheln mit einem Schaumlöffel herausheben und in eine Schüssel geben.
3 Den Muschelsud durch ein Sieb in einen neuen Topf gießen, auf die Hälfte einkochen und in die Tomatensauce geben.
4 Inzwischen die Pasta nach Packungsanleitung bissfest garen und abgießen. Pasta, Sauce, Muscheln und Petersilie mischen und servieren.

139
Tagliatelle mit Garnelen und rotem Pesto

VORBEREITUNGSZEIT 10 Minuten GARZEIT 10 Minuten FÜR 4 Personen

350G TAGLIATELLE

3 KNOBLAUCHZEHEN, IN DÜNNE SCHEIBEN
   GESCHNITTEN

1 PRISE CHILIFLOCKEN

NATIVES OLIVENÖL

350G TIGERGARNELEN, GESCHÄLT UND ENTDARMT

2 EL ROTES PESTO (SIEHE SEITE 19)

GERIEBENE SCHALE UND SAFT VON 1 UNBE-
   HANDELTEN ZITRONE

1 EL KAPERN (NACH BELIEBEN)

JE 2 EL GEHACKTES BASILIKUM UND GEHACKTE
   PETERSILIE

SALZ UND FRISCH GEMAHLENER SCHWARZER PFEFFER

1   Die Pasta nach Packungsanleitung bissfest garen und abgießen.
2   Inzwischen Knoblauch und Chili in etwas Öl anbraten. Die Garnelen zugeben und unter Rühren
    2–3 Minuten anbraten, bis sie rosafarben sind. Sofort vom Herd nehmen, sonst werden die Garnelen zäh.
3   Die Tagliatelle mit 1–2 Esslöffel Öl, rotem Pesto, Zitronenschale und -saft, Kapern (nach Belieben), Kräutern
    und Garnelen mischen, mit Salz und Pfeffer abschmecken und sofort servieren.

140
Tonnarelli mit Garnelen, Venusmuscheln und Rucola

VORBEREITUNGSZEIT 5 Minuten GARZEIT 10 Minuten FÜR 4 Personen

375G TONNARELLI

3 KNOBLAUCHZEHEN, FEIN GEHACKT

1 PRISE CHILIFLOCKEN

6 EL NATIVES OLIVENÖL

150ML TROCKENER WEISSWEIN

900G VENUSMUSCHELN

250G GARNELEN, GEGART UND GESCHÄLT

100G RUCOLA

SALZ UND FRISCH GEMAHLENER
   SCHWARZER PFEFFER

NATIVES OLIVENÖL, ZUM SERVIEREN

1   Die Pasta 1 Minute kürzer garen als auf der Packung angegeben. Abgießen und 4 Esslöffel Kochwasser
    zurückbehalten.
2   Inzwischen Knoblauch und Chili in einem großen Topf in etwas Öl 2 Minuten anbraten. Den Wein zugießen,
    die Muscheln zugeben und kochen, bis sie sich geöffnet haben. Geschlossene Muscheln entfernen. Garnelen
    und Rucola zufügen.
3   Die Pasta in die Sauce geben, bei Bedarf etwas Kochwasser zugießen. Die Nudelmischung 1 Minute
    erwärmen, mit Salz und Pfeffer abschmecken. Mit etwas Olivenöl beträufeln und servieren.

141
Linguine mit Meeresfrüchten en papillote

VORBEREITUNGSZEIT 5 Minuten GARZEIT 35 Minuten FÜR 4–6 Personen

500G LINGUINE

2 KNOBLAUCHZEHEN, ZERDRÜCKT

OLIVENÖL

1 DOSE (400G) PIZZATOMATEN

2 EL TOMATENMARK

SALZ UND FRISCH GEMAHLENER SCHWARZER PFEFFER

675G GEMISCHTE MEERESFRÜCHTE, GEGART

Z. B. GARNELEN, MIESMUSCHELN, HALBIERTE

RIESENGARNELEN, THUNFISCH

175G VENUSMUSCHELN, GEGART

1–2 EL KAPERN

1 BUND GLATTE PETERSILIE, GEHACKT

1   Den Backofen auf 190 °C (Gas Stufe 5) vorheizen. Aus Butterbrotpapier 4–6 große Quadrate (35 cm) schneiden und leicht ölen.

2   Die Pasta 1 Minute kürzer garen als auf der Packung angegeben. Abgießen und abtropfen lassen.

3   Inzwischen den Knoblauch in etwas Öl 1 Minute andünsten. Pizzatomaten und Tomatenmark zufügen, mit Salz und Pfeffer abschmecken und 5 Minuten köcheln lassen. Sauce, Pasta, Meeresfrüchte, Kapern und Petersilie mischen.

4   Je 1 Portion in die Mitte der Papierquadrate geben. Zum Verschließen die Papierränder über der Pasta zusammenfalten. Auf ein Backblech setzen und 20–25 Minuten im Ofen backen.

142
Rotelle mit Thunfisch und Rucola

VORBEREITUNGSZEIT 10 Minuten GARZEIT 10 Minuten FÜR 4 Personen

350G ROTELLE*
2 DOSEN (À 200G) THUNFISCH IN ÖL
  (ÖL AUFBEWAHREN)
1 ROTE ZWIEBEL, GEHACKT
100G RUCOLA

50G GRÜNE OLIVEN, ENTSTEINT UND
  IN SCHEIBEN GESCHNITTEN
GERIEBENE SCHALE UND SAFT VON 1 UNBEHAN-
  DELTEN ZITRONE
SALZ UND FRISCH GEMAHLENER SCHWARZER PFEFFER

1   Die Pasta nach Packungsanleitung bissfest garen und abgießen.
2   Inzwischen das Öl von dem eingelegten Thunfisch in eine Pfanne geben und die Zwiebel darin andünsten. Thunfisch, zwei Drittel des Rucola, Oliven sowie Zitronenschale und -saft zufügen. Die Mischung mit Salz und Pfeffer abschmecken und erwärmen. Zusammen mit dem restlichen Rucola über die Pasta geben.

*   Alternativ können auch Conchiglie, Fusilli, Farfalle oder Gnocchi verwendet werden.

143
Fettuccine mit Räucherlachs und Ricotta

VORBEREITUNGSZEIT 5 Minuten GARZEIT 10 Minuten FÜR 4 Personen

400G FETTUCCINE
3 EIER
85G RICOTTA
SALZ UND FRISCH GEMAHLENER SCHWARZER PFEFFER

2 EL DILL, GEHACKT
115G RÄUCHERLACHS, IN STREIFEN GESCHNITTEN
LACHSKAVIAR (KETA-KAVIAR), ZUM SERVIEREN
  (NACH BELIEBEN)

1   Die Pasta nach Packungsanleitung bissfest garen und abgießen.
2   Inzwischen Eier und Ricotta mit einer Gabel mischen. Mit wenig Salz (der Räucherlachs ist ziemlich salzig) und reichlich schwarzem Pfeffer abschmecken.
3   Die Pasta abtropfen lassen, noch warm in die Ricottamischung geben und unterheben, bis eine cremige Sauce entsteht (bei Bedarf bei schwacher Hitze leicht erwärmen). Mit Dill und Räucherlachs bestreuen. Nach Belieben mit Lachskaviar servieren.

144
Penne mit Blumenkohl und Anchovis

VORBEREITUNGSZEIT 5 Minuten GARZEIT 10 Minuten FÜR 4 Personen

500G BLUMENKOHL, IN RÖSCHEN GETEILT
450G PENNE
2 GROSSE KNOBLAUCHZEHEN, FEIN GEHACKT
1 PRISE CHILIFLOCKEN
4 ANCHOVISFILETS, GEHACKT

6 EL NATIVES OLIVENÖL
2 EL GLATTE PETERSILIE, GEHACKT
SALZ UND FRISCH GEMAHLENER
  SCHWARZER PFEFFER

1   Den Blumenkohl in kochendem Wasser weich garen und abgießen.
2   Inzwischen die Pasta nach Packungsanleitung bissfest garen und abgießen.
3   Währenddessen Knoblauch, Chili und Anchovis in einer großen Pfanne in etwas Öl anbraten, bis der Knoblauch goldgelb ist, gelegentlich umrühren. Den Blumenkohl zufügen und mit einer Gabel umrühren, damit der Blumenkohl leicht zerfällt. Mit Salz und Pfeffer abschmecken. Die Sauce über die Pasta geben, mit Petersilie bestreuen und servieren.

145
Cavatelli mit Krebsfleisch, Avocado und Tomaten

VORBEREITUNGSZEIT 10 Minuten GARZEIT 10 Minuten FÜR 4 Personen

350G CAVATELLI*

2 KNOBLAUCHZEHEN, FEIN GEHACKT

1 PRISE CHILIFLOCKEN

2 EL NATIVES OLIVENÖL

4 REIFE TOMATEN, ENTKERNT UND
GEWÜRFELT

175G WEIßES UND BRAUNES KREBSFLEISCH, FRISCH
ODER TIEFGEKÜHLT UND AUFGETAUT

2 EL GEHACKTE GLATTE PETERSILIE, UND ETWAS
ZUM GARNIEREN

2 EL ZITRONENSAFT

1 AVOCADO, GEWÜRFELT

1 BUND FRÜHLINGSZWIEBELN, IN DÜNNE RINGE
GESCHNITTEN

SALZ UND FRISCH GEMAHLENER
SCHWARZER PFEFFER

1 Die Pasta nach Packungsanleitung bissfest garen und abgießen.

2 Inzwischen Knoblauch und Chili im Öl 1 Minute anbraten. Tomaten, Krebsfleisch, Petersilie und Zitronensaft
zufügen und bei schwacher Hitze erwärmen.

3 Die Sauce zusammen mit Avocado und Frühlingszwiebeln über die Pasta geben. Mit Salz und Pfeffer
abschmecken, zum Servieren mit Petersilie bestreuen.

* Alternativ können auch Radiatori, Fusilli, Riccioli oder Taglioni verwendet werden.

146
Pasta al forno mit Garnelen

VORBEREITUNGSZEIT 10 Minuten GARZEIT 50 Minuten FÜR 4 Personen

450G LAUCH, IN DÜNNE RINGE GESCHNITTEN

450G REIFE TOMATEN, GEVIERTELT

OLIVENÖL

SALZ UND FRISCH GEMAHLENER
  SCHWARZER PFEFFER

300G PENNE RIGATE ODER RIGATONI

115G GARNELEN, GEGART UND GESCHÄLT

1½ EL GLATTE PETERSILIE, GROB GEHACKT

85ML GEMÜSEBRÜHE ODER FISCHFOND

150G SAHNE

85G BÜFFELMOZZARELLA, GERIEBEN (ZUM REIBEN
  VORHER 1 STUNDE INS GEFRIERFACH LEGEN)

2 EL FRISCH GERIEBENER PARMESAN

1 DICKE SCHEIBE WEISSBROT,
  ENTRINDET UND FEIN GEWÜRFELT

1   Den Backofen auf 200 °C (Gas Stufe 6) vorheizen.
2   Lauch und Tomaten in eine feuerfeste Form geben und mit etwas Öl beträufeln. Mit Salz und Pfeffer abschmecken und umrühren. 30 Minuten im Backofen braten.
3   Inzwischen die Pasta 1 Minute kürzer garen als auf der Packung angegeben. Abgießen und zusammen mit Garnelen und Petersilie über die Tomatenmischung geben, dann die Brühe zugießen. Alles gut umrühren, mit Salz und Pfeffer abschmecken und mit der Sahne beträufeln. Käse und Brotwürfel darüberstreuen. Die Pasta 15–20 Minuten im Ofen knusprig und goldgelb backen.

147
Orecchiette mit Miesmuscheln, Spinat und Cashewkernen

VORBEREITUNGSZEIT 5 Minuten GARZEIT 10 Minuten FÜR 4 Personen

250G ORECCHIETTE

2 GROSSE KNOBLAUCHZEHEN, FEIN GEHACKT

350G JUNGER BLATTSPINAT

115ML NATIVES OLIVENÖL

1 DOSE (200G) GERÄUCHERTE MIESMUSCHELN,
  ABGEGOSSEN

1 ROTE PAPRIKASCHOTE, GEGRILLT, ABGEZOGEN
  UND IN STREIFEN GESCHNITTEN
  (SIEHE SEITE 67)

50G CASHEWKERNE, LEICHT GERÖSTET

FRISCH GEMAHLENER SCHWARZER PFEFFER

ZITRONENSPALTEN, ZUM SERVIEREN

1   Die Pasta nach Packungsanleitung bissfest garen und abgießen.
2   Inzwischen in einer Pfanne oder im Wok Knoblauch und Spinat bei starker Hitze unter Rühren im Öl 1 Minute anbraten.
3   Muscheln, Paprika, Cashewkerne und reichlich Pfeffer zugeben und alles gut erwärmen. Die Sauce unter die Pasta heben und mit Zitronenspalten servieren.

148
Pastasalat mit Ofengemüse und Meeresfrüchten

VORBEREITUNGSZEIT 15 Minuten, plus Kühlzeit GARZEIT 30–40 Minuten FÜR 4–6 Personen

1 ZUCCHINI, IN 2 CM GROSSE WÜRFEL GESCHNITTEN
1 KLEINE AUBERGINE, IN 2 CM GROSSE WÜRFEL GESCHNITTEN
1 FENCHELKNOLLE, IN 2 CM GROSSE WÜRFEL GESCHNITTEN
1 ZWIEBEL, IN 2 CM GROSSE WÜRFEL GESCHNITTEN
1 ROTE PAPRIKASCHOTE, IN 2 CM BREITE STREIFEN GESCHNITTEN
3 KNOBLAUCHZEHEN, FEIN GEHACKT

1 ROSMARINZWEIG
2 THYMIANZWEIGE
NATIVES OLIVENÖL
4 REIFE TOMATEN, GEVIERTELT
275G KLEINE PASTA
225G GEMISCHTE MEERESFRÜCHTE, GEGART
50G SCHWARZE OLIVEN, ENTSTEINT
SALZ UND FRISCH GEMAHLENER SCHWARZER PFEFFER

1 Den Backofen auf 200 °C (Gas Stufe 6) vorheizen.
2 Das gesamte Gemüse (außer den Tomaten) zusammen mit Knoblauch und Kräutern in eine feuerfeste Form geben und mit etwas Olivenöl beträufeln. 30–40 Minuten im Backofen braten, nach 15 Minuten die Tomaten zufügen. Kräuter entfernen.
3 15 Minuten vor Ende der Garzeit die Pasta nach Packungsanleitung bissfest garen und abgießen. Pasta, Gemüse, Meeresfrüchte und Oliven mischen, mit Salz und Pfeffer abschmecken. Etwas abkühlen lassen, aber noch warm servieren.

149
Grüne Fettuccine mit Hummer und Wodkacremesauce

VORBEREITUNGSZEIT 5 Minuten GARZEIT 10 Minuten FÜR 4 Personen

2 KNOBLAUCHZEHEN, FEIN GEHACKT
4 GROSSE FRÜHLINGSZWIEBELN, IN RINGE GESCHNITTEN
2 EL NATIVES OLIVENÖL
1–2 EL TOMATENMARK
2 EL WODKA

175G SAHNE
300G HUMMER, GEGART, AUSGELÖST UND GEHACKT
350G GRÜNE FETTUCCINE
SALZ UND FRISCH GEMAHLENER SCHWARZER PFEFFER
GEHACKTER FRISCHER DILL, ZUM SERVIEREN

1 Knoblauch und Frühlingszwiebeln im Öl 2 Minuten anbraten. Tomatenmark zufügen und gut umrühren, dann den Wodka zugießen und alles kurz aufkochen. Sahne zufügen und köcheln lassen, bis die Sauce eindickt, den Hummer untermischen. Vom Herd nehmen.
2 Inzwischen die Pasta nach Packungsanleitung bissfest garen und abgießen. 125 ml Kochwasser zurückbehalten.
3 Wenn die Sauce zu stark abgekühlt ist, noch einmal kurz bei schwacher Hitze erwärmen, dann über die Pasta geben. Mit Salz und Pfeffer abschmecken, bei Bedarf etwas Kochwasser zugießen. Zum Servieren mit Dill bestreuen.

150
Spaghetti mit Meeresfrüchten und Safran

VORBEREITUNGSZEIT 10 Minuten GARZEIT 20 Minuten FÜR 4–6 Personen

2 LAUCHSTANGEN, IN DÜNNE RINGE GESCHNITTEN
1 ZWIEBEL, FEIN GEHACKT
2 GROSSE KNOBLAUCHZEHEN, FEIN GEHACKT
NATIVES OLIVENÖL
350G SPAGHETTI
200ML TROCKENER WEISSWEIN
150G CRÈME FRAÎCHE

4 EL GEHACKTE GLATTE PETERSILIE,
   UND ETWAS ZUM GARNIEREN
1 GROSSE PRISE SAFRANFÄDEN, ZERRIEBEN
225G GROSSE GARNELEN, GESCHÄLT
900G MIESMUSCHELN
175G JAKOBSMUSCHELN
SALZ UND FRISCH GEMAHLENER SCHWARZER PFEFFER

1   Lauch, Zwiebel und Knoblauch 3–4 Minuten in etwas Öl anbraten, dann zugedeckt bei schwacher Hitze
    sehr weich andünsten.
2   Die Spaghetti nach Packungsanleitung bissfest garen und abgießen.
3   Inzwischen Wein, Crème fraîche, Petersilie und Safran über das Gemüse geben. Alles ein paar Minuten
    sprudelnd kochen lassen, dann die Garnelen und Muscheln zufügen. Zugedeckt 3 Minuten erhitzen, bis
    sich die Muscheln geöffnet haben. Geschlossene Muscheln entfernen. Die Jakobsmuscheln zufügen und
    2 Minuten bei schwacher Hitze pochieren. Die Mischung über die Pasta geben. Zum Servieren mit
    reichlich Petersilie bestreuen.

151
Spinat-Anchovis-Soufflé

VORBEREITUNGSZEIT 15 Minuten GARZEIT 50 Minuten FÜR 4 Personen

175G KLEINE PASTA
350G BLATTSPINAT
4 EIER, GETRENNT
2 DOSEN (À 50G) ANCHOVISFILETS,
   ABGEGOSSEN UND GEHACKT
2 TL KÖRNIGER SENF

FÜR DIE WEISSE SAUCE
25G BUTTER
3 EL MEHL
300ML MILCH

1   Den Backofen auf 190 °C (Gas Stufe 5) vorheizen.
2   Die Pasta 2 Minuten kürzer garen als auf der Packung angegeben. Abgießen.
3   Inzwischen den Spinat in einem Topf mit Salzwasser erhitzen, bis er zusammenfällt. Abgießen, kalt
    abschrecken und überschüssige Flüssigkeit ausdrücken.
4   Aus Butter, Mehl und Milch eine einfache weiße Sauce zubereiten (siehe Seite 17). Vom Herd nehmen
    und Eidotter, Spinat, Anchovis, Pasta und Senf zufügen.
5   Die Eiweiße steif schlagen und in kleinen Mengen unter die Sauce ziehen. Die Masse in eine geölte,
    feuerfeste Form geben.
6   Etwa 40 Minuten backen, bis das Soufflé aufgegangen und goldbraun ist.

152
Tagliarini mit Krebsfleisch und Fenchel

VORBEREITUNGSZEIT 10 Minuten GARZEIT 10 Minuten FÜR 4 Personen

1 FENCHELKNOLLE, IN SEHR DÜNNE
  SCHEIBEN GESCHNITTEN
2 TL FENCHELSAMEN
1 KNOBLAUCHZEHE, FEIN GEHACKT
1 TL BUTTER
300G TAGLIARINI

225G FRISCHES WEISSES UND BRAUNES KREBSFLEISCH
GERIEBENE SCHALE UND SAFT VON 1 UNBEHANDEL-
  TEN ZITRONE
SALZ UND FRISCH GEMAHLENER
  SCHWARZER PFEFFER
1½ EL FRISCHES FENCHELKRAUT, GEHACKT

1   Fenchel, Fenchelsamen und Knoblauch in etwas Butter und 2 Esslöffel Wasser zugedeckt dünsten, bis der Fenchel weich ist. Den Topf gelegentlich umrühren, bei Bedarf etwas Wasser oder Weißwein zugießen.
2   Inzwischen die Pasta nach Packungsanleitung bissfest garen und abgießen, etwas Kochwasser zurückbehalten.
3   Währenddessen Krebsfleisch, Zitronenschale und -saft zu der Fenchelmischung geben und unter Rühren erwärmen. Mit Salz und Pfeffer abschmecken.
4   Pasta und Sauce mischen, bei Bedarf etwas Kochwasser zugießen. Mit Fenchelkraut bestreuen und servieren.

153
Fusilli Lunghi mit Garnelen, Fenchel und Tomaten

VORBEREITUNGSZEIT 10 Minuten GARZEIT 20 Minuten FÜR 4 Personen

1 KNOBLAUCHZEHE, FEIN GEHACKT
NATIVES OLIVENÖL
1 FENCHELKNOLLE,
  IN SEHR DÜNNE SCHEIBEN GESCHNITTEN
4 EL TROCKENER WEISSWEIN
400G FUSILLI LUNGHI
450G REIFE EIERTOMATEN, GESCHÄLT,
  ENTKERNT UND GEWÜRFELT

1 TL OREGANO
350G GARNELEN, GESCHÄLT UND ENTDARMT
SALZ UND FRISCH GEMAHLENER
  SCHWARZER PFEFFER
1½ EL FRISCHES FENCHELKRAUT, GEHACKT
FRISCH GERIEBENER PARMESAN,
  ZUM SERVIEREN (NACH BELIEBEN)

1   Den Knoblauch in etwas Öl goldgelb anbraten. Fenchel und Wein zugeben und alles zugedeckt 15 Minuten köcheln lassen, bis der Fenchel weich ist.
2   Inzwischen die Pasta nach Packungsanleitung bissfest garen und abgießen.
3   Wenn der Fenchel weich ist, den Deckel abnehmen und die Kochflüssigkeit kurz aufkochen lassen. Tomaten und Oregano zufügen und köcheln lassen, bis fast die gesamte Flüssigkeit verdampft ist. Die Garnelen zugeben und 2–3 Minuten mitgaren, bis sie rosafarben sind. Die Sauce mit Salz und Pfeffer abschmecken und über die Pasta geben. Zum Servieren mit Fenchelgrün und nach Belieben mit Parmesan bestreuen.

154
Conchiglie mit Krebsfleischfüllung und roter Pestosauce

VORBEREITUNGSZEIT 10 Minuten GARZEIT 30 Minuten FÜR 4 Personen

20 GROßE CONCHIGLIE

2 SCHALOTTEN, GEWÜRFELT

1 KNOBLAUCHZEHE, FEIN GEHACKT

1 TL BUTTER

2 EL TROCKENER WEIßER WERMUT

450G FRISCHES WEIßES UND BRAUNES KREBSFLEISCH

15G BASILIKUMBLÄTTER, IN FEINE STREIFEN
GESCHNITTEN

SALZ UND FRISCH GEMAHLENER
SCHWARZER PFEFFER

5 EL ROTES PESTO (SIEHE SEITE 19)

5 EL SAHNE

2–3 EL FRISCHE WEIßBROTKRUMEN

3 EL FRISCH GERIEBENER PARMESAN

NATIVES OLIVENÖL

1 Den Backofen auf 220 °C (Gas Stufe 7) vorheizen.
2 Die Conchiglie 1 Minute kürzer garen als auf der Packung angegeben. Abgießen, mit kaltem Wasser abschrecken und auf einem sauberen Geschirrtuch abtropfen lassen.
3 Schalotten und Knoblauch in der Butter glasig andünsten. Wermut zugießen und kochen lassen, bis die Flüssigkeit fast verdampft ist. Die Pfanne vom Herd nehmen, Krebsfleisch und Basilikum zufügen, mit Salz und Pfeffer abschmecken. Die Conchiglie gleichmäßig mit der Masse füllen und nebeneinander in eine feuerfeste Form setzen.
4 Pesto, Sahne und etwas Pfeffer mischen und über die Krebsfleischfüllung geben. Die Conchiglie mit Brotkrumen und Parmesan bestreuen und mit etwas Olivenöl beträufeln. 20 Minuten backen, dabei in den ersten 15 Minuten mit Alufolie abdecken.

155
Taglioni mit Jakobsmuscheln, Pancetta und Tomaten

VORBEREITUNGSZEIT 10 Minuten GARZEIT 10 Minuten FÜR 4 Personen

85G PANCETTA, GEWÜRFELT

2 KNOBLAUCHZEHEN, ZERDRÜCKT UND
FEIN GEHACKT

5 GROßE REIFE EIERTOMATEN, ENTKERNT UND
GEWÜRFELT

1 HANDVOLL GLATTE PETERSILIE, GEHACKT

BLÄTTER VON 1 ESTRAGONZWEIG, GEHACKT

SALZ UND FRISCH GEMAHLENER
SCHWARZER PFEFFER

12–20 JAKOBSMUSCHELN (JE NACH GRÖßE),
AUSGELÖST

400G TAGLIONI

1 Die Pancetta in einer beschichteten Pfanne goldbraun anbraten. Knoblauch zufügen und 2 Minuten mitgaren. Die Tomaten untermischen, alles 2–3 Minuten köcheln lassen, mit Kräutern, Salz und Pfeffer abschmecken. Die Herdplatte ausschalten, damit die Sauce nur noch leicht köchelt.
2 Die Jakobsmuscheln salzen und pfeffern und in einer heißen Grill- oder Bratpfanne 1½ Minuten anbraten, dann wenden und noch 1–2 Minuten ziehen lassen. Sie sollten zart und saftig sein.
3 Inzwischen die Pasta nach Packungsanleitung bissfest garen und abgießen. Die Tomatensauce über die Pasta geben und die Jakobsmuscheln darauf verteilen.

156
Fettuccine mit Tigergarnelen, Tomaten und Basilikum

VORBEREITUNGSZEIT 10 Minuten GARZEIT 5 Minuten FÜR 4 Personen

675G REIFE EIERTOMATEN, LÄNGS GEVIERTELT

NATIVES OLIVENÖL

2 EL IN FEINE STREIFEN GESCHNITTENE
  BASILIKUMBLÄTTER, UND ETWAS ZUM SERVIEREN

1 EL BALSAMICO-ESSIG

SALZ UND FRISCH GEMAHLENER
  SCHWARZER PFEFFER

500G TIGERGARNELEN, GESCHÄLT UND ENTDARMT

2 GROßE KNOBLAUCHZEHEN, ZERDRÜCKT

450G FRISCHE FETTUCCINE

1 Die Tomatensamen mitsamt dem Saft in ein Sieb geben und über einer Schüssel abtropfen lassen. Die Samen entfernen. Das Fruchtfleisch würfeln und zusammen mit 1 Esslöffel Öl, Basilikum, Balsamico, Salz und Pfeffer in die Schüssel geben. Die Tomatenmischung über einem Topf mit siedendem Wasser vorsichtig erwärmen, gelegentlich umrühren.

2 Die Garnelen in einer beschichteten Pfanne 2 Minuten unter Rühren anbraten. Knoblauch zufügen und kurz anbraten. Wenn die Garnelen rosafarben sind, sofort vom Herd nehmen.

3 Inzwischen die Pasta bissfest garen und abgießen. Mit Tomatensauce und den Garnelen mischen. Zum Servieren mit Basilikum bestreuen.

157
Conchiglie mit Meeresfrüchtesauce

VORBEREITUNGSZEIT 10 Minuten GARZEIT 20 Minuten FÜR 4–6 Personen

2 ZWIEBELN, GEHACKT

200ML TROCKENER WEIßWEIN

900G MIESMUSCHELN

2 KNOBLAUCHZEHEN, FEIN GEHACKT

OLIVENÖL

115G BRAUNE CHAMPIGNONS,
   IN SCHEIBEN GESCHNITTEN

1 PRISE CHILIFLOCKEN

450G GARNELEN, GESCHÄLT UND ENTDARMT

115G JAKOBSMUSCHELN, AUSGELÖST

SALZ UND FRISCH GEMAHLENER
   SCHWARZER PFEFFER

400G CONCHIGLIE

1 BUND GLATTE PETERSILIE, GEHACKT

1   Eine Zwiebel mit dem Wein in einen Topf geben, zum Kochen bringen und die Miesmuscheln zufügen.
    4 Minuten zugedeckt köcheln lassen, bis die Muscheln sich geöffnet haben. Geschlossene Muscheln
    entfernen. Die Muscheln auslösen, den Sud aufbewahren.

2   Inzwischen die zweite Zwiebel mit dem Knoblauch in etwas Öl andünsten. Champignons und Chili
    zugeben und anbraten. Die Flüssigkeit verdampfen lassen.

3   Den Muschelsud durch ein Sieb in einen sauberen Topf gießen und auf 225 ml einkochen. Garnelen
    zufügen und 1 Minute garen, dann die Jakobsmuscheln zugeben und noch 2 Minuten köcheln lassen, bis
    die Muscheln weiß und die Garnelen rosafarben sind. Die Miesmuscheln zufügen und kurz erwärmen. Mit
    Salz und Pfeffer abschmecken.

4   Inzwischen die Pasta nach Packungsanleitung bissfest garen und abgießen. Die Meeresfrüchtesauce über die
    Pasta geben, mit Petersilie bestreuen und servieren.

158
Tagliatelle mit Jakobsmuscheln, Paprika und Basilikum

VORBEREITUNGSZEIT 10 Minuten GARZEIT 10 Minuten FÜR 4 Personen

8 GROßE JAKOBSMUSCHELN, AUSGELÖST,
   MIT ROGEN (CORAIL)

2 GROßE ROTE PAPRIKASCHOTEN, LÄNGS GEVIERTELT

2 EL NATIVES OLIVENÖL

450G TAGLIATELLE

SAFT VON ½ ZITRONE

1 HANDVOLL BASILIKUMBLÄTTER,
   IN FEINE STREIFEN GESCHNITTEN

SALZ UND FRISCH GEMAHLENER
   SCHWARZER PFEFFER

1   Den Corail von den Jakobsmuscheln ablösen. Die Jakobsmuscheln waagrecht in je 2 dünne Scheiben
    schneiden. Beides in eine Schüssel geben und beiseite stellen.

2   Die Paprika unter dem heißen Grill rösten, bis die Haut der Paprika dunkel wird und Blasen wirft.
    Abkühlen lassen, dann über einer Schüssel die Haut abziehen. Das Fruchtfleisch in Streifen schneiden und
    mit dem aufgefangenen Saft und 2 Esslöffeln Öl in einem Topf vorsichtig erwärmen.

3   Inzwischen die Pasta nach Packungsanleitung bissfest garen und abgießen.

4   Jakobsmuscheln und Corail in einer heißen Grillpfanne oder unter dem vorgeheizten Grill auf beiden
    Seiten 1 Minute rösten. Nicht übergaren. Mit Zitronensaft beträufeln.

5   Paprika, Basilikum und restliches Öl über die Pasta geben, mit Salz und Pfeffer abschmecken. Die
    Jakobsmuscheln darauf verteilen und servieren.

159
Linguine mit Meeresfrüchten, Safran und Tomaten

VORBEREITUNGSZEIT 10 Minuten GARZEIT 20 Minuten FÜR 4 Personen

2 SCHALOTTEN, FEIN GEHACKT

2 KNOBLAUCHZEHEN, FEIN GEHACKT

1 PRISE CHILIFLOCKEN

1 TL BUTTER

175ML TROCKENER WEISSWEIN

1 DOSE (400G) PIZZATOMATEN

1 PRISE SAFRANFÄDEN, ZERRIEBEN

675G MIESMUSCHELN

400G LINGUINE

225G GARNELEN, GESCHÄLT UND ENTDARMT

175G JAKOBSMUSCHELN, AUSGELÖST*

3 EL GLATTE PETERSILIE, FEIN GEHACKT

SALZ UND FRISCH GEMAHLENER

  SCHWARZER PFEFFER

1   Schalotten, Knoblauch und Chili 1 Minute in etwas Butter andünsten. Den Wein zugießen und fast vollständig verdampfen lassen. Tomaten und Safran untermischen und 15 Minuten köcheln lassen. Miesmuscheln zufügen und zugedeckt 3–4 Minuten mitgaren, bis sie sich geöffnet haben. Geschlossene Muscheln entfernen. Einige, nach Belieben auch alle Muscheln auslösen.

2   Die Linguine nach Packungsanleitung bissfest garen und abgießen.

3   Inzwischen die Garnelen in die Tomatensauce geben und 1½ Minuten sanft darin pochieren. Jakobsmuscheln zufügen und noch 2 Minuten mitgaren, bis die Garnelen rosafarben und die Muscheln weiß sind. Nicht übergaren. Die Miesmuscheln wieder in den Topf geben. Die Sauce mit Petersilie bestreuen, mit Salz und Pfeffer abschmecken, kurz erwärmen und über die Pasta geben.

*   Alternativ kann auch Tintenfisch verwendet werden. Tentakel und Tuben trennen, die Tuben in dünne Scheiben schneiden. Gleichzeitig mit den Garnelen zugeben.

160
Tagliatelle mit Tigergarnelen und Paprikasauce

VORBEREITUNGSZEIT 5 Minuten GARZEIT 20 Minuten FÜR 4 Personen

4 GROSSE ROTE PAPRIKASCHOTEN

6 KNOBLAUCHZEHEN, UNGESCHÄLT

SALZ UND FRISCH GEMAHLENER

  SCHWARZER PFEFFER

400G TAGLIATELLE

NATIVES OLIVENÖL

450G TIGERGARNELEN

1 EL BALSAMICO-ESSIG

1 KLEINER BUND GLATTE PETERSILIE,

  GEHACKT

1   Paprika und Knoblauch unter dem Grill rösten, bis die Haut der Paprika dunkel wird und Blasen wirft und der Knoblauch weich ist. Abkühlen lassen. Knoblauch aus den Schalen lösen. Die Haut der Paprika über einer Schüssel abziehen. Kerne und Stielansatz entfernen. Das Fruchtfleisch zusammen mit dem aufgefangenen Saft und dem Knoblauch im Mixer grob pürieren. Mit Salz und Pfeffer abschmecken.

2   Die Pasta nach Packungsanleitung bissfest garen und abgießen.

3   Inzwischen etwas Öl in einer großen Pfanne erhitzen. Die Garnelen darin anbraten, bis sie rosafarben sind, nicht übergaren. Paprikasauce, Balsamico und Petersilie zufügen und alles kurz erwärmen. Die Sauce über die Pasta geben.

161
Spaghetti mit Meeresfrüchten und getrockneten Tomaten

VORBEREITUNGSZEIT 10 Minuten GARZEIT 15 Minuten FÜR 4–6 Personen

1 SCHALOTTE, FEIN GEHACKT

4 KNOBLAUCHZEHEN, IN DÜNNE SCHEIBEN GESCHNITTEN

1 PRISE CHILIFLOCKEN

4 EL NATIVES OLIVENÖL

150ML TROCKENER WEIßWEIN

12 GARNELEN, BIS AUF KÖPFE UND SCHWANZFÄCHER GESCHÄLT UND ENTDARMT

450G TINTENFISCH, BIS AUF DIE TENTAKEL IN RINGE GESCHNITTEN

900G MIESMUSCHELN

400G SPAGHETTI

12 GETROCKNETE TOMATEN

SALZ UND FRISCH GEMAHLENER SCHWARZER PFEFFER

IN FEINE STREIFEN GESCHNITTENE BASILIKUMBLÄTTER, ZUM SERVIEREN

1   Schalotten, Knoblauch und Chili in etwas Öl kurz andünsten. Den Wein zugießen und 2 Minuten sprudelnd kochen lassen. Die Garnelen zufügen und zugedeckt 2 Minuten kochen. Den Tintenfisch zugeben und 1–2 Minuten kochen, bis die Garnelen rosafarben sind und der Tintenfisch gerade gar ist. Garnelen und Tintenfisch mit einem Schaumlöffel herausheben.

2   Die Muscheln in den Topf geben und 3–4 Minuten erhitzen, bis sie sich geöffnet haben. Geschlossene Muscheln entfernen. Durch ein Sieb abgießen, den Sud auffangen.

3   Inzwischen die Pasta 1 Minute kürzer garen als auf der Packung angeben. Abgießen und wieder in den Topf geben. Meeresfrüchte, Tomaten und Sud zufügen. Kurz mischen und 1 Minute erwärmen. Mit Salz und Pfeffer abschmecken. Mit reichlich Basilikum bestreuen und servieren.

162
Garnelen-Krebsfleisch-Ravioli

VORBEREITUNGSZEIT 45 Minuten GARZEIT 4–8 Minuten FÜR 4 Personen

1 REZEPTMENGE PASTATEIG MIT 2 EIERN
(SIEHE SEITE 10)
225G GEGARTES WEISSES KREBSFLEISCH
UND GEGARTE GESCHÄLTE GARNELEN
50G RICOTTA

2 FRÜHLINGSZWIEBELN, IN DÜNNE RINGE GESCHNITTEN
SALZ UND FRISCH GEMAHLENER SCHWARZER PFEFFER
50G BUTTER
SAFT VON 1 KLEINEN ZITRONE
GEHACKTES FENCHELKRAUT, ZUM SERVIEREN

1 Während der Pastateig ruht, für die Füllung Krebsfleisch, Garnelen, Ricotta und Frühlingszwiebeln mischen und mit Salz und Pfeffer abschmecken.
2 Aus Pastateig und Füllung Ravioli zubereiten (siehe Seite 11).
3 Die Ravioli portionsweise in kochendem Salzwasser in ca. 4 Minuten bissfest garen. Abgießen und abtropfen lassen. Inzwischen die Butter in einem kleinen Topf bei schwacher Hitze zerlassen, den Zitronensaft zugeben. Zum Servieren die Ravioli mit etwas Zitronenbutter übergießen und mit Fenchel bestreuen.

163
Conchiglie mit Garnelensauce

VORBEREITUNGSZEIT 10 Minuten GARZEIT 10 Minuten FÜR 4 Personen

400G CONCHIGLIE
2 KNOBLAUCHZEHEN, FEIN GEHACKT
1 KLEINE PAPRIKASCHOTE, ENTKERNT UND
GEWÜRFELT
4 FRÜHLINGSZWIEBELN, IN DÜNNE RINGE GESCHNITTEN

OLIVENÖL
550G GARNELEN, GESCHÄLT UND ENTDARMT
SALZ UND FRISCH GEMAHLENER
SCHWARZER PFEFFER
1 KLEINER BUND GLATTE PETERSILIE, FEIN GEHACKT

1 Die Pasta nach Packungsanleitung bissfest garen und abgießen. 125 ml Kochwasser zurückbehalten.
2 Inzwischen Knoblauch, Paprika und Frühlingszwiebeln in etwas Öl einige Minuten andünsten. Die Garnelen zufügen und 2–3 Minuten anbraten, bis sie rosafarben sind. Mit Salz und Pfeffer abschmecken und mit Petersilie bestreuen. Die Sauce über die Pasta geben, bei Bedarf etwas Kochwasser zugießen.

164
Spaghetti mit Tintenfisch, Tomaten und frischen Kräutern

VORBEREITUNGSZEIT 10 Minuten GARZEIT 10 Minuten FÜR 4 Personen

400G SPAGHETTI
3 KNOBLAUCHZEHEN, IN DÜNNE SCHEIBEN GESCHNITTEN
5 EL NATIVES OLIVENÖL
350G TINTENFISCH, TENTAKEL ABGETRENNT,
TUBEN IN DÜNNE RINGE GESCHNITTEN

225G REIFE COCKTAIL- ODER KIRSCHTOMATEN,
GEVIERTELT
2 EL ZITRONENSAFT
2 EL FRISCHE KRÄUTER (PETERSILIE, OREGANO
UND BASILIKUM), GEHACKT
SALZ UND FRISCH GEMAHLENER SCHWARZER PFEFFER

1 Die Spaghetti nach Packungsanleitung bissfest garen und abgießen. Inzwischen den Knoblauch in einer Pfanne in 3 Esslöffel Öl goldgelb anbraten. Den Tintenfisch zufügen und 2–3 Minuten unter Rühren anbraten, bis er Farbe annimmt. Herausnehmen, in einer Schüssel abgedeckt beiseite stellen.
2 Die Tomaten in die Pfanne geben und kurz erwärmen, nicht zerfallen lassen. Mit Zitronensaft, Kräutern, Salz und Pfeffer abschmecken. Tintenfisch und restliches Öl untermischen. Die Sauce über die Pasta geben.

165
Fettuccine mit Jakobsmuscheln, Pinienkernen und Salatstreifen

VORBEREITUNGSZEIT 5 Minuten GARZEIT 10 Minuten FÜR 2 Personen

200G FETTUCCINE
1 KNOBLAUCHZEHE, ZERDRÜCKT UND
  MIT 1 PRISE SALZ VERMISCHT
50G BUTTER
12 JAKOBSMUSCHELN
2 EL PINIENKERNE

FRISCH GEMAHLENER SCHWARZER PFEFFER
ÄUßERE BLÄTTER VON 2 KOPFSALATEN,
  IN BREITE STREIFEN GESCHNITTEN
ZITRONENSPALTEN, ZUM SERVIEREN
  (NACH BELIEBEN)

1   Die Pasta nach Packungsanleitung bissfest garen und abgießen.
2   Knoblauch in der Butter 1 Minute andünsten. Jakobsmuscheln und Pinienkerne zufügen und 1–2 Minuten anbraten, bis die Muscheln Farbe annehmen. Mit Pfeffer abschmecken und die Salatstreifen untermischen.
3   Die Sauce unter die Pasta heben. Nach Belieben mit Zitronenspalten servieren.

166
Linguine mit Tintenfisch, Basilikum und Chili

VORBEREITUNGSZEIT 10 Minuten GARZEIT 5 Minuten FÜR 4 Personen

300G TINTENFISCH
3 KNOBLAUCHZEHEN, IN DÜNNE SCHEIBEN
  GESCHNITTEN
1 ROTE CHILISCHOTE, VON DEN SAMEN BEFREIT
  UND FEIN GEHACKT

NATIVES OLIVENÖL
1–2 TL ZITRONENSAFT
SALZ UND FRISCH GEMAHLENER SCHWARZER PFEFFER
450G FRISCHE LINGUINE
3 EL BASILIKUMBLÄTTER, IN STREIFEN GESCHNITTEN

1   Die Tintenfischtuben in Ringe schneiden, die Tentakel abtrennen und im Ganzen lassen. Tintenfisch, Knoblauch und Chili bei starker Hitze in einer großen Pfanne in etwas Öl ca. 3 Minuten anbraten, bis der Tintenfisch Farbe annimmt. Mit Zitronensaft, Salz und Pfeffer abschmecken.
2   Inzwischen die Linguine bissfest garen und abgießen. Mit Tintenfisch und Basilikum mischen und servieren.

167
Spaghetti mit Schwertfisch, Zitrone, Kapern und Rucola

VORBEREITUNGSZEIT 10 Minuten GARZEIT 10 Minuten FÜR 4 Personen

400G SPAGHETTI
3 KNOBLAUCHZEHEN, IN DÜNNE SCHEIBEN GESCHNITTEN
1 PRISE CHILIFLOCKEN
4 EL NATIVES OLIVENÖL
1 BUND GLATTE PETERSILIE, FEIN GEHACKT

350G SCHWERTFISCHSTEAKS, IN 2 CM BREITE
  STREIFEN GESCHNITTEN
1 EL KAPERN
1 EL ZITRONENSAFT
SALZ UND FRISCH GEMAHLENER SCHWARZER PFEFFER

1   Die Spaghetti nach Packungsanleitung bissfest garen und abgießen.
2   Inzwischen Knoblauch und Chili 2 Minuten im Öl anbraten. Petersilie und Schwertfisch zufügen. Den Fisch auf jeder Seite 2 Minuten anbraten, bis er gerade durchgegart ist. Kapern und Zitronensaft zugeben, mit Salz und Pfeffer abschmecken. Den Fisch über die Spaghetti geben und servieren.

168
Bucatini mit Tintenfisch, Garnelen, Zitrone, Petersilie und Knoblauch

VORBEREITUNGSZEIT 10 Minuten GARZEIT 10 Minuten FÜR 4 Personen

400G BUCATINI

3 KNOBLAUCHZEHEN, IN DÜNNE SCHEIBEN
   GESCHNITTEN

4 EL NATIVES OLIVENÖL

350G TINTENFISCH, TENTAKEL ABGETRENNT,
   TUBEN IN DÜNNE RINGE GESCHNITTEN

12 GROßE ROHE GARNELEN, GESCHÄLT UND ENTDARMT

GERIEBENE SCHALE UND SAFT VON ½ UNBEHAN-
   DELTEN ZITRONE

1 KLEINE HANDVOLL GLATTE PETERSILIE, GEHACKT

SALZ UND FRISCH GEMAHLENER
   SCHWARZER PFEFFER

1   Die Pasta nach Packungsanleitung bissfest garen und abgießen.
2   Inzwischen den Knoblauch in einer Pfanne in 3 Esslöffel Öl goldgelb anbraten. Herausnehmen, in einer Schüssel abgedeckt beiseite stellen. Den Tintenfisch in die Pfanne geben und portionsweise 1–2 Minuten unter Rühren anbraten, bis er Farbe annimmt. Herausnehmen und zu dem Knoblauch in die Schüssel geben. Die Garnelen rosafarben anbraten.
3   Zitronenschale und -saft in die Pfanne geben, Tintenfisch und Knoblauch mitsamt ausgetretenem Saft zufügen und alles vorsichtig erwärmen. Mit dem restlichen Öl und Petersilie über die Pasta geben, mit Salz und Pfeffer abschmecken.

169
Taglioni mit Krebsfleischsauce

VORBEREITUNGSZEIT 10 Minuten GARZEIT 10 Minuten FÜR 4 Personen

300G TAGLIONI

1 KNOBLAUCHZEHE, FEIN GEHACKT

1 PRISE CHILIFLOCKEN

GERIEBENE SCHALE VON 1 UNBEHANDELTEN ZITRONE

5 FRÜHLINGSZWIEBELN,
   SCHRÄG IN RINGE GESCHNITTEN

NATIVES OLIVENÖL

225ML TROCKENER WEIßWEIN

85G BRAUNES KREBSFLEISCH, FRISCH ODER
   TIEFGEKÜHLT UND AUFGETAUT

225G GEMISCHTES WEIßES UND BRAUNES
   KREBSFLEISCH, FRISCH ODER TIEFGEKÜHLT
   UND AUFGETAUT

1–2 TL ZITRONENSAFT

SALZ UND FRISCH GEMAHLENER
   SCHWARZER PFEFFER

2½ EL FEIN GEHACKTE GLATTE PETERSILIE,
   UND ETWAS ZUM GARNIEREN

1   Die Pasta nach Packungsanleitung bissfest garen und abgießen. 125 ml Kochwasser zurückbehalten.
2   Inzwischen Knoblauch, Chili, Zitronenschale und Frühlingszwiebeln in etwas Öl 1½ Minuten andünsten.
3   Den Wein zugießen und sprudelnd kochen lassen, bis die Flüssigkeit fast vollständig verdampft ist. Krebsfleisch und Zitronensaft untermischen, mit Salz und Pfeffer abschmecken. Alles kurz erwärmen, dann zusammen mit der Petersilie über die Pasta geben, bei Bedarf etwas Kochwasser zugießen. Mit Petersilie bestreuen und servieren.

170
Überbackene Pasta mit Thunfisch und Brokkoli

VORBEREITUNGSZEIT 10 Minuten GARZEIT 35 Minuten FÜR 4 Personen

225G FUSILLI

175G BROKKOLI, IN KLEINE RÖSCHEN GETEILT

115G TALEGGIO ODER FONTINA, GERIEBEN

1 DOSE (200G) THUNFISCH, ABGEGOSSEN UND ZERTEILT

1 GROßE GEGRILLTE ROTE PAPRIKASCHOTE IN ÖL,
   ABGEGOSSEN UND IN STREIFEN GESCHNITTEN

570ML MILCH

3 GROßE EIER, VERQUIRLT

SALZ UND FRISCH GEMAHLENER
   SCHWARZER PFEFFER

2 EL FRISCHE WEIßBROTKRUMEN

1   Den Backofen auf 200 °C (Gas Stufe 6) vorheizen.
2   Die Pasta 1 Minute kürzer garen als auf der Packung angegeben. 3 Minuten vor Ende der Garzeit
    den Brokkoli zufügen. Abgießen.
3   Pasta und Brokkoli mit der Hälfte des Käses mischen. Die Hälfte der Mischung in eine geölte, feuerfeste
    Form geben. Mit Thunfisch und Paprika bestreuen, dann die restliche Pastamischung darübergeben.
4   Milch, Eier, Salz und Pfeffer mischen und gleichmäßig über die Pastamischung geben. Mit restlichem
    Käse und Brotkrumen bestreuen.
5   In 25 Minuten goldbraun backen.

171
Cavatelli mit Miesmuscheln, Tomaten und Chili

VORBEREITUNGSZEIT 5 Minuten GARZEIT 15 Minuten FÜR 4 Personen

4 EL TROCKENER WEIßWEIN

900G MIESMUSCHELN

2 KNOBLAUCHZEHEN, FEIN GEHACKT

1 KLEINE CHILISCHOTE, VON DEN SAMEN BEFREIT
   UND FEIN GEHACKT

3 EL NATIVES OLIVENÖL

300G REIFE COCKTAILTOMATEN

1 KLEINER BUND PETERSILIE, GEHACKT

SALZ UND FRISCH GEMAHLENER SCHWARZER PFEFFER

400G CAVATELLI

1   Wein und Muscheln in einen großen Topf geben und zugedeckt bei mittlerer Hitze 3–4 Minuten kochen
    lassen, bis sich die Muscheln geöffnet haben. Geschlossene Muscheln entfernen. Die Hälfte der Muscheln
    aus den Schalen lösen. Durch ein Sieb abgießen, den Sud auffangen.
2   Inzwischen Knoblauch und Chili in einer großen Pfanne im Öl 2 Minuten andünsten. Einige Tomaten
    halbieren, dann die gesamten Tomaten in die Pfanne geben und erhitzen, bis sie weich, aber noch nicht
    zerfallen sind. Petersilie, Muscheln und Muschelsud zufügen, mit Salz und Pfeffer abschmecken und alles kurz
    erwärmen.
3   Inzwischen die Pasta nach Packungsanleitung bissfest garen und abgießen. Mit der Muschelsauce mischen
    und servieren.

Fleisch und Geflügel

Bekannt für seine Pastasaucen mit Fleisch ist Nord- und Mittelitalien, vor allem die Region Emilia-Romagna, die Heimat von Pancetta, Salami und unzähligen hervorragenden Wurst- und Schinkensorten. Der Klassiker Ragù alla Bolognese — die berühmte Bolognese-Sauce — darf in dieser Rezeptsammlung natürlich nicht fehlen. Was viele überraschen mag: In Italien serviert man diese reichhaltige, aromatische Sauce mit Tagliatelle und nicht mit Spaghetti. In diesem Kapitel finden Sie außerdem zahlreiche Lasagnerezepte, auch mit ausgefalleneren Zutaten wie Wurst mit Aubergine, und verschiedene Cannelloni-Varianten, etwa mit einer leichten Füllung aus Schweinefleisch, Spinat und Ricotta. Fleisch und vor allem Schinken werden für Pastasaucen meist mit Gemüse kombiniert, wie z. B. bei Tagliatelle mit Parmaschinken, Erbsen und Zitrone.

172
Tagliolini mit Fleischbällchen und Tomatensauce

VORBEREITUNGSZEIT 10 Minuten*, plus Einweichzeit GARZEIT 35 Minuten* FÜR 4 Personen

I SCHEIBE WEIßBROT VOM VORTAG, ENTRINDET

2 EL MILCH

I ZWIEBEL, FEIN GEHACKT

I KNOBLAUCHZEHE, FEIN GEHACKT

OLIVENÖL

350G MAGERES RINDERHACKFLEISCH

I EI, VERQUIRLT

2 EL FRISCH GERIEBENER PARMESAN, UND ETWAS ZUM SERVIEREN (NACH BELIEBEN)

4 EL GLATTE PETERSILIE, GEHACKT

SALZ UND FRISCH GEMAHLENER SCHWARZER PFEFFER

MEHL

I REZEPTMENGE FRISCHE ODER WINTERLICHE TOMATENSAUCE (SIEHE SEITE 18 BZW. 19), ANGEWÄRMT

400G TAGLIOLINI

1   Das Brot zerkrümeln und 30 Minuten in der Milch einweichen.
2   Inzwischen Zwiebel und Knoblauch in etwas Öl goldgelb andünsten. Herausnehmen und auf Küchenpapier abtropfen lassen.
3   Das Fleisch in einer großen Schüssel mit eingeweichtem Brot, Zwiebel, Knoblauch, Ei, Parmesan, der Hälfte der Petersilie, Salz und Pfeffer mischen. Mit bemehlten Händen walnussgroße Bällchen aus der Masse formen.
4   Die Fleischbällchen in einer großen Pfanne goldbraun anbraten, dann in die Tomatensauce geben, kurz umrühren und alles 15–20 Minuten leicht köcheln lassen.
5   Inzwischen die Pasta bissfest garen und abgießen. Fleischbällchen und Sauce darübergeben, mit Parmesan servieren.

*   Bei Verwendung von fertiger Tomatensauce.

173
Frittata mit Parmaschinken, Basilikum und Ofentomaten

VORBEREITUNGSZEIT 5 Minuten GARZEIT 15–20 Minuten FÜR 4 Personen

250G COCKTAIL- ODER KIRSCHTOMATEN, HALBIERT
1 EL BALSAMICO-ESSIG
NATIVES OLIVENÖL
SALZ UND FRISCH GEMAHLENER
 SCHWARZER PFEFFER
85G MAKKARONI
150G SAHNE

4 EIER
1 BUND BASILIKUM, IN STREIFEN GESCHNITTEN
3 SCHEIBEN PARMASCHINKEN,
 IN STREIFEN GESCHNITTEN
85G FONTINA ODER TALEGGIO, FEIN GEWÜRFELT
1 KLEINER BUND RUCOLA

1 Den Backofen auf 200 °C (Gas Stufe 6) vorheizen.
2 Die Tomaten in eine feuerfeste Form geben. Balsamico, etwas Öl, Salz und Pfeffer zufügen, mischen und im Backofen in 15–20 Minuten braten. Gelegentlich umrühren.
3 Inzwischen die Pasta nach Packungsanleitung bissfest garen und abgießen.
4 Sahne, Eier und Basilikum kurz im Mixer pürieren, dann zusammen mit dem Schinken über die Pasta geben. Mit Salz und Pfeffer abschmecken und mischen.
5 Etwas Öl in einer beschichteten Pfanne erhitzen. Die Pastamischung hineingeben und langsam erhitzen, bis sie in der Mitte fest, aber obenauf noch leicht flüssig ist.
6 Die Frittata mit dem Käse bestreuen und unter dem vorgeheizten Grill goldgelb backen, dann auf einen großen Teller gleiten lassen und mit Ofentomaten und Rucola servieren.

174
Sardisches Ragù

VORBEREITUNGSZEIT 10 Minuten GARZEIT 2 Stunden FÜR 4 Personen

450G MAGERE LAMMSCHULTER,
 IN 2 CM GROßE WÜRFEL GESCHNITTEN
MEHL, MIT ETWAS SALZ UND PFEFFER VERMISCHT
OLIVENÖL
1 GROßE ZWIEBEL, GEHACKT
4 KNOBLAUCHZEHEN, FEIN GEHACKT
BLÄTTER VON 1 ZWEIG ROSMARIN, FEIN GEHACKT

175ML TROCKENER WEIßWEIN
1 BOUQUET GARNI
1 TL GEMAHLENER ZIMT
SALZ UND FRISCH GEMAHLENER
 SCHWARZER PFEFFER
85G GRÜNE OLIVEN, ENTSTEINT
300G GARGANELLI

1 Den Backofen auf 180 °C (Gas Stufe 4) vorheizen.
2 Das Lammfleisch im Mehl wenden, dann portionsweise in einem großen Bräter in etwas Öl anbraten, bis es Farbe annimmt. Mit einem Schaumlöffel herausheben.
3 Die Zwiebel in den Bräter geben und anbraten, bei Bedarf etwas mehr Öl zufügen. Knoblauch und Rosmarin zugeben und 1 Minute anbraten, den Wein zugießen und umrühren, dabei den Bratsatz mit einem Kochlöffel ablösen. Bouquet garni, Zimt, Salz und Pfeffer, Lammfleisch und so viel Wasser zufügen, dass alle Zutaten damit bedeckt sind. Die Mischung zugedeckt aufkochen lassen.
4 Das Ragù im vorgeheizten Backofen 1½–2 Stunden schmoren, bis das Fleisch sehr zart ist. 10 Minuten vor Ende der Garzeit die Oliven untermischen. Falls das Ragù zu flüssig ist, den Deckel abnehmen, falls es zu trocken ist, mit etwas Wein oder Wasser aufgießen.
5 Inzwischen die Pasta nach Packungsanleitung bissfest garen und abgießen. Das Ragù darübergeben und servieren.

175
Tortiglioni mit Lamm-Ragù

VORBEREITUNGSZEIT 10 Minuten, plus Einweichzeit GARZEIT 2–2½ Stunden FÜR 4 Personen

15G GETROCKNETE STEINPILZE

1 ZWIEBEL, GEHACKT

1 KAROTTE, FEIN GEWÜRFELT

OLIVENÖL

3 KNOBLAUCHZEHEN, FEIN GEHACKT

2 TL FENCHELSAMEN, LEICHT ZERDRÜCKT

1 ROSMARINZWEIG

350G MAGERES LAMMHACKFLEISCH

115ML ROTWEIN

1 DOSE (400G) PIZZATOMATEN

3 EL OREGANO, GEHACKT

SALZ UND FRISCH GEMAHLENER SCHWARZER PFEFFER

400G TORTIGLIONI*

FRISCH GERIEBENER PARMESAN, ZUM SERVIEREN

1   Die Pilze mit 115 ml heißem Wasser übergießen und 15 Minuten einweichen.
2   Inzwischen Zwiebel und Karotte in einem großen Topf in etwas Öl andünsten. Den Knoblauch zufügen und das Gemüse anbraten bis es weich ist.
3   Fenchelsamen und Rosmarin untermischen und 1 Minute mitgaren. Das Lammfleisch zufügen und bei starker Hitze unter Rühren anbraten, bis es Farbe annimmt. Den Wein zugießen und sprudelnd kochen lassen, bis er auf die Hälfte reduziert ist.
4   Die Pilze abgießen (Flüssigkeit auffangen) und fein würfeln.
5   Tomaten, Oregano, Pilze und Einweichflüssigkeit in die Lammfleischmischung geben. Bei sehr schwacher Hitze mindestens 1½ Stunden schmoren lassen, bis das Fleisch sehr zart und die Sauce nicht mehr wässrig ist. Gelegentlich umrühren. Bei Bedarf etwas Wein oder Wasser zugießen. Den Rosmarin herausnehmen und das Ragù mit Salz und Pfeffer abschmecken.
6   Die Pasta nach Packungsanleitung bissfest garen und abgießen. Das Ragù über die Pasta geben, mit Parmesan bestreuen und servieren.

*   Alternativ können auch Rigatoni verwendet werden.

176
Sedani mit Tomaten, Wurstbrät und Champignons

VORBEREITUNGSZEIT 10 Minuten GARZEIT 40 Minuten FÜR 4 Personen

1 ZWIEBEL, GEHACKT

NATIVES OLIVENÖL

150G BRAUNE CHAMPIGNONS,
   IN SCHEIBEN GESCHNITTEN

2 GROSSE KNOBLAUCHZEHEN, FEIN GEHACKT

250G ITALIENISCHE BRATWURST, AUS DER HAUT
   GEDRÜCKT UND FEIN GEWÜRFELT

1 PRISE CHILIFLOCKEN

1–1½ EL OREGANO

1 DOSE (400G) PIZZATOMATEN

1 EL TOMATENMARK

115G SAHNE (NACH BELIEBEN)

SALZ UND FRISCH GEMAHLENER SCHWARZER PFEFFER

300G SEDANI

GEHACKTE PETERSILIE UND FRISCH GERIEBENER
   PARMESAN, ZUM SERVIEREN

1   Die Zwiebel in einer großen Pfanne in etwas Öl andünsten. Champignons und Knoblauch zufügen und bei starker Hitze anbraten.
2   Das Wurstbrät zugeben und unter Rühren goldbraun anbraten. Chili, Oregano, Tomaten und Tomatenmark zufügen. Ca. 15 Minuten köcheln lassen, bis die Sauce eindickt. Gelegentlich umrühren. Nach Belieben Sahne zugießen. Die Sauce mit Salz und Pfeffer abschmecken.
3   Inzwischen die Pasta nach Packungsanleitung bissfest garen und abgießen. Die Sauce über die Pasta geben. Zum Servieren mit Petersilie und Parmesan bestreuen.

177
Pappardelle mit Steak und Champignons

VORBEREITUNGSZEIT 10 Minuten GARZEIT 15 Minuten FÜR 4 Personen

1 ZWIEBEL, HALBIERT UND
  IN DÜNNE SCHEIBEN GESCHNITTEN

50G BUTTER

1 KNOBLAUCHZEHE, FEIN GEHACKT

225G GEMISCHTE WALDPILZE ODER CHAMPIGNONS,
  GEVIERTELT ODER IN SCHEIBEN GESCHNITTEN

450G SIRLOIN-STEAK, QUER ZUR FASER
  IN STREIFEN GESCHNITTEN

2 EL TROCKENER MARSALA

3 EL CRÈME FRAÎCHE

SALZ UND FRISCH GEMAHLENER
  SCHWARZER PFEFFER

ZITRONENSAFT

450G FRISCHE PAPPARDELLE

1 KLEINE HANDVOLL GLATTE PETERSILIE
  UND ESTRAGON, GEHACKT

1 Die Zwiebel in der Hälfte der Butter in einer Pfanne goldgelb andünsten, den Knoblauch in den letzten 2 Minuten zufügen und anbraten. Die Champignons zugeben und unter Rühren andünsten. Das gesamte Gemüse mit einem Schaumlöffel herausheben und warm halten.

2 Die restliche Butter in die Pfanne geben und die Steakstreifen darin bei starker Hitze unter Rühren 2–3 Minuten anbraten. Sie sollten außen goldbraun und innen noch rosafarben sein.

3 Den Marsala zugießen und kochen lassen, bis er fast vollständig verdampft ist. Crème fraîche und Champignonmischung zufügen und kurz zum Kochen bringen, dann köcheln lassen, bis die Sauce eindickt. Mit Salz, Pfeffer und etwas Zitronensaft abschmecken.

4 Die Pasta bissfest garen und abgießen. 125 ml Kochwasser zurückbehalten. Pasta und Sauce mischen, bei Bedarf etwas Kochwasser zugießen. Zum Servieren mit Petersilie und Estragon bestreuen.

178
Tagliatelle mit Steak und Zwiebeln

VORBEREITUNGSZEIT 10 Minuten GARZEIT 15 Minuten FÜR 4 Personen

2 GROßE ZWIEBELN, IN DICKE
  SCHEIBEN GESCHNITTEN
NATIVES OLIVENÖL
200G CRÈME FRAÎCHE

250G TAGLIATELLE
2 STEAKS (À 200G)
SALZ UND FRISCH GEMAHLENER SCHWARZER PFEFFER
I BUND GLATTE PETERSILIE, GEHACKT

1   Die Zwiebeln unter Rühren in einer beschichteten Pfanne in etwas Öl in 8–10 Minuten goldgelb andünsten. Die Crème fraîche zufügen und kurz erwärmen.
2   Inzwischen die Pasta nach Packungsanleitung bissfest garen und abgießen. 125 ml Kochwasser zurückbehalten.
3   Währenddessen die Steaks mit Salz und Pfeffer würzen und in einer heißen Grillpfanne 2–3 Minuten anbraten. Sie sollten außen goldbraun und innen rosafarben sein. Die Steaks herausnehmen, auf einen Teller legen und ruhen lassen.
4   Die Steaks quer zur Faser in Streifen schneiden, dann mitsamt Bratsaft aus dem Teller in die Zwiebelsauce geben. Die Petersilie darüberstreuen und die Sauce mit Salz und Pfeffer abschmecken. Mindestens 1 Minute ziehen lassen, dann die Sauce über die Pasta geben. Bei Bedarf etwas Kochwasser zugießen.

179
Fettuccine mit Champignons, Pancetta und Weißwein

VORBEREITUNGSZEIT 10 Minuten GARZEIT 10 Minuten FÜR 4 Personen

400G FETTUCCINE
115G PANCETTA, IN STREIFEN GESCHNITTEN
I TL BUTTER
I KNOBLAUCHZEHE, IN HAUCHDÜNNE SCHEIBEN
  GESCHNITTEN
350G BRAUNE CHAMPIGNONS,
  IN SCHEIBEN GESCHNITTEN

5 EL TROCKENER WEIßWEIN
115G SAHNE
SALZ UND FRISCH GEMAHLENER
  SCHWARZER PFEFFER
4 EL FRISCH GERIEBENER PARMESAN,
  UND ETWAS ZUM SERVIEREN

1   Die Pasta nach Packungsanleitung bissfest garen und abgießen. 125 ml Kochwasser zurückbehalten.
2   Inzwischen die Pancetta in einer großen Pfanne in etwas Butter knusprig anbraten. Knoblauch und Champignons zufügen und 5 Minuten unter häufigem Rühren anbraten.
3   Den Wein zugießen und sprudelnd kochen lassen, bis die Flüssigkeit fast verdampft ist, dann die Sahne zugießen. Die Sauce ein paar Minuten köcheln lassen, bis sie leicht eindickt. Alles mit Salz und Pfeffer abschmecken und zusammen mit dem Parmesan über die Pasta geben. Bei Bedarf etwas Kochwasser zugießen.

180
Sedani mit Rindfleisch-Ragù

VORBEREITUNGSZEIT 10 Minuten GARZEIT 20 Minuten FÜR 4 Personen

350G RUMPSTEAK, QUER ZUR FASER IN STREIFEN
  GESCHNITTEN
OLIVENÖL
1 ZWIEBEL, GEHACKT
2 KNOBLAUCHZEHEN, IN DÜNNE SCHEIBEN
  GESCHNITTEN
1 DOSE (400G) PIZZATOMATEN

1 TL OREGANO
14 SCHWARZE OLIVEN, ENTSTEINT UND
  IN SCHEIBEN GESCHNITTEN
2 EL KAPERN
1 EL GLATTE PETERSILIE, GEHACKT
SALZ UND FRISCH GEMAHLENER SCHWARZER PFEFFER
400G SEDANI*

1   Die Steakstreifen in einer großen Pfanne in etwas Öl ca. 3 Minuten scharf anbraten. Herausnehmen
    und warm halten.
2   Die Zwiebel in die Pfanne geben und goldbraun andünsten, in den letzten 2 Minuten zufügen und
    anbraten. Tomaten und Oregano zugeben und alles bei mittlerer Hitze etwa 10 Minuten köcheln lassen,
    bis die Sauce eindickt. Gelegentlich umrühren. Oliven, Kapern und Petersilie zufügen, die Sauce mit Salz und
    Pfeffer abschmecken.
3   Inzwischen die Pasta nach Packungsanleitung bissfest garen und abgießen. Die Sauce über die Pasta
    geben und mischen.

*   Alternativ können auch Penne Rigate, Makkaroni Rigate oder Strozzapreti verwendet werden.

181
Bucatini mit Parmaschinken, Radicchio, Kapern und Zitrone

VORBEREITUNGSZEIT 10 Minuten GARZEIT 10 Minuten FÜR 4 Personen

400G BUCATINI*
9 DÜNNE SCHEIBEN PARMASCHINKEN, QUER ZUR
  FASER IN DÜNNE STREIFEN GESCHNITTEN
NATIVES OLIVENÖL
2 KNOBLAUCHZEHEN, FEIN GEHACKT
1 GANZER RADICCHIO, IN FEINE STREIFEN
  GESCHNITTEN

2 EL KAPERN
ZITRONENSAFT (NACH BELIEBEN)
SALZ UND FRISCH GEMAHLENER
  SCHWARZER PFEFFER
FRISCH GERIEBENER PARMESAN,
  ZUM SERVIEREN

1   Die Pasta nach Packungsanleitung bissfest garen und abgießen. 125 ml Kochwasser zurückbehalten.
2   Inzwischen den Schinken in etwas Öl anbraten. Knoblauch, Radicchio und Kapern zufügen. Sobald der
    Radicchio zusammenfällt, mit etwas Zitronensaft beträufeln. Die Mischung vom Herd nehmen und mit
    wenig Salz und reichlich Pfeffer abschmecken. Über die Pasta geben, bei Bedarf etwas Kochwasser
    zugießen. Mit frisch geriebenem Parmesan servieren.

*   Alternativ können auch Tagliatelle verwendet werden.

182
Tonnarelli mit Schweinefilet und Champignons

VORBEREITUNGSZEIT 10 Minuten GARZEIT 10 Minuten FÜR 4 Personen

300G SCHWEINEFILET, QUER ZUR FASER
   IN 2,5 CM BREITE STREIFEN GESCHNITTEN
NATIVES OLIVENÖL
225G BRAUNE CHAMPIGNONS,
   IN SCHEIBEN GESCHNITTEN

2 KNOBLAUCHZEHEN, FEIN GEHACKT
2–3 TL THYMIAN
2 EL ZITRONENSAFT
SALZ UND FRISCH GEMAHLENER SCHWARZER PFEFFER
400G TONNARELLI

1   Die Filetstreifen in einer großen Pfanne in etwas Öl unter häufigem Rühren 4 Minuten anbraten, bis sie Farbe angenommen haben.
2   Champignons, Knoblauch und Thymian zufügen und unter Rühren anbraten, bis die Champignons weich und die Filetstreifen gar sind. Mit Zitronensaft, Salz und reichlich Pfeffer abschmecken.
3   Inzwischen die Pasta nach Packungsanleitung bissfest garen und abgießen. Mit der Sauce und 2–3 Esslöffel nativem Olivenöl mischen.

183
Penne mit Chorizo, Rucola und Tomaten

VORBEREITUNGSZEIT 5 Minuten GARZEIT 10 Minuten FÜR 2 Personen

175G PENNE
125G CHORIZO, GEWÜRFELT
OLIVENÖL
250G COCKTAILTOMATEN, HALBIERT

2 EL BALSAMICO-ESSIG
2 EL TAPENADE (FRANZÖSISCHE OLIVENPASTE)
50G RUCOLA
FRISCH GEMAHLENER SCHWARZER PFEFFER

1   Die Pasta nach Packungsanleitung bissfest garen.
2   Inzwischen die Chorizo in einer beschichteten Pfanne in etwas Öl 1–2 Minuten anbraten. Tomaten und Balsamico zufügen und unter Rühren kurz köcheln lassen, bis die Tomaten beginnen, weich zu werden.
3   Die Penne abgießen und mit Tapenade, Rucola, Chorizo-Sauce sowie etwas Pfeffer mischen.

184

Tagliatelle mit Hähnchenbrust und Salbei

VORBEREITUNGSZEIT 10 Minuten GARZEIT 10 Minuten FÜR 4 Personen

400g TAGLIATELLE

2 SCHALOTTEN, FEIN GEHACKT

1 TL BUTTER

325g HÄHNCHENBRUST, QUER ZUR FASER
   IN STREIFEN GESCHNITTEN

1 KNOBLAUCHZEHE, IN DÜNNE SCHEIBEN
   GESCHNITTEN

8 KLEINE SALBEIBLÄTTER,
   IN STREIFEN GESCHNITTEN

4 EL TROCKENER WEISSWEIN

SALZ UND FRISCH GEMAHLENER
   SCHWARZER PFEFFER

FRISCH GERIEBENER PARMESAN,
   ZUM SERVIEREN

1   Die Pasta nach Packungsanleitung bissfest garen und abgießen. 125 ml Kochwasser zurückbehalten.
2   Inzwischen die Schalotten in der Butter glasig andünsten. Die Hähnchenbruststreifen zugeben und
    goldgelb anbraten. Nicht zu stark garen, das Fleisch sollte gerade durch sein. In den letzten 2 Minuten
    Knoblauch und Salbei zufügen. Dann den Wein zugießen und ein paar Minuten sprudelnd kochen lassen.
    Die Sauce mit Salz und Pfeffer abschmecken.
3   Die Hähnchensauce über die Pasta geben, bei Bedarf etwas Kochwasser zugießen. Mit reichlich
    Parmesan servieren.

185

Tagliatelle alla Bolognese

VORBEREITUNGSZEIT 5 Minuten GARZEIT 10 Minuten* FÜR 4 Personen

1 REZEPTMENGE FRISCHE TAGLIATELLE
   MIT 3 EIERN (SIEHE SEITE 10)
   ODER 400g GETROCKNETE TAGLIATELLE

1 REZEPTMENGE BOLOGNESE-SAUCE
   (SIEHE SEITE 16)
50g FRISCH GERIEBENER PARMESAN

1   Die Pasta bissfest garen.
2   Inzwischen die Sauce bei schwacher Hitze unter häufigem Rühren erwärmen, falls sie zu dickflüssig ist,
    etwas Wasser zugießen.
3   Die Pasta abgießen und mit der Sauce mischen. Zum Servieren mit Parmesan bestreuen.

*   Bei Verwendung von fertiger Bolognese-Sauce.

186
Cavatappi mit Schweinefleisch-Ragù

VORBEREITUNGSZEIT 10 Minuten GARZEIT 30 Minuten FÜR 4 Personen

I ZWIEBEL, FEIN GEHACKT
OLIVENÖL
2 KNOBLAUCHZEHEN, FEIN GEHACKT
225G BRAUNE CHAMPIGNONS,
   IN SCHEIBEN GESCHNITTEN
300G MAGERES SCHWEINEFLEISCH, GEWÜRFELT

50G PARMASCHINKEN, FEIN GEHACKT
150ML TROCKENER WEISSWEIN
2 EL GLATTE PETERSILIE, GEHACKT
375G CAVATAPPI*
FRISCH GERIEBENER PARMESAN,
   ZUM SERVIEREN

1   Die Zwiebel in etwas Öl andünsten. Knoblauch und Champignons zufügen und 2 Minuten anbraten, dann Schweinefleisch und Schinken zugeben und unter Rühren Farbe annehmen lassen.
2   Den Wein zugießen und ein paar Minuten köcheln, dann die Petersilie zufügen. Die Sauce zugedeckt 20 Minuten leicht köcheln lassen, mit Salz und Pfeffer abschmecken.
3   Inzwischen die Pasta nach Packungsanleitung bissfest garen und abgießen. Mit der Sauce mischen und mit Parmesan servieren.

*   Alternativ können auch Conchiglie, Bucatini oder Tagliatelle verwendet werden.

187
Penne mit Wurstbrät und Champignons

VORBEREITUNGSZEIT 10 Minuten GARZEIT 15 Minuten FÜR 4 Personen

I ZWIEBEL, FEIN GEHACKT
2 KNOBLAUCHZEHEN, FEIN GEHACKT
I PRISE CHILIFLOCKEN
250G ITALIENISCHE BRATWURST, AUS DER HAUT
   GEDRÜCKT UND FEIN GEWÜRFELT
NATIVES OLIVENÖL
350G BRAUNE CHAMPIGNONS,
   IN SCHEIBEN GESCHNITTEN

I EL THYMIAN
SALZ UND FRISCH GEMAHLENER
   SCHWARZER PFEFFER
400G PENNE
40G BUTTER, GEWÜRFELT
I KLEINE HANDVOLL GLATTE PETERSILIE, GEHACKT
50G FRISCH GERIEBENER PARMESAN,
   UND ETWAS ZUM SERVIEREN

1   Zwiebel, Knoblauch, Chili und Wurstbrät in etwas Öl unter Rühren goldbraun anbraten. Champignons und Thymian zugeben und kurz anbraten, bis die Champignons weich sind. Mit Salz und Pfeffer abschmecken.
2   Inzwischen die Pasta nach Packungsanleitung bissfest garen und abgießen. 125 ml Kochwasser zurückbehalten.
3   Die Sauce vom Herd nehmen und die Butter einrühren. Die Pasta mit der Sauce mischen, etwas Kochwasser zugießen, damit die Mischung nicht zu trocken wird. Mit Parmesan und Petersilie bestreuen und servieren.

188
Elicoidali al forno mit Bratwurstbällchen und Paprika

VORBEREITUNGSZEIT 10 Minuten GARZEIT 35–40 Minuten FÜR 4 Personen

325G ELICOIDALI*
1 CHILISCHOTE, IN RINGE GESCHNITTEN UND
  VON DEN SAMEN BEFREIT
450ML PASSIERTE TOMATEN
150G GEGRILLTE ROTE UND GELBE PAPRIKA IN ÖL,
  ABGEGOSSEN

150G BÜFFELMOZZARELLA, GEWÜRFELT
1 HANDVOLL BASILIKUM, ZERRUPFT
SALZ UND FRISCH GEMAHLENER
  SCHWARZER PFEFFER
250G ITALIENISCHE BRATWURST, AUS DER HAUT
  GEDRÜCKT UND FEIN GEWÜRFELT

1 Den Backofen auf 200 °C (Gas Stufe 6) vorheizen.
2 Die Pasta 2 Minuten kürzer garen als auf der Packung angegeben. Abgießen, 4 Esslöffel Kochwasser zurückbehalten.
3 Chili, passierte Tomaten, Pasta, Kochwasser, Paprika, Mozzarella und Basilikum mischen, mit Salz und Pfeffer abschmecken.
4 Mit angefeuchteten Händen aus dem Wurstbrät 12 golfballgroße Bällchen formen. Die Bällchen unter die Pasta mischen. Die Mischung in eine feuerfeste Form geben und in 25–30 Minuten goldbraun backen.

* Alternativ können auch Penne Rigate verwendet werden.

189
Strozzapreti mit Bratwurst, Zwiebeln und Paprika

VORBEREITUNGSZEIT 10 Minuten GARZEIT 35 Minuten FÜR 4–6 Personen

400G ITALIENISCHE BRATWÜRSTCHEN
1 GROSSE ZWIEBEL, LÄNGS HALBIERT
  UND IN SCHEIBEN GESCHNITTEN
NATIVES OLIVENÖL
JE 2 ROTE UND GELBE PAPRIKASCHOTEN, GEGRILLT,
  ABGEZOGEN UND IN STREIFEN GESCHNITTEN
  (SIEHE SEITE 10)

SALZ UND FRISCH GEMAHLENER
  SCHWARZER PFEFFER
400G STROZZAPRETI
2 EL BASILIKUM, IN FEINE STREIFEN GESCHNITTEN

1 Den Backofen auf 180 °C (Gas Stufe 4) vorheizen.
2 Die Würstchen in eine 2 cm hoch mit Wasser gefüllte feuerfeste Form legen und 25 Minuten im Backofen garen.
3 Inzwischen die Zwiebel in etwas Öl goldbraun andünsten. Die Paprika zufügen, die Mischung mit Salz und Pfeffer abschmecken und vom Herd nehmen.
4 Die Würstchen in der Form lassen und in Scheiben schneiden. Das gebratene Gemüse zufügen und alles noch einmal 10 Minuten im Ofen backen.
5 Inzwischen die Pasta nach Packungsanleitung bissfest garen und abgießen. Die Bratwurstmischung darübergeben, zum Servieren mit Basilikum bestreuen.

190
Orecchiette mit Blumenkohl, Chorizo und schwarzen Oliven

VORBEREITUNGSZEIT 10 Minuten GARZEIT 10 Minuten FÜR 4 Personen

1 BLUMENKOHL, IN RÖSCHEN GETEILT

400G ORECCHIETTE

1 ZWIEBEL, GEHACKT

200G CHORIZO, GEWÜRFELT

OLIVENÖL

24 SCHWARZE OLIVEN, ENTSTEINT UND HALBIERT

GEHACKTE GLATTE PETERSILIE, ZUM SERVIEREN

1   Den Blumenkohl in Salzwasser fast weich kochen. Abgießen, 125 ml Kochwasser zurückbehalten.
2   Inzwischen die Pasta nach Packungsanleitung bissfest garen. 1 Minute bevor die Pasta fertig ist, die Hälfte des Blumenkohls zugeben. Abgießen.
3   Zwiebel und Chorizo in etwas Öl anbraten, bis die Zwiebel weich und glasig ist. Den restlichen Blumenkohl zugeben und 2–3 Minuten mitgaren. Die Oliven zufügen und die Mischung über die Pasta geben. Bei Bedarf etwas Kochwasser zugießen. Zum Servieren mit Petersilie bestreuen.

191
Tagliatelle mit Parmaschinken, Erbsen und Zitrone

VORBEREITUNGSZEIT 10 Minuten GARZEIT 10 Minuten FÜR 4 Personen

300G TAGLIATELLE

2 SCHALOTTEN, FEIN GEHACKT

1 TL BUTTER

150G ERBSEN, FRISCH ODER TIEFGEKÜHLT

200G CRÈME FRAÎCHE

4 EL MILCH ODER SAHNE

FEIN GERIEBENE SCHALE UND SAFT VON 1 UNBE-
HANDELTEN ZITRONE, UND ETWAS GERIEBENE
ZITRONENSCHALE ZUM SERVIEREN

3 EL FRISCH GERIEBENER PARMESAN

8 SCHEIBEN PARMASCHINKEN, IN STREIFEN
GESCHNITTEN

2 EL BASILIKUM, IN DÜNNE STREIFEN GESCHNITTEN

SALZ UND FRISCH GEMAHLENER
SCHWARZER PFEFFER

GEHOBELTER PARMESAN, ZUM SERVIEREN

1   Die Pasta nach Packungsanleitung bissfest garen und abgießen.
2   Inzwischen die Schalotten in der Butter glasig andünsten. Erbsen, Crème fraîche, Milch oder Sahne sowie
    Zitronenschale und -saft zufügen und alles vorsichtig erwärmen.
3   Sauce, Pasta, Parmesan, Schinken und Basilikum mischen, mit wenig Salz und reichlich Pfeffer abschmecken.
    Zum Servieren mit Zitronenschale und Parmesanspänen bestreuen.

192
Mediterrane Pasta al forno mit Hähnchen

VORBEREITUNGSZEIT 15 Minuten GARZEIT 1 Stunde FÜR 4 Personen

350G HÄHNCHENSCHENKEL, GEHÄUTET, ENTBEINT
UND IN DICKE SCHEIBEN GESCHNITTEN

NATIVES OLIVENÖL

1 KLEINE ZWIEBEL, GEHACKT

2 KNOBLAUCHZEHEN, FEIN GEHACKT

1 EL THYMIANBLÄTTER

70ML TROCKENER WEIßER WERMUT

1 DOSE (400G) PIZZATOMATEN

275ML PASSIERTE TOMATEN

2 EL TOMATENMARK

SALZ UND FRISCH GEMAHLENER SCHWARZER PFEFFER

200G RICOTTA

5 EL PESTO (SIEHE SEITE 18)

115G CONCHIGLIE*

50G ENTSTEINTE SCHWARZE OLIVEN

FÜR DIE WEIßE SAUCE

25G BUTTER

3 EL MEHL

425ML MILCH

1   Das Hähnchenfleisch in etwas Öl unter häufigem Rühren anbraten, nicht zu stark garen. Mit einem
    Schaumlöffel aus der Pfanne heben und auf einen Teller legen.
2   Die Zwiebel in der Pfanne andünsten, Knoblauch und Thymian zugeben und 2 Minuten anbraten. Wermut
    zugießen und kurz aufkochen lassen, dann sämtliche Tomaten und Tomatenmark zufügen. 15–20 Minuten
    köcheln lassen, bis die Sauce um ein Drittel reduziert ist. Mit Salz und Pfeffer abschmecken.
3   Inzwischen die einfache weiße Sauce zubereiten (siehe Seite 17) und 10–15 Minuten köcheln lassen.
    Vom Herd nehmen, Ricotta und Pesto untermischen.
4   Den Backofen auf 200 °C (Gas Stufe 6) vorheizen.
5   Während die weiße Sauce köchelt, die Pasta 1½ Minuten kürzer garen als auf der Packung angegeben.
    Abgießen, mit Hähnchen, Oliven und Tomatensauce mischen. Alles in eine feuerfeste Form geben, die weiße
    Sauce darübergeben. Die Nudelmischung in 30 Minuten goldgelb backen. Vor dem Servieren 5 Minuten
    ruhen lassen.

*   Alternativ können auch Farfalle, Fusilli oder Makkaroni verwendet werden.

193
Vermicelli-Torta mit Chorizo und Mozzarella

VORBEREITUNGSZEIT 5 Minuten GARZEIT 20 Minuten FÜR 4 Personen

300G VERMICELLI

3–4 EL OLIVENÖL

200G BÜFFELMOZZARELLA, IN DÜNNE SCHEIBEN
  GESCHNITTEN

8–12 BASILIKUMBLÄTTER

100G CHORIZO, IN DÜNNE SCHEIBEN GESCHNITTEN

3 GROßE EIER, VERQUIRLT

SALZ UND FRISCH GEMAHLENER
  SCHWARZER PFEFFER

1 PRISE CHILIFLOCKEN

GEGRILLTE ROTE PAPRIKASCHOTEN (SIEHE SEITE 67),
  ZUM SERVIEREN (NACH BELIEBEN)

1   Die Pasta nach Packungsanleitung bissfest garen, abgießen, unter fließend kaltem Wasser abschrecken
    und abkühlen lassen.
2   Etwas Öl in eine große beschichtete Pfanne geben. Die Hälfte der Vermicelli hineingeben und gleichmäßig
    verteilen, dann Mozzarella, Basilikum, Chorizo und zum Schluss die restlichen Vermicelli darübergeben.
3   Die Eier mit Salz, Pfeffer und Chiliflocken mischen, über die Vermicelli gießen, dabei die Pasta mit einer
    Gabel etwas lockern, damit die Eier bis an den Pfannenboden gelangen. Die Nudelmischung bei mittlerer
    Hitze garen, bis sie unten goldbraun ist.
4   Einen großen Teller auf die Torta legen. Die Pfanne einmal umdrehen und dabei die Torta auf den Teller
    stürzen. Etwas Öl in die Pfanne geben und die Torta wieder hineingleiten lassen. 5–6 Minuten anbraten,
    bis auch diese Seite goldbraun ist. Die Torta vorsichtig auf einen vorgewärmten Teller gleiten lassen und
    zum Servieren in Stücke schneiden. Dazu passen gegrillte Paprikaschoten.

194
Penne Rigate al forno mit Bratwurst

VORBEREITUNGSZEIT 10 Minuten GARZEIT 30 Minuten FÜR 4–6 Personen

350G ITALIENISCHE BRATWURST
OLIVENÖL
1 ZWIEBEL, FEIN GEHACKT
2 KNOBLAUCHZEHEN, FEIN GEHACKT
115ML TROCKENER WEISSWEIN
2 DOSEN (À 400G) PIZZATOMATEN
6 GETROCKNETE TOMATEN IN ÖL,
    ABGEGOSSEN UND IN STREIFEN GESCHNITTEN

12 SCHWARZE OLIVEN, ENTSTEINT UND IN
    SCHEIBEN GESCHNITTEN
2 EL FRISCHES BASILIKUM, GEHACKT
2 EL GLATTE PETERSILIE, GEHACKT
SALZ UND FRISCH GEMAHLENER SCHWARZER PFEFFER
400G PENNE RIGATE
175G MOZZARELLA, GEWÜRFELT
50G PARMESAN, GEHOBELT

1   Den Backofen auf 200 °C (Gas Stufe 6) vorheizen.
2   Die Bratwurst in einer Pfanne in etwas Öl goldbraun anbraten. Herausnehmen und in Scheiben schneiden.
3   Zwiebel und Knoblauch in die Pfanne geben und goldgelb andünsten. Wein zugießen und auf ein Drittel
    einkochen, dann Tomaten, Wurstscheiben, getrocknete Tomaten und Oliven zufügen und alles 15 Minuten
    kochen lassen, bis die Sauce leicht reduziert ist. Mit Kräutern, Salz und Pfeffer abschmecken.
4   Inzwischen die Pasta 2 Minuten kürzer garen als auf der Packung angegeben. Abgießen.
5   Pasta und Tomatensauce mischen und in eine geölte, feuerfeste Form geben. Mit Mozzarella und Parmesan
    bestreuen. Die Pasta 15 Minuten backen, bis der Käse Blasen wirft. Vor dem Servieren 5 Minuten ruhen
    lassen.

195
Tonnarelli mit Fleischbällchen und Grilltomatensauce

VORBEREITUNGSZEIT 15 Minuten*, plus 30 Minuten Kühlzeit GARZEIT 10 Minuten* FÜR 4 Personen

85G WEISSBROT, ENTRINDET UND ZERKRÜMELT
2 EL MILCH
225G SCHWEINEHACKFLEISCH
115G MORTADELLA, FEIN GEWÜRFELT
1 KNOBLAUCHZEHE, FEIN GEHACKT
2 EL GLATTE PETERSILIE, GEHACKT
1 EI, VERQUIRLT

2 EL FRISCH GERIEBENER PARMESAN,
    UND ETWAS ZUM SERVIEREN
SALZ UND FRISCH GEMAHLENER SCHWARZER PFEFFER
OLIVENÖL
400G TONNARELLI**
1 REZEPTMENGE GRILLTOMATENSAUCE
    (SIEHE SEITE 18), ANGEWÄRMT

1   Das Brot einige Minuten in der Milch einweichen. Brot, Hackfleisch, Mortadella, Knoblauch, Petersilie, Ei,
    Parmesan, Salz und Pfeffer mischen. Mit angefeuchteten Händen aus der Masse walnussgroße Bällchen
    formen. Die Bällchen 30 Minuten im Kühlschrank fest werden lassen.
2   Die Fleischbällchen in einer großen Pfanne in etwas Öl portionsweise 4–5 Minuten anbraten, bis sie
    goldbraun und knusprig sind.
3   Inzwischen die Pasta nach Packungsanleitung bissfest garen und abgießen. Mit den Fleischbällchen und
    der Sauce mischen, zum Servieren mit Parmesan bestreuen.

*   Bei Verwendung von fertiger Tomatensauce.
**   Alternativ können auch Bucatini, Spaghetti oder Bigoli verwendet werden.

196
Tagliatelle mit leichter Bolognese-Sauce und Linsen

VORBEREITUNGSZEIT 5 Minuten GARZEIT 40–50 Minuten FÜR 4 Personen

1 GROSSE ZWIEBEL, GEHACKT

OLIVENÖL

2 KNOBLAUCHZEHEN, FEIN GEHACKT

225G MAGERES RINDERHACKFLEISCH

115G ROTE LINSEN

450ML RINDFLEISCH- ODER GEMÜSEBRÜHE

1 DOSE (400G) PIZZATOMATEN

2–3 EL TOMATENMARK

1–1½ EL DIJONSENF

2–3 TL KRÄUTER DER PROVENCE

SALZ UND FRISCH GEMAHLENER SCHWARZER PFEFFER

250G TAGLIATELLE

FRISCH GERIEBENER PARMESAN,
    ZUM SERVIEREN (NACH BELIEBEN)

1 Die Zwiebel in einer großen Pfanne in etwas Öl goldgelb andünsten, in den letzten 2 Minuten den Knoblauch zufügen.

2 Das Fleisch zugeben und unter Rühren Farbe annehmen lassen. Linsen, Brühe, Tomaten, Tomatenmark und Senf zufügen, mit Kräutern, Salz und Pfeffer abschmecken. Die Mischung 30–40 Minuten sanft köcheln lassen, bis das Fleisch zart ist. Falls die Flüssigkeit zu sehr reduziert, etwas Wasser zugießen.

3 10 Minuten bevor die Sauce fertig ist, die Tagliatelle nach Packungsanleitung bissfest garen und abgießen. Die Sauce über die Pasta geben und servieren. Dazu geriebenen Parmesan reichen.

197
Hähnchentortellini

VORBEREITUNGSZEIT 55–65 Minuten GARZEIT 15–20 Minuten FÜR 4 Personen

150G HÄHNCHENBRUSTFILET,
    IN 1 CM BREITE STREIFEN GESCHNITTEN

NATIVES OLIVENÖL

50G ITALIENISCHE SALAMI, FEIN GEWÜRFELT

150G RICOTTA

1 EIDOTTER

50G FRISCH GERIEBENER PARMESAN

SALZ UND FRISCH GEMAHLENER SCHWARZER PFEFFER

1 REZEPTMENGE PASTATEIG MIT 2 EIERN
    (SIEHE SEITE 10)

175G SAHNE

2–3 TL PESTO (SIEHE SEITE 18)

1 Die Hähnchenbruststreifen in etwas Öl bei schwacher Hitze unter Rühren anbraten, bis sie gerade durch sind. Mit einem Schaumlöffel herausheben, auf Küchenpapier abtropfen lassen.

2 Das Hähnchenfleisch im Mixer grob hacken, aber nicht zu einer Paste pürieren. Das Fleisch in einer Schüssel mit Salami, Ricotta, Eidotter, Parmesan, Salz und Pfeffer mischen.

3 Aus Pastateig und Hähnchenfüllung Tortellini zubereiten (siehe Seite 11). In einem großen Topf Salzwasser zum Kochen bringen.

4 Inzwischen Sahne und Pesto in einem kleinen Topf mischen und bei schwacher Hitze erwärmen.

5 Die Tortellini portionsweise in siedendem Wasser in 4–5 Minuten bissfest garen. Abgießen und mit der Pestosauce servieren.

198
Penne mit Hähnchen, Lauch und Gorgonzola

VORBEREITUNGSZEIT 10 Minuten GARZEIT 15 Minuten FÜR 4 Personen

115G LAUCH, IN DÜNNE RINGE GESCHNITTEN

2 KNOBLAUCHZEHEN, FEIN GEHACKT

1 TL BUTTER

2 HÄHNCHENBRUSTFILETS, QUER ZUR FASER
  IN DÜNNE STREIFEN GESCHNITTEN

150ML TROCKENER WEISSWEIN

150G CRÈME FRAÎCHE

SALZ UND FRISCH GEMAHLENER SCHWARZER PFEFFER

400G PENNE

85G GORGONZOLA, GEWÜRFELT

FRISCH GERIEBENER PARMESAN, ZUM SERVIEREN

1 Lauch und Knoblauch in der Butter andünsten. Die Hähnchenbruststreifen zufügen und unter Rühren
   anbraten, bis sie Farbe annehmen.
2 Den Wein zugießen und auf die Hälfte einkochen lassen, dann die Crème fraîche zugeben. Die Sauce
   sprudelnd kochen lassen, bis sie leicht eindickt. Mit Salz und Pfeffer abschmecken.
3 Die Penne nach Packungsanleitung bissfest garen und abgießen. Mit Gorgonzola und Sauce mischen.
   Falls der Käse nicht von selbst zerläuft, kurz bei schwacher Hitze erwärmen. Mit frisch geriebenem
   Parmesan servieren.

199
Bigoli mit Lamm, Tomaten und Oliven

VORBEREITUNGSZEIT 10 Minuten GARZEIT 25 Minuten FÜR 4 Personen

300G MAGERES LAMMFLEISCH, QUER ZUR FASER
  IN 1 CM BREITE STREIFEN GESCHNITTEN

NATIVES OLIVENÖL

2 KNOBLAUCHZEHEN, FEIN GEHACKT

1 TL OREGANO

1 DOSE (400G) PIZZATOMATEN

10 KALAMATA-OLIVEN, ENTSTEINT UND GEWÜRFELT

2 EL KAPERN

2 EL GLATTE PETERSILIE, GEHACKT

SALZ UND FRISCH GEMAHLENER
  SCHWARZER PFEFFER

400G BIGOLI*

1 Die Lammfleischstreifen in einer großen Pfanne in etwas Öl 3–4 Minuten anbraten, bis sie Farbe
   annehmen. In den letzten 1½–2 Minuten Knoblauch und Oregano zugeben.
2 Tomaten, Oliven und Kapern zufügen. Die Mischung bei schwacher Hitze 15 Minuten köcheln lassen, bis
   die Sauce leicht eindickt und das Fleisch zart ist. Gelegentlich umrühren, die Petersilie zufügen und die
   Sauce mit Salz und Pfeffer abschmecken.
3 Inzwischen die Pasta nach Packungsanleitung bissfest garen und abgießen. Die Pasta mit der Sauce
   mischen und servieren.

* Alternativ können auch Penne verwendet werden.

200
Hähnchen-Lauch-Lasagne

VORBEREITUNGSZEIT 10 Minuten GARZEIT 1 Stunde FÜR 6–8 Personen

1 L GEFLÜGELFOND ODER KRÄFTIGE HÜHNERBRÜHE
150 ML TROCKENER WEIßER WERMUT
1 BOUQUET GARNI AUS 3 THYMIANZWEIGEN,
   1 LORBEERBLATT UND 2 SALBEIBLÄTTERN
450 G HÄHNCHENBRUSTFILETS ODER
   HÄHNCHENSCHENKEL, ENTBEINT UND GEHÄUTET
200 G GRÜNE LASAGNEBLÄTTER
450 G LAUCH, IN DICKE RINGE GESCHNITTEN
2 KNOBLAUCHZEHEN, FEIN GEHACKT

150 G BUTTER
100 G MEHL
85 G FRISCH GERIEBENER PARMESAN
175 G FRISCH GERIEBENER FONTINA
150 G RICOTTA
150 G SAHNE
SALZ UND FRISCH GEMAHLENER
   SCHWARZER PFEFFER
4 EL PINIENKERNE

1   Fond bzw. Brühe mit Wermut mischen und erhitzen. Das Bouquet garni hineingeben und das Hähnchen in der siedenden Mischung 10 Minuten pochieren, bis es fast gar ist. Mit einem Schaumlöffel herausheben und in mundgerechte Stücke schneiden. Die Garflüssigkeit zurückbehalten, das Bouquet garni entfernen.
2   Die Lasagneblätter bissfest garen, abgießen und abschrecken; selbst wenn Sie Lasagne verwenden, die nicht vorgegart werden muss (siehe Seite 15), Nudeln kurz in kochendes Wasser geben. Zum Trocknen auf ein sauberes Geschirrtuch legen.
3   Den Backofen auf 200 °C (Gas Stufe 6) vorheizen.
4   Inzwischen Lauch und Knoblauch in etwas Butter in einem kleinen Topf bei schwacher Hitze andünsten. Mit einem Schaumlöffel herausheben.
5   Die restliche Butter in den Topf geben. Aus Butter, Mehl und Pochierflüssigkeit eine weiße Sauce zubereiten (siehe Seite 17). Die Sauce vom Herd nehmen, dann ¾ des Parmesan, ¾ des Fontina, Ricotta und Sahne untermischen. Mit Salz und reichlich Pfeffer abschmecken.
6   Etwas Sauce in eine feuerfeste Form geben. Eine Schicht Lasagneblätter darauflegen, dann Hähnchen, Lauch, etwas Parmesan und wieder Sauce darübergeben. In derselben Reihenfolge weiterschichten, mit Lasagne, Sauce und dem restlichen Parmesan und Fontina abschließen. Mit Pinienkernen bestreuen und in 35 Minuten goldgelb backen. Vor dem Servieren 5 Minuten ruhen lassen.

201
Cavatappi mit Pancetta, Paprika und Tomaten

VORBEREITUNGSZEIT 10 Minuten GARZEIT 15 Minuten FÜR 4 Personen

1 ZWIEBEL, FEIN GEHACKT
NATIVES OLIVENÖL
85 G PANCETTA, IN STREIFEN GESCHNITTEN
1 KNOBLAUCHZEHE, FEIN GEHACKT
1 PRISE CHILIFLOCKEN
1 TL OREGANO
4 EL GLATTE PETERSILIE, GEHACKT
1 GROßE ROTE PAPRIKASCHOTE, IN STREIFEN
   GESCHNITTEN

450 G REIFE EIERTOMATEN,
   ABGEZOGEN, ENTKERNT UND GEWÜRFELT
2 EL KAPERN
85 G GRÜNE OLIVEN, ENTSTEINT UND
   GEVIERTELT
350 G CAVATAPPI
40 G FRISCH GERIEBENER PARMESAN

1   Die Zwiebel in etwas Öl goldgelb andünsten. Pancetta, Knoblauch, Chili, Oregano und die Hälfte der Petersilie zufügen und anbraten, bis die Pancetta goldbraun ist.
2   Die Paprika zufügen und 5–6 Minuten anbraten, die Tomaten zugeben und die Sauce 5 Minuten köcheln lassen, gelegentlich umrühren. Restliche Petersilie, Kapern und Oliven zufügen.
3   Inzwischen die Pasta nach Packungsanleitung bissfest garen und abgießen. Die Pasta mit der Sauce mischen und mit Parmesan bestreuen.

202
Conchiglie mit Hähnchenfüllung

VORBEREITUNGSZEIT 15 Minuten GARZEIT 35 Minuten FÜR 4 Personen

225G BRAUNE CHAMPIGNONS,
  IN SCHEIBEN GESCHNITTEN
1 ZWIEBEL, FEIN GEHACKT
175G ZUCCHINI, GEWÜRFELT
1 ROTE PAPRIKASCHOTE, FEIN GEWÜRFELT
NATIVES OLIVENÖL
115G HÄHNCHENBRUSTFILET, FEIN GEWÜRFELT
15G FRISCHE WEIßBROTKRUMEN
2 EL GLATTE PETERSILIE, GEHACKT
SALZ UND FRISCH GEMAHLENER
  SCHWARZER PFEFFER

3 EL HÜHNERBRÜHE
16 GROßE CONCHIGLIE, CA. 5,5 CM LANG

FÜR DIE TOMATEN-PAPRIKA-SAUCE
2 GROßE PAPRIKASCHOTEN (JE CA. 225G)
1 KNOBLAUCHZEHE, FEIN GEHACKT
2 FRÜHLINGSZWIEBELN, IN RINGE GESCHNITTEN
350G REIFE TOMATEN, ENTKERNT
  UND GEWÜRFELT
1 KLEINER BUND BASILIKUM, IN FEINE STREIFEN
  GESCHNITTEN

1 Champignons, Zwiebel, Zucchini und Paprika in etwas Öl bei mittlerer Hitze andünsten, gelegentlich umrühren. Das Hähnchen zufügen und 5 Minuten anbraten. Brotkrumen, Petersilie, Salz, Pfeffer und Brühe zugeben. Die Hähnchenmischung kurz aufkochen lassen, dann vom Herd nehmen.
2 Die Pasta 1 Minute kürzer garen als auf der Packung angegeben. Abgießen und abtropfen lassen.
3 Inzwischen alle Zutaten für die Sauce in einem Topf mischen, erhitzen und 15–20 Minuten köcheln lassen. Die Sauce glatt pürieren, mit Basilikum bestreuen und mit Salz und Pfeffer abschmecken.
4 Den Backofen auf 220 °C (Gas Stufe 7) vorheizen.
5 Die Conchiglie mit der Hähnchenmischung füllen und nebeneinander in eine feuerfeste Form setzen. Mit der Sauce umgeben und mit Alufolie abdecken. 15 Minuten backen, bis alles gut erwärmt ist.

203
Garganelle mit Hähnchenstreifen und Brunnenkressesauce

VORBEREITUNGSZEIT 10 Minuten GARZEIT 10 Minuten FÜR 4 Personen

3 SCHALOTTEN, FEIN GEHACKT

350g HÄHNCHENBRUSTFILETS,
   IN 1 CM BREITE STREIFEN GESCHNITTEN

NATIVES OLIVENÖL

1 BUND GEMISCHTE FRISCHE KRÄUTER, GEHACKT

3–4 EL BALSAMICO-ESSIG

SALZ UND FRISCH GEMAHLENER SCHWARZER PFEFFER

400G GARGANELLE

175G BRUNNENKRESSE,
   DICKE STÄNGEL ENTFERNT

1 KNOBLAUCHZEHE, FEIN GEHACKT

SAFT VON ½ ZITRONE

3 TOMATEN, ENTKERNT
   UND GEWÜRFELT

1   Schalotten und Hähnchenbrust in einer großen beschichteten Pfanne in etwas Öl 3–4 Minuten anbraten. Kräuter und Balsamico zufügen. Alles unter Rühren 2–3 Minuten braten lassen, bis das Hähnchen gar und goldgelb ist. Mit Salz und Pfeffer abschmecken.

2   Inzwischen die Pasta nach Packungsanleitung bissfest garen und abgießen. 125 ml Kochwasser zurückbehalten.

3   Währenddessen die Brunnenkresse 30 Sekunden in kochendem Wasser blanchieren. Abtropfen lassen, mit Knoblauch und 4 Esslöffel Olivenöl mischen und im Mixer glatt pürieren. Mit Salz, Pfeffer und Zitronensaft abschmecken.

4   Die Tomaten zu der Hähnchenmischung geben und vorsichtig erwärmen. Zusammen mit der Kressesauce über die Pasta geben. Bei Bedarf etwas Kochwasser zugießen.

204
Bucatini mit Tomaten und Wurstbrät

VORBEREITUNGSZEIT 10 Minuten GARZEIT 25 Minuten FÜR 4 Personen

115G PANCETTA, GEWÜRFELT

OLIVENÖL

1 ZWIEBEL, GEHACKT

1 ROTE PAPRIKASCHOTE, GEWÜRFELT

2 KNOBLAUCHZEHEN, FEIN GEHACKT

175G ITALIENISCHE BRATWURST, AUS DER HAUT
   GEDRÜCKT UND GEWÜRFELT

1 DOSE (400G) PIZZATOMATEN

2 EL GEMISCHTE GEHACKTE KRÄUTER
   (SALBEI, PETERSILIE UND THYMIAN),
   UND ETWAS ZUM SERVIEREN

400G BUCATINI

FRISCH GERIEBENER PARMESAN, ZUM SERVIEREN

1   Die Pancetta in etwas Öl goldbraun anbraten. Mit einem Schaumlöffel herausheben und auf Küchenpapier abtropfen lassen.
2   Die Zwiebel in dem Öl glasig andünsten, dann Paprika und Knoblauch zufügen und 1 Minute anbraten. Das Wurstbrät zugeben und unter Rühren in 3–4 Minuten goldbraun anbraten. Tomaten, Pancetta und Kräuter zufügen und alles 15 Minuten köcheln lassen, bis die Sauce leicht eindickt.
3   Inzwischen die Pasta nach Packungsanleitung bissfest garen und abgießen. Pasta und Sauce mischen, zum Servieren mit Parmesan bestreuen.

205
Tagliatelle mit Bresaola, Erbsen und Lauch

VORBEREITUNGSZEIT 10 Minuten GARZEIT 10 Minuten FÜR 4 Personen

400G TAGLIATELLE

1 KLEINE LAUCHSTANGE, LÄNGS HALBIERT UND
   IN DÜNNE STREIFEN GESCHNITTEN

1 TL BUTTER

225G TIEFGEKÜHLTE ERBSEN, AUFGETAUT

115G BRESAOLA, IN STREIFEN GESCHNITTEN

SALZ UND FRISCH GEMAHLENER
   SCHWARZER PFEFFER

4 EL FRISCH GERIEBENER PARMESAN,
   UND ETWAS ZUM SERVIEREN

1   Die Pasta nach Packungsanleitung bissfest garen und abgießen. 125 ml Kochwasser zurückbehalten.
2   Inzwischen den Lauch in der Butter andünsten. Erbsen und Bresaola zufügen und 2 Minuten anbraten. Mit Salz und reichlich Pfeffer abschmecken. Die Sauce über die Pasta geben und den Parmesan untermischen. Bei Bedarf etwas Kochwasser zugießen. Mit Parmesan bestreuen und servieren.

206
Taglioni mit Parmaschinken, Erbsen und Petersilie

VORBEREITUNGSZEIT 10 Minuten GARZEIT 15 Minuten FÜR 4 Personen

400G TAGLIONI

175G TIEFGEKÜHLTE ERBSEN

4 SCHEIBEN PARMASCHINKEN, IN STREIFEN
   GESCHNITTEN

70G BUTTER, GEWÜRFELT

2 EL GLATTE PETERSILIE, GEHACKT

50G FRISCH GERIEBENER PARMESAN

SALZ UND FRISCH GEMAHLENER SCHWARZER PFEFFER

1   Die Pasta nach Packungsanleitung bissfest garen. 2–3 Minuten vor Ende der Garzeit die Erbsen zufügen.
2   Pasta und Erbsen abgießen. Mit Schinken, Butter, Petersilie und ¾ des Parmesan mischen, mit Salz und Pfeffer abschmecken. Zum Servieren mit dem restlichen Parmesan bestreuen.

207
Conchiglie mit Hähnchenbrust und Tomatensauce

VORBEREITUNGSZEIT 10 Minuten, plus 1 Stunde Marinierzeit GARZEIT 20 Minuten FÜR 4 Personen

350G HÄHNCHENBRUSTFILETS, IN MUNDGERECHTE
   STÜCKE GESCHNITTEN
4 EL TROCKENER WEISSER WERMUT
1 TL ROSMARIN, GEHACKT
BLÄTTER VON 3 THYMIANZWEIGEN
FRISCH GEMAHLENER SCHWARZER PFEFFER
1 ZWIEBEL, FEIN GEHACKT
100G SALAMI, GEWÜRFELT

OLIVENÖL
1 DOSE (400G) PIZZATOMATEN
1 EL BALSAMICO-ESSIG
1 PRISE CHILIFLOCKEN
SALZ
300G CONCHIGLIE
FRISCH GERIEBENER PARMESAN,
   ZUM SERVIEREN (NACH BELIEBEN)

1   Hähnchen, Wermut, Kräuter und etwas Pfeffer mischen. Zugedeckt 1 Stunde marinieren.
2   Inzwischen in einer großen Pfanne Zwiebel und Salami in etwas Öl anbraten, bis die Zwiebel goldgelb ist. Das Hähnchen aus der Marinade nehmen und bei starker Hitze anbraten, bis es Farbe annimmt. Marinade, Tomaten, Balsamico und Chili zufügen und alles 15 Minuten köcheln lassen, bis das Hähnchen gar und die Sauce leicht angedickt ist. Mit Salz und Pfeffer abschmecken.
3   10 Minuten vor Ende der Garzeit die Pasta nach Packungsanleitung bissfest garen und abgießen. Die Sauce über die Pasta geben, nach Belieben mit Parmesan bestreuen.

208
Pappardelle mit Schweinefilet, Spinat und Zitrone

VORBEREITUNGSZEIT 10 Minuten GARZEIT 15 Minuten FÜR 4 Personen

400G SCHWEINEFILET
NATIVES OLIVENÖL
2 KNOBLAUCHZEHEN, FEIN GEHACKT
300ML TROCKENER WEISSWEIN
1 EL ROSMARIN, GEHACKT
115G SAHNE

675G JUNGER BLATTSPINAT
400G FRISCHE PAPPARDELLE
85G FRISCH GERIEBENER PARMESAN,
   UND ETWAS ZUM SERVIEREN
SAFT VON 1–2 ZITRONEN (NACH BELIEBEN)
SALZ UND FRISCH GEMAHLENER SCHWARZER PFEFFER

1   Das Schweinefilet mit Frischhaltefolie abdecken und flach klopfen. Das Filet in dicke Streifen schneiden und kurz in etwas Öl goldbraun anbraten. Herausnehmen und warm halten.
2   Den Knoblauch in einem großen Topf 1 Minute anbraten. Wein und Rosmarin zufügen, die Mischung auf die Hälfte einkochen. Die Sahne zugießen und vorsichtig erwärmen. Das Schweinefleisch wieder in den Topf geben.
3   Inzwischen in einem großen Topf Wasser für die Pasta zum Kochen bringen. Den Spinat in einer Pfanne erhitzen, bis er zusammenfällt und die Flüssigkeit verdampft ist.
4   Die Pasta bissfest garen und abgießen. Spinat und Parmesan in die Sauce geben. Mit Zitronensaft, Salz und Pfeffer abschmecken und über die Pasta geben. Mit Parmesan bestreuen und servieren.

209
Cannelloni mit Hähnchen und Walnüssen

VORBEREITUNGSZEIT 15 Minuten GARZEIT 35 Minuten FÜR 4 Personen

15 CANNELLONI

175G GEGARTE HÄHNCHENBRUST, FEIN GEHACKT

50G WALNUSSHÄLFTEN, LEICHT GERÖSTET
  UND FEIN GEHACKT

115G RICOTTA

115G HÜTTENKÄSE

2–3 EL GLATTE PETERSILIE, FEIN GEHACKT

SALZ UND FRISCH GEMAHLENER SCHWARZER PFEFFER

½ REZEPTMENGE FRISCHE ODER WINTERLICHE
  TOMATENSAUCE (SIEHE SEITE 18 BZW. 19)

25G FRISCH GERIEBENER PARMESAN

FÜR DIE BÉCHAMELSAUCE

25G BUTTER

3 EL MEHL

425ML MILCH

1 Den Backofen auf 180 °C (Gas Stufe 4) vorheizen.
2 Die Cannelloni nach Packungsanleitung bissfest garen und abgießen.
3 Inzwischen die Béchamelsauce zubereiten (siehe Seite 17).
4 Hähnchen, Walnüsse (1 Esslöffel zum Garnieren zurückbehalten), Ricotta, Hüttenkäse, Petersilie, Salz und Pfeffer mischen. Die Cannelloni damit füllen.
5 Etwas Tomatensauce in eine große Gratinform streichen. Die Cannelloni darauflegen und mit der restlichen Tomatensauce begießen. Die Béchamelsauce darübergeben, dann mit Parmesan und den restlichen Walnüssen bestreuen. Mit Alufolie abdecken und 15 Minuten im Ofen backen, dann die Folie abnehmen und die Cannelloni in 20 Minuten goldbraun backen.

210
Hähnchen-Spinat-Pasticchio

VORBEREITUNGSZEIT 15 Minuten GARZEIT 45 Minuten FÜR 4–6 Personen

500G BLATTSPINAT

115G TAGLIATELLE

500G HÄHNCHENSCHENKEL, ENTBEINT,
  GEHÄUTET UND FEIN GEHACKT

OLIVENÖL

2 GROSSE KNOBLAUCHZEHEN, FEIN GEHACKT

1 PRISE CHILIFLOCKEN

1½ EL TOMATENMARK

85G PARMESAN, FRISCH GERIEBEN

FÜR DIE BÉCHAMELSAUCE

25G BUTTER

3 EL MEHL

570ML MILCH

1 Den Backofen auf 200 °C (Gas Stufe 6) vorheizen.
2 Den Spinat in einem großen Topf mit Salzwasser erhitzen, bis er zusammenfällt. Kalt abschrecken, abtropfen lassen und überschüssige Flüssigkeit ausdrücken.
3 Inzwischen die Pasta 1 Minute kürzer garen als angegeben und abgießen.
4 Währenddessen das Hähnchenhackfleisch in etwas Öl 2–3 Minuten anbraten. Knoblauch und Chili zufügen und 2 Minuten anbraten, dann das Tomatenmark zufügen. Die Mischung in eine feuerfeste Form geben und mit dem Spinat bedecken.
5 Während das Hähnchen anbrät, eine Béchamelsauce zubereiten (siehe Seite 17). Die Sauce mit der Pasta mischen und über den Spinat geben. Mit Parmesan bestreuen. Das Pasticchio in 20–25 Minuten goldbraun backen. Vor dem Servieren 5 Minuten ruhen lassen.

211
Lumache mit Parmaschinken, Rucola und Kichererbsen

VORBEREITUNGSZEIT 10 Minuten GARZEIT 10–15 Minuten FÜR 4 Personen

400G LUMACHE

2 SCHALOTTEN, FEIN GEHACKT

2 KNOBLAUCHZEHEN, FEIN GEHACKT

BLÄTTER VON 2 SALBEIZWEIGEN,
  IN FEINE STREIFEN GESCHNITTEN

OLIVENÖL

115G PARMASCHINKEN, IN STREIFEN GESCHNITTEN

I DOSE (400G) PIZZATOMATEN

I DOSE (400G) KICHERERBSEN,
  ABGEGOSSEN UND ABGESPÜLT

FRISCH GEMAHLENER SCHWARZER PFEFFER

2 HANDVOLL RUCOLA

85G FETA, GEWÜRFELT

I   Die Pasta nach Packungsanleitung bissfest garen und abgießen.
2   Inzwischen Schalotten, Knoblauch und Salbei 4 Minuten in etwas Öl anbraten, bis die Schalotten weich und glasig sind. Nach 2 Minuten den Schinken zufügen.
3   Tomaten und Kichererbsen zugeben, zum Kochen bringen und die Sauce 10 Minuten köcheln lassen, bis sie leicht eindickt. Mit Pfeffer abschmecken (Parmaschinken und Feta sind salzig genug). Pasta, Sauce, Rucola und Feta mischen und servieren.

212
Strappiozi mit Bratwurst, Paprika und Tomaten

VORBEREITUNGSZEIT 10 Minuten GARZEIT 10 Minuten FÜR 4 Personen

175G ITALIENISCHE BRATWURST, IN I CM DICKE
  SCHEIBEN GESCHNITTEN

NATIVES OLIVENÖL

I KLEINE ZWIEBEL, IN DÜNNE SCHEIBEN
  GESCHNITTEN

I GROSSE ROTE PAPRIKASCHOTE, IN STREIFEN
  GESCHNITTEN

I GROSSE GELBE PAPRIKASCHOTE, IN STREIFEN
  GESCHNITTEN

2 GROSSE REIFE TOMATEN, ENTKERNT UND
  GEWÜRFELT

SALZ UND FRISCH GEMAHLENER
  SCHWARZER PFEFFER

400G STRAPPIOZI

25G FRISCH GERIEBENER PARMESAN,
  UND ETWAS ZUM SERVIEREN

I   Die Wurstscheiben in etwas Öl goldbraun anbraten. Auf Küchenpapier abtropfen lassen. Die Zwiebel in demselben Öl goldbraun andünsten, die Paprika zufügen und kurz andünsten.
2   Währenddessen in einem Topf die Tomaten in etwas Öl andünsten. Tomaten, gebratenes Gemüse und Wurst mischen und unter Rühren 1 Minute köcheln lassen. Mit Salz und Pfeffer abschmecken.
3   Inzwischen die Pasta nach Packungsanleitung bissfest garen. Abgießen, mit Sauce und Parmesan mischen und zusätzlich mit Parmesan bestreuen.

213
Agnolotti mit grünem Spargel und Parmaschinken

VORBEREITUNGSZEIT 5 Minuten GARZEIT 15 Minuten FÜR 6 Personen

675G GRÜNER SPARGEL

130G CRÈME FRAÎCHE

SALZ UND FRISCH GEMAHLENER
  SCHWARZER PFEFFER

2 SCHALOTTEN, FEIN GEHACKT

15G BUTTER

85G PARMASCHINKEN, IN STREIFEN GESCHNITTEN

1 REZEPTMENGE KRÄUTER-KÄSE-AGNOLOTTI
  (SIEHE SEITE 12) ODER FERTIG GEKAUFTE
  GEFÜLLTE PASTA

GEHOBELTER PARMESAN, ZUM SERVIEREN

1   Die Spargelspitzen abschneiden und beiseite legen. Die Spargelstangen in kochendem Wasser weich garen. Abtropfen lassen, trocken tupfen und zusammen mit etwas Crème fraîche im Mixer glatt pürieren. Restliche Crème fraîche untermischen, mit Salz und Pfeffer abschmecken.
2   Die Schalotten in der Butter glasig dünsten. Den Schinken zufügen und kurz anbraten, dann das Spargelpüree zugeben und vorsichtig erwärmen.
3   Die Agnolotti in siedendem Wasser bissfest garen, 2–3 Minuten vor Ende der Garzeit die Spargelspitzen zufügen. Abgießen, Pasta, Spargel und Sauce mischen. Zum Servieren mit Parmesan bestreuen.

214
Conchiglie mit Brokkoli, Walnüssen und Pancetta

VORBEREITUNGSZEIT 10 Minuten GARZEIT 15 Minuten FÜR 4 Personen

450G BROKKOLIRÖSCHEN

350G CONCHIGLIE

200G PANCETTA, IN STREIFEN GESCHNITTEN

NATIVES OLIVENÖL

2 GROßE KNOBLAUCHZEHEN, FEIN GEHACKT

50G WALNUSSHÄLFTEN, LEICHT GERÖSTET UND
  GEHACKT

SALZ UND FRISCH GEMAHLENER
  SCHWARZER PFEFFER

FRISCH GERIEBENER PARMESAN, ZUM SERVIEREN

1   In einem großen Topf Salzwasser zum Kochen bringen. Den Brokkoli darin 3–4 Minuten blanchieren, mit einem Schaumlöffel herausheben. Die Pasta hineingeben und nach Packungsanleitung bissfest garen.
2   Inzwischen die Pancetta in etwas Öl knusprig anbraten. Knoblauch zufügen und 1 Minute anbraten, dann Brokkoli und Walnüsse zufügen. Die Brokkolimischung mit Salz und Pfeffer abschmecken und 2–3 Minuten erwärmen.
3   Die Pasta abgießen, etwas Kochwasser zurückbehalten. Pasta, Sauce und, bei Bedarf, etwas Kochwasser mischen. Mit Parmesan bestreuen und servieren.

215
Campanelli mit Hähnchen, Parmaschinken und Basilikum

VORBEREITUNGSZEIT 10 Minuten GARZEIT 15 Minuten FÜR 4 Personen

4 HÄHNCHENBRUSTFILETS, JE CA. 115–150G, QUER
   ZUR FASER IN DÜNNE STREIFEN GESCHNITTEN
NATIVES OLIVENÖL
175G PARMASCHINKEN, IN STREIFEN GESCHNITTEN
150ML TROCKENER WEISSWEIN
150ML HÜHNERBRÜHE

150G SAHNE
350G CAMPANELLI
1½ –2 EL ZITRONENSAFT
3 EL BASILIKUMBLÄTTER, GEHACKT
SALZ UND FRISCH GEMAHLENER
   SCHWARZER PFEFFER

1   Die Hähnchenstreifen in einer großen Pfanne portionsweise in etwas Öl anbraten, bis sie gerade gar sind. Mit einem Schaumlöffel herausheben.
2   Den Schinken 2–3 Minuten in demselben Öl anbraten. Herausnehmen, dann Wein und Brühe in die Pfanne geben und auf die Hälfte einkochen. Sahne zufügen und auf sirupartige Konsistenz einköcheln lassen.
3   Inzwischen die Pasta nach Packungsanleitung bissfest garen und abgießen.
4   Hähnchen und Schinken in die Sahnesauce geben, mit Zitronensaft, Basilikum, Salz und Pfeffer abschmecken. Die Sauce über die Pasta geben und servieren.

216
Fettuccine mit Erbsen und Parmaschinken

VORBEREITUNGSZEIT 10 Minuten GARZEIT 5 Minuten FÜR 4 Personen

100G SAHNE
1 EIDOTTER
150G ERBSEN, FRISCH ODER TIEFGEKÜHLT
3–4 GROßE SALATBLÄTTER, IN STREIFEN
   GESCHNITTEN
1 KNOBLAUCHZEHE, FEIN GEHACKT
NATIVES OLIVENÖL

8–10 SALBEIBLÄTTER, IN FEINE STREIFEN
   GESCHNITTEN
3 SCHEIBEN PARMASCHINKEN, IN STREIFEN
   GESCHNITTEN
500G FRISCHE FETTUCCINE
SALZ UND FRISCH GEMAHLENER
   SCHWARZER PFEFFER

1   Sahne und Eidotter mischen und beiseite stellen.
2   Die Erbsen weich kochen, kurz vor Ende der Garzeit die Salatstreifen zufügen. Abgießen.
3   Währenddessen den Knoblauch in 2 Esslöffel Öl 1 Minute anbraten. Salbei und Schinken zufügen und kurz anbraten.
4   Inzwischen die Fettuccine bissfest garen und abgießen. Noch heiß in die Eiermischung geben, Erbsen und Salat untermischen und mit Salz und Pfeffer abschmecken. Zum Servieren mit Salbei und Schinkenstreifen bestreuen.

217
Tagliatelle mit Erbsen, Parmaschinken und Basilikum

VORBEREITUNGSZEIT 10 Minuten GARZEIT 10 Minuten FÜR 4 Personen

400G TAGLIATELLE
225G FRISCHE ERBSEN
115G PARMASCHINKEN, IN STREIFEN GESCHNITTEN
85G BUTTER

2 EL BASILIKUM, IN STREIFEN GESCHNITTEN
6 EL FRISCH GERIEBENER PARMESAN,
   UND ETWAS ZUM SERVIEREN
SALZ UND FRISCH GEMAHLENER SCHWARZER PFEFFER

1   Die Pasta nach Packungsanleitung bissfest garen und abgießen.
2   Inzwischen die Erbsen in 5 Minuten weich kochen. Abgießen, zusammen mit dem Schinken in eine Pfanne mit der Butter geben und unter häufigem Rühren 2–3 Minuten anbraten. Pasta, Erbsen, Schinken, Basilikum und Parmesan mischen, mit Salz und Pfeffer abschmecken. Mit Parmesan servieren.

218
Pappardelle mit Lamm und Rosmarin

VORBEREITUNGSZEIT 10 Minuten GARZEIT 15 Minuten FÜR 4 Personen

250G LAMMSTEAKS, ENTBEINT UND
   IN 2,5 CM BREITE STREIFEN GESCHNITTEN
OLIVENÖL
2 KNOBLAUCHZEHEN, ZERDRÜCKT
250G BRAUNE CHAMPIGNONS
1 TL ROSMARIN, FEIN GEHACKT

115ML TROCKENER WEIßWEIN
6 EL SAHNE
SALZ UND FRISCH GEMAHLENER SCHWARZER PFEFFER
400G PAPPARDELLE
GERIEBENE SCHALE VON 1 UNBEHANDELTEN ZITRONE
   UND GEHACKTE GLATTE PETERSILIE, ZUM SERVIEREN

1   Die Lammstreifen in einer großen Pfanne in etwas Öl goldbraun anbraten. Knoblauch, Champignons und Rosmarin zufügen und unter Rühren anbraten, bis die Champignons weich sind. Den Wein zugießen und auf ein Drittel einkochen lassen. Sahne zufügen, die Sauce mit Salz und Pfeffer abschmecken.
2   Inzwischen die Pasta bissfest garen und abgießen. 125 ml Kochwasser zurückbehalten. Die Sauce über die Pasta geben, bei Bedarf etwas Kochwasser zugießen. Zum Servieren mit Zitronenschale und Petersilie bestreuen.

219
Fusilli mit Pute, Mortadella und Mozzarella

VORBEREITUNGSZEIT 10 Minuten GARZEIT 50 Minuten FÜR 4 Personen

1 ZWIEBEL, GEHACKT
85G GETROCKNETE TOMATEN IN ÖL, ABGEGOSSEN
   (ÖL AUFBEWAHREN) UND IN STREIFEN GESCHNITTEN
1 ROTE PAPRIKASCHOTE, GEWÜRFELT
350G PUTENBRUST, GEWÜRFELT
115G MORTADELLA, GEWÜRFELT
4 EL TROCKENER WEISSWEIN
2 KNOBLAUCHZEHEN, ZERDRÜCKT

1 DOSE (400G) PIZZATOMATEN
1 TL OREGANO
1 TL THYMIAN
SALZ UND FRISCH GEMAHLENER SCHWARZER PFEFFER
300G FUSILLI
225G BÜFFELMOZZARELLA, IN SCHEIBEN
   GESCHNITTEN
2 EL FRISCH GERIEBENER FONTINA

1. Zwiebel und Paprika in etwas Öl von den eingelegten Tomaten andünsten, bis sie weich sind.
2. Putenbrust und Mortadella zufügen und unter Rühren anbraten, bis die Pute Farbe annimmt. Wein, Knoblauch, sämtliche Tomaten und Kräuter zufügen. Die Sauce bei schwacher Hitze 15 Minuten köcheln lassen, bis die Pute gar ist. Gelegentlich umrühren, mit Salz und Pfeffer abschmecken.
3. Den Backofen auf 190 °C (Gas Stufe 5) vorheizen.
4. Die Pasta 1 Minute kürzer garen als auf der Packung angegeben. Abgießen und mit der Sauce mischen. Die Hälfte davon in eine Gratinform geben. Die Hälfte des Mozzarella darauf verteilen, dann die restliche Pasta. Mit restlichem Mozzarella und Fontina abschließen.
5. Den Auflauf in 20–25 Minuten goldbraun backen. Vor dem Servieren 5 Minuten ruhen lassen.

132

220
Lumache mit Hähnchen und Auberginen

VORBEREITUNGSZEIT 10 Minuten GARZEIT 25 Minuten FÜR 4 Personen

1 ZWIEBEL, FEIN GEHACKT
OLIVENÖL
2 KNOBLAUCHZEHEN, FEIN GEHACKT
350G HÄHNCHENBRUSTFILETS ODER HÄHNCHEN-
   SCHENKEL GEHÄUTET UND ENTBEINT,
   IN 1 CM GROSSE WÜRFEL GESCHNITTEN
1 AUBERGINE, IN 1 CM GROSSE WÜRFEL GESCHNITTEN

1 DOSE (400G) PIZZATOMATEN
2 EL TOMATENMARK
12 KALAMATA-OLIVEN, ENTSTEINT UND HALBIERT
1 BUND OREGANO, GEHACKT
SALZ UND FRISCH GEMAHLENER
   SCHWARZER PFEFFER
350G LUMACHE*

1. Die Zwiebel in einer großen Pfanne in etwas Öl glasig andünsten. Knoblauch zufügen und 1 Minute anbraten, dann das Hähnchen zufügen und unter Rühren bei starker Hitze goldgelb anbraten. Alles mit einem Schaumlöffel herausheben und beiseite stellen.
2. Etwas mehr Öl in die Pfanne geben und die Aubergine darin goldbraun anbraten. Tomaten und Tomatenmark zugeben und kurz aufkochen lassen. Hähnchenmischung, Oliven und Oregano zufügen. Die Sauce mit Salz und Pfeffer abschmecken und 15 Minuten zugedeckt leicht köcheln lassen.
3. Inzwischen die Pasta nach Packungsanleitung bissfest garen und abgießen. Mit der Sauce mischen und servieren.

* Alternativ können auch Conchiglie, Farfalle, Fusilli oder Sedani verwendet werden.

221
Tagliatelle mit Hähnchenbrust, Zucchini und Paprika

VORBEREITUNGSZEIT 10 Minuten GARZEIT 30 Minuten FÜR 4 Personen

4 HÄHNCHENBRUSTFILETS, JE CA. 115–150G

1 KLEINE ROTE PAPRIKASCHOTE, FEIN GEWÜRFELT

2 EL KAPERN

2 EL GEMISCHTE KRÄUTER (GLATTE PETERSILIE,
  THYMIAN UND OREGANO), FEIN GEHACKT

SALZ UND FRISCH GEMAHLENER SCHWARZER PFEFFER

2 EL NATIVES OLIVENÖL

2 EL TROCKENER WEIßER WERMUT

2 KLEINE ZUCCHINI, IN SCHEIBEN GESCHNITTEN

400G TAGLIATELLE

1½ EL GLATTE PETERSILIE, FEIN GEHACKT

FRISCH GERIEBENER PARMESAN

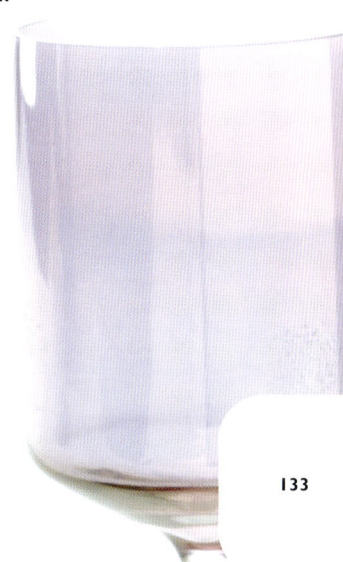

1   Den Backofen auf 190 °C (Gas Stufe 5) vorheizen.
2   Die Hähnchenbrustfilets nebeneinander auf ein großes Stück Alufolie legen.
    Mit Paprika, Kapern, Kräutern, Salz und Pfeffer bestreuen. Die Ränder der Folie
    hochbiegen und das Hähnchen mit Öl und Wermut beträufeln. Die Alufolie
    zum Verschließen über der Füllung zusammenfalten. Das Hähnchen 30 Minuten
    im Backofen braten.
3   Inzwischen die Zucchini in etwas Öl goldbraun anbraten.
4   Die Pasta nach Packungsanleitung bissfest garen und abgießen.
5   Die Alufolie vorsichtig öffnen. Das Hähnchenfleisch quer zur Faser in dünne
    Streifen schneiden.
6   Den Bratsaft aus der Folie über die Pasta geben, Hähnchenstreifen, Petersilie
    und Zucchini untermischen. Mit frisch geriebenem Parmesan servieren.

222
Makkaroni mit Rindfleisch und Bohnen

VORBEREITUNGSZEIT 10 Minuten GARZEIT 30 Minuten FÜR 4–6 Personen

1 ZWIEBEL, FEIN GEHACKT
1 KAROTTE, FEIN GEWÜRFELT
OLIVENÖL
3 KNOBLAUCHZEHEN, GEHACKT
250G MAGERES RINDERHACKFLEISCH
1L RINDERBRÜHE
BOUQUET GARNI AUS 2 SALBEIBLÄTTERN,
  1 ROSMARINZWEIG UND 2 THYMIANZWEIGEN

1 DOSE (400G) PIZZATOMATEN
2–3 EL TOMATENMARK
1 DOSE (400G) BORLOTTIBOHNEN,
  ABGEGOSSEN UND ABGESPÜLT
225G MAKKARONI
SALZ UND FRISCH GEMAHLENER SCHWARZER PFEFFER
FRISCH GERIEBENER PECORINO UND
  GEHACKTE GLATTE PETERSILIE, ZUM SERVIEREN

1 Zwiebel und Karotte in einer großen Pfanne in etwas Öl andünsten. Knoblauch und Rindfleisch zugeben und anbraten. Durch Rühren etwaige Klumpen auflösen.

2 Die Brühe zugießen und umrühren. Bouquet garni, Tomaten, Tomatenmark und Bohnen zugeben. Kurz aufkochen lassen, dann die Makkaroni einrühren und ohne Deckel 18–20 Minuten garen, bis die Makkaroni bissfest sind und die Flüssigkeit zu einer dicken Sauce verkocht ist.

3 Das Bouquet garni entfernen, mit Salz und Pfeffer abschmecken und mit Pecorino und Petersilie bestreut servieren.

223
Ravioli mit Kürbis und Prosciutto

VORBEREITUNGSZEIT 45 Minuten GARZEIT 1 Stunde FÜR 4 Personen

1 REZEPTMENGE PASTATEIG MIT 2 EIERN
  (SIEHE SEITE 10)
1 TL BUTTER
1 BUND GEMISCHTE KRÄUTER, Z. B. PETERSILIE,
  BASILIKUM, ESTRAGON UND OREGANO, GEHACKT
FRISCH GERIEBENER PARMESAN, ZUM SERVIEREN

FÜR DIE FÜLLUNG
450G BUTTERNUSSKÜRBIS
NATIVES OLIVENÖL
2 EL CRÈME DOUBLE
1 EIDOTTER
85G PROSCIUTTO, FEIN GEWÜRFELT
50G PROVOLONE, GERIEBEN
1½ EL BASILIKUM, IN FEINE STREIFEN GESCHNITTEN
1½ EL GLATTE PETERSILIE, FEIN GEHACKT
SALZ UND FRISCH GEMAHLENER SCHWARZER PFEFFER

1 Während der Pastateig 30 Minuten ruht, die Füllung zubereiten. Den Backofen auf 190 °C (Gas Stufe 5) vorheizen. Den Kürbis mit etwas Öl einreiben und im vorgeheizten Ofen etwa 1 Stunde backen, bis er weich ist. Etwas abkühlen lassen und das Kürbisfleisch mit einem Esslöffel auslösen und in eine Schüssel geben, Crème double zufügen und mit einem Kartoffelstampfer oder einer Gabel zu einem Brei verarbeiten. Eidotter, Prosciutto, Provolone, Kräuter sowie Salz und Pfeffer einrühren.

2 Aus Teig und Füllung Ravioli zubereiten (siehe Seite 11).

3 Die Ravioli in siedendem Wasser gegebenenfalls portionsweise 4 Minuten bissfest garen. Abgießen und abtropfen lassen.

4 Inzwischen die Butter schmelzen, Kräuter einrühren. Kräuterbutter vorsichtig unter die Ravioli heben. Mit Parmesan servieren.

224
Gnocchi mit Hähnchenragout

VORBEREITUNGSZEIT 10 Minuten GARZEIT 25–30 Minuten FÜR 4 Personen

I ROTE ZWIEBEL, FEIN GEHACKT

2 KNOBLAUCHZEHEN, FEIN GEHACKT

NATIVES OLIVENÖL

2 HÄHNCHENBRUSTFILETS, ENTHÄUTET UND
  IN MUNDGERECHTE STÜCKE GESCHNITTEN

I ROTE PAPRIKASCHOTE, GEHÄUTET UND IN STREIFEN
  GESCHNITTEN (SIEHE SEITE 67)

I GELBE PAPRIKASCHOTE, GEHÄUTET UND IN
  STREIFEN GESCHNITTEN (SIEHE SEITE 67)

3 THYMIANZWEIGE

I DOSE (400G) PIZZATOMATEN

85ML ROTWEIN

I HANDVOLL GRÜNE UND SCHWARZE OLIVEN,
  ENTSTEINT

I EL KAPERN

SALZ UND FRISCH GEMAHLENER SCHWARZER PFEFFER

400G GNOCCHI

GEHACKTE GLATTE PETERSILIE, ZUM SERVIEREN

1   Zwiebel und Knoblauch in etwas Öl goldbraun andünsten. Hähnchen, Paprika und Thymian zugeben und unter Rühren scharf anbraten, bis das Hähnchen Farbe angenommen hat.

2   Tomaten und Wein einrühren. 15 Minuten köcheln lassen, bis das Hähnchen gar ist und die Sauce etwas eindickt. Oliven und Kapern zugeben. Mit Salz und Pfeffer abschmecken.

3   Inzwischen die Gnocchi nach Packungsanleitung bissfest garen und abgießen. Mit der Sauce mischen und mit reichlich Petersilie bestreuen.

FLEISCH UND GEFLÜGEL

135

225
Elicoidali mit Artischocken, Paprika, Zucchini und Prosciutto

VORBEREITUNGSZEIT 10 Minuten GARZEIT 45 Minuten FÜR 4–6 Personen

I DOSE (400G) ARTISCHOCKEN, ABGEGOSSEN

I GROßE ROTE PAPRIKASCHOTE, IN DICKE STREIFEN
  GESCHNITTEN

4 REIFE EIERTOMATEN, GEVIERTELT

I ZUCCHINI, LÄNGS HALBIERT UND IN SCHEIBEN
  GESCHNITTEN

3 KNOBLAUCHZEHEN, IN DÜNNE SCHEIBEN
  GESCHNITTEN

I ROSMARINZWEIG

3 THYMIANZWEIGE

SALZ UND FRISCH GEMAHLENER SCHWARZER PFEFFER

NATIVES OLIVENÖL

6 SCHEIBEN PROSCIUTTO, IN STREIFEN GESCHNITTEN

2 EL PINIENKERNE

350G ELICOIDALI*

FRISCH GERIEBENER PECORINO, ZUM SERVIEREN

1   Den Backofen auf 200 °C (Gas Stufe 6) vorheizen.

2   Gemüse und Kräuterzweige auf ein großes Backblech legen. Mit Salz und Pfeffer bestreuen und mit Öl beträufeln. Gut mischen, damit alle Gemüse gleichmäßig mit Öl bedeckt sind. Im vorgeheizten Ofen 45 Minuten braten, bis das Gemüse weich und leicht gebräunt ist. Gelegentlich wenden. Prosciutto und Pinienkerne nach 20–25 Minuten zugeben.

3   Inzwischen die Pasta nach Packungsanleitung bissfest garen und abgießen.

4   Kräuterzweige entfernen. Die übrigen Zutaten aus dem Ofen, einschließlich der Bratflüssigkeit, mit der Pasta mischen. Mit Pecorino servieren.

*   Alternativ können auch Rigatoni oder Penne verwendet werden.

226
Bucatini mit Pancetta, Tomaten, Oliven und Kräutern

VORBEREITUNGSZEIT 10 Minuten GARZEIT 10 Minuten FÜR 4 Personen

85G PANCETTA, IN STREIFEN GESCHNITTEN
OLIVENÖL
2 KNOBLAUCHZEHEN, FEIN GEHACKT
1 DOSE (400G) PIZZATOMATEN
2 EL KRÄUTERMISCHUNG AUS OREGANO, THYMIAN,
  PETERSILIE UND SALBEI, GEHACKT

12 KALAMATA-OLIVEN, ENTSTEINT
SALZ UND FRISCH GEMAHLENER
  SCHWARZER PFEFFER
400G BUCATINI
FRISCH GERIEBENER PARMESAN, ZUM SERVIEREN

1   Die Pancetta in etwas Öl goldbraun anbraten. Den Knoblauch zugeben und 1–2 Minuten anbraten. Tomaten, Kräuter und Oliven zufügen und etwa 15 Minuten köcheln lassen, bis die Sauce eindickt. Mit Salz und Pfeffer abschmecken.
2   Inzwischen die Pasta nach Packungsanleitung bissfest garen und abgießen. Die Sauce über die Pasta geben und mit Parmesan servieren.

227
Conchiglie mit Pancetta, Erbsen und Ricotta

VORBEREITUNGSZEIT 10 Minuten GARZEIT 10 Minuten FÜR 4 Personen

400G CONCHIGLIE
115G PANCETTA, IN STREIFEN GESCHNITTEN
NATIVES OLIVENÖL
175G TIEFGEFRORENE ERBSEN, AUFGETAUT

150G RICOTTA, ZERBRÖCKELT
35G FRISCH GERIEBENER PARMESAN
FRISCH GEMAHLENER SCHWARZER PFEFFER

1   Die Pasta nach Packungsanleitung bissfest garen und abgießen.
2   Inzwischen die Pancetta in etwas Öl leicht anbräunen, bis das Fett austritt. Nicht zu knusprig werden lassen. Die Erbsen zufügen und unter Rühren 1–2 Minuten garen. Zusammen mit Ricotta, Parmesan und Pfeffer unter die Pasta mischen.

228
Tonnarelli mit Radicchio, Rosmarin und Prosciutto

VORBEREITUNGSZEIT 10 Minuten GARZEIT 10 Minuten FÜR 4 Personen

350G TONNARELLI

2 KNOBLAUCHZEHEN, GEHACKT

BLÄTTER VON 1 KLEINEN ROSMARINZWEIG, GEHACKT

NATIVES OLIVENÖL

2 SCHEIBEN PROSCIUTTO, IN STREIFEN GESCHNITTEN

1 GROßER RADICCHIOKOPF, IN STREIFEN GESCHNITTEN

50G FRISCH GERIEBENER PARMESAN

SALZ UND FRISCH GEMAHLENER SCHWARZER PFEFFER

1 Die Pasta nach Packungsanleitung bissfest garen und abgießen. 125 ml Kochwasser zurückbehalten.
2 Inzwischen Knoblauch und Rosmarin in etwas Öl 1 Minute anbraten. Jeweils die Hälfte des Prosciutto und des Radicchios zugeben und scharf anbraten, bis der Salat zusammenfällt. Mit der Pasta, dem restlichen Prosciutto und Radicchio sowie dem Parmesan mischen. Mit Salz und Pfeffer abschmecken. Bei Bedarf etwas Kochwasser zugießen und servieren.

229
Lumache mit Pancetta und Artischocken

VORBEREITUNGSZEIT 10 Minuten GARZEIT 10 Minuten FÜR 4 Personen

400G LUMACHE

185G PANCETTA, IN STREIFEN GESCHNITTEN

1 GLAS (280G) GEGRILLTE ARTISCHOCKEN IN ÖL, ABGEGOSSEN UND HALBIERT (ÖL AUFBEWAHREN)

2 KNOBLAUCHZEHEN, FEIN GEHACKT

2½ EL GLATTE PETERSILIE, FEIN GEHACKT

FRISCH GERIEBENER PARMESAN, ZUM SERVIEREN

1 Die Pasta nach Packungsanleitung bissfest garen und abgießen.
2 Inzwischen die Pancetta in 2 Esslöffel Öl von den eingelegten Artischocken anbräunen. Den Knoblauch zufügen und für 1 Minute anbraten, Artischocken und Petersilie zugeben. Abdecken und bei schwacher Hitze erwärmen. Gelegentlich etwas umrühren. Die Sauce mit der Pasta mischen und mit Parmesan servieren.

230
Penne mit Pilzen und Prosciutto-Streifen

VORBEREITUNGSZEIT 10 Minuten GARZEIT 10 Minuten FÜR 4 Personen

175G PROSCIUTTO, IN SEHR DÜNNE
  SCHEIBEN GESCHNITTEN
OLIVENÖL
2 SCHALOTTEN, IN RINGE GESCHNITTEN
2 KNOBLAUCHZEHEN, FEIN GEHACKT
225G STEINPILZE ODER BRAUNE CHAMPIGNONS,
  IN DÜNNE SCHEIBEN GESCHNITTEN

3 EL KRÄUTERMISCHUNG AUS GLATTER PETERSILIE
  UND ESTRAGON, GEHACKT
SALZ UND FRISCH GEMAHLENER
  SCHWARZER PFEFFER
400G PENNE
3 EL CRÈME FRAÎCHE
FRISCH GERIEBENER PARMESAN, ZUM SERVIEREN

1 Die Prosciutto-Streifen in einer großen Pfanne kurz in etwas Öl bei großer Hitze anbraten. Gegebenenfalls portionsweise anbraten, damit die Pfanne nicht zu voll wird. Beiseite stellen und warm halten.
2 Schalotten und Knoblauch in der Pfanne andünsten, aber nicht anbräunen. Pilze und Kräuter zugeben und dünsten, bis die Pilze weich sind und die Flüssigkeit verdampft ist. Mit Salz und Pfeffer abschmecken.
3 Inzwischen die Pasta nach Packungsanleitung bissfest garen und abgießen. 125 ml Kochwasser zurückbehalten. Crème fraîche und Pilzmischung unter die Pasta heben. Bei Bedarf etwas Kochwasser zugießen. Den Prosciutto darübergeben und mit Parmesan servieren.

231
Fusilli Lunghi mit Hähnchen, Avocado und grünem Pesto

VORBEREITUNGSZEIT 10 Minuten GARZEIT 15 Minuten FÜR 4–6 Personen

450G FUSILLI LUNGHI*
2 SCHALOTTEN, FEIN GEHACKT
1 EL NATIVES OLIVENÖL
450G HÄHNCHENBRUST,
  IN STREIFEN GESCHNITTEN
115G CRÈME FRAÎCHE

175ML PESTO (SIEHE SEITE 18)
1 GROSSE ODER 1½ AVOCADO(S),
  IN 1 CM GROSSE WÜRFEL GESCHNITTEN
SALZ UND FRISCH GEMAHLENER
  SCHWARZER PFEFFER
FRISCH GERIEBENER PARMESAN, ZUM SERVIEREN

1 Die Pasta nach Packungsanleitung bissfest garen und abgießen.
2 Inzwischen die Schalotten in etwas Öl glasig andünsten. Hähnchenfleisch zugeben und anbraten, bis das Fleisch außen gebräunt und innen zart ist. Nicht zu lange anbraten.
3 Crème fraîche, Pesto und Avocado zugeben und erwärmen. Mit Salz und Pfeffer abschmecken und unter die Pasta heben. Mit Parmesan servieren.

* Alternativ können auch Farfalle, Conchiglie, Lumache oder Cavatappi verwendet werden.

232
Lasagne al forno

VORBEREITUNGSZEIT 15 Minuten* GARZEIT 35 Minuten* FÜR 4–6 Personen

10–12 LASAGNEBLÄTTER
1 REZEPTMENGE BOLOGNESE-SAUCE
   (SIEHE SEITE 16)
250G RICOTTA, ZERBRÖCKELT

250G BÜFFELMOZZARELLA, IN DÜNNE SCHEIBEN
   GESCHNITTEN ODER GEWÜRFELT
3 EL FRISCH GERIEBENER PARMESAN

1   Den Backofen auf 200 °C (Gas Stufe 6) vorheizen.
2   Die Lasagneblätter bissfest garen, abgießen und abschrecken; selbst wenn Sie Lasagne verwenden, die nicht vorgegart werden muss (siehe Seite 15), Nudeln kurz in kochendes Wasser geben. Zum Trocknen auf ein sauberes Geschirrtuch legen.
3   Eine Schicht Lasagne in eine große flache Auflaufform (30 x 20 x 7,5 cm) legen. Einen Teil der Bolognese-Sauce und dann etwa ein Drittel des Ricotta sowie des Mozzarella darauf verteilen. Eine weitere Schicht Bolognese-Sauce zufügen. Etwas Sauce für die letzte Schicht zurückbehalten. Lasagne, Käse und Sauce in 4 Schichten Pasta und 3 Schichten Füllung abwechseln. Mit einer Schicht Bolognese-Sauce abschließen und mit Parmesan bestreuen.
4   Im vorgeheizten Ofen etwa 25 Minuten backen, bis die Oberfläche knusprig goldbraun und die Lasagne gar ist. Vor dem Servieren 5 Minuten ruhen lassen.

*   Bei Verwendung von fertiger Bolognese-Sauce.

233
Strozzapreti mit Blumenkohl, Pancetta und Petersilie

VORBEREITUNGSZEIT 10 Minuten GARZEIT 15–20 Minuten FÜR 4 Personen

425G BLUMENKOHL, IN RÖSCHEN GETEILT
400G STROZZAPRETI*
115G PANCETTA, IN DÜNNE STREIFEN GESCHNITTEN
NATIVES OLIVENÖL
2 GROßE KNOBLAUCHZEHEN, ZERDRÜCKT

1 PRISE CHILIFLOCKEN
SALZ UND FRISCH GEMAHLENER SCHWARZER PFEFFER
2 EL GLATTE PETERSILIE, FEIN GEHACKT
4 EL FRISCH GERIEBENER PARMESAN,
   UND ETWAS ZUM SERVIEREN

1   Blumenkohl in Salzwasser oder Dampf weich garen. In 1 cm große Stücke schneiden.
2   Inzwischen die Pasta nach Packungsanleitung bissfest garen und abgießen. 125 ml Kochwasser zurückbehalten.
3   Gleichzeitig die Pancetta in etwas Öl anbräunen, aber nicht knusprig anbraten. Knoblauch und Chili zugeben und 1–2 Minuten anbraten. Die Blumenkohlröschen zufügen und unter gelegentlichem Rühren anbräunen. Mit Salz und Pfeffer abschmecken. Kurz bevor der Blumenkohl fertig ist, die Petersilie zugeben.
4   Zusammen mit dem Käse unter die Pasta mischen. Bei Bedarf etwas Kochwasser zugießen. Mit frisch geriebenem Parmesan servieren.

*   Alternativ können auch Farfalle oder Fusilli verwendet werden.

234
Penne Rigate mit Spinat, Prosciutto und zerbröckeltem Ziegenkäse

VORBEREITUNGSZEIT 5 Minuten GARZEIT 10 Minuten FÜR 4–5 Personen

450G PENNE RIGATE

2 KNOBLAUCHZEHEN, ZERDRÜCKT

NATIVES OLIVENÖL

70G PROSCIUTTO, IN STREIFEN GESCHNITTEN

225G JUNGER BLATTSPINAT

SALZ UND FRISCH GEMAHLENER

SCHWARZER PFEFFER

225G ZIEGENKÄSE, ZERBRÖCKELT

1   Die Pasta nach Packungsanleitung bissfest garen und abgießen.
2   Inzwischen den Knoblauch in etwas Öl 1 Minute anbraten. Prosciutto zugeben und weitere 2 Minuten garen. Dann den Spinat zufügen und unter häufigem Rühren dünsten, bis er zusammenfällt. Mit Salz und Pfeffer abschmecken und zusammen mit dem Ziegenkäse unter die Pasta mischen, sodass ein Großteil des Käses schmilzt. Gegebenenfalls leicht erwärmen. Mit frisch gemahlenem schwarzem Pfeffer servieren.

235
Orecchiette mit Erbsen, Pancetta und Salbei

VORBEREITUNGSZEIT 10 Minuten GARZEIT 10 Minuten FÜR 4 Personen

400G ORECCHIETTE

225G FRISCHE ERBSEN

200G PANCETTA, FEIN GEWÜRFELT

1 ZWIEBEL, FEIN GEHACKT

OLIVENÖL

1 KNOBLAUCHZEHE, FEIN GEHACKT

10 SALBEIBLÄTTER, IN SEHR DÜNNE STREIFEN

GESCHNITTEN, UND ETWAS ZUM SERVIEREN

3 EL FRISCH GERIEBENER PARMESAN,

UND ETWAS ZUM SERVIEREN

1   Die Pasta nach Packungsanleitung bissfest garen. Die Erbsen die letzten 5 Minuten der Garzeit zugeben. Abgießen und etwas Kochwasser zurückbehalten.
2   Inzwischen Pancetta und Zwiebel in etwas Öl bei schwacher Hitze anbraten, bis die Pancetta goldbraun und die Zwiebel weich ist. Knoblauch und Salbei zugeben, 2–3 Minuten anbraten, zusammen mit dem Parmesan und 2–3 Esslöffel Kochwasser unter die Pasta mischen. Mit Salbei und Parmesan bestreuen und servieren.

236
Eliche mit Prosciutto, Paprika und Erbsen

VORBEREITUNGSZEIT 10 Minuten GARZEIT 10 Minuten FÜR 4 Personen

375G ELICHE

85G FRISCHE ODER TIEFGEKÜHLTE

UND AUFGETAUTE JUNGE ERBSEN, AUSGEPALT

115G PROSCIUTTO, FEIN GEWÜRFELT

1 TL BUTTER

SALZ UND FRISCH GEMAHLENER SCHWARZER PFEFFER

175G RICOTTA

2 GROSSE ROTE PAPRIKASCHOTEN,

GEGRILLT, GEHÄUTET UND GEWÜRFELT

(SIEHE SEITE 67)

4 EL FRISCH GERIEBENER PARMESAN,

UND ETWAS ZUM SERVIEREN

1   Die Pasta nach Packungsanleitung bissfest garen und abgießen. 125 ml Kochwasser zurückbehalten.
2   Inzwischen die Erbsen in kochendem Wasser 3–4 Minuten bissfest garen und abgießen.
3   Den Prosciutto kurz in Butter anbraten. Die Erbsen zufügen und 1 Minute garen. Mit wenig Salz und schwarzem Pfeffer abschmecken.
4   1–2 Esslöffel Kochwasser mit dem Ricotta verrühren. Mit Gemüse und Parmesan unter die Pasta mischen.

237
Fusilli Lunghi mit Spargel und Parmaschinken

VORBEREITUNGSZEIT 10 Minuten GARZEIT 15 Minuten FÜR 4 Personen

450G DÜNNE SPARGELSTANGEN

400G FUSILLI LUNGHI

115G PARMASCHINKEN, IN STREIFEN GESCHNITTEN

2 EL GLATTE PETERSILIE, GEHACKT

1 TL BUTTER

SALZ UND FRISCH SCHWARZER PFEFFER

SAFT VON ½ ZITRONE

ETWA 5 EL FRISCH GERIEBENER PARMESAN

1 Ausreichend Wasser zum Kochen der Pasta erhitzen. Spargel zugeben und in 3—4 Minuten bissfest garen. Mit einem Schaumlöffel herausheben und auf Küchenpapier abtropfen lassen.

2 Das Wasser wieder aufkochen lassen, darin die Pasta nach Packungsanleitung bissfest garen und abgießen. 125 ml Kochwasser zurückbehalten.

3 Inzwischen Spargel, Parmaschinken und Petersilie unter gelegentlichem Rühren in der Butter erwärmen. Mit Salz und Pfeffer sowie Zitronensaft abschmecken. Zusammen mit dem Parmesan unter die Pasta mischen. Bei Bedarf etwas Kochwasser zugießen.

238
Tagliatelle mit Putenfleisch, Marsala und Pilzen

VORBEREITUNGSZEIT 10 Minuten GARZEIT 15 Minuten FÜR 4 Personen

4 PUTENSCHNITZEL, INSGESAMT ETWA 450G
50G BUTTER
115G BRAUNE CHAMPIGNONS,
  IN SCHEIBEN GESCHNITTEN
115ML MARSALA

115G CRÈME DOUBLE
1 SPRITZER ZITRONENSAFT
SALZ UND FRISCH GEMAHLENER SCHWARZER PFEFFER
400G TAGLIATELLE
GEHACKTE GLATTE PETERSILIE, ZUM SERVIEREN

1   Die Putenschnitzel zwischen 2 Frischhaltefolien legen und mit dem Boden einer schweren Pfanne vorsichtig flach klopfen. Quer zur Faser in 3 oder 4 Stücke schneiden.
2   Die Hälfte der Butter in einer großen Pfanne erhitzen. Damit die Pfanne nicht zu voll wird, das Putenfleisch portionsweise jeweils 1 Minute pro Seite anbraten. Herausnehmen und warm halten.
3   Die restliche Butter in die Pfanne geben und die Pilze unter gelegentlichem Rühren 2 Minuten dünsten, bis sie weich sind und die Flüssigkeit verdampft ist. Marsala einrühren, etwaigen Bodensatz lösen und Flüssigkeit auf die Hälfte reduzieren lassen. Crème double zufügen und etwas einkochen lassen. Mit Zitronensaft, Salz und Pfeffer abschmecken.
4   Inzwischen die Pasta nach Packungsanleitung bissfest garen und abgießen.
5   Kurz bevor die Pasta fertig ist, das Putenfleisch in die Pfanne geben und erwärmen. Die Sauce unter die Pasta mischen und mit Petersilie bestreut servieren.

239
Chifferi mit Linsen und Pancetta

VORBEREITUNGSZEIT 10 Minuten GARZEIT 30 Minuten FÜR 4–6 Personen

250G UMBRISCHE (ODER PUY-)LINSEN
½ ZWIEBEL, IN DER MITTE HALBIERT
1 ROSMARINZWEIG
1 SALBEIZWEIG
500G CHIFFERI*
115G PANCETTA, IN DÜNNE STREIFEN GESCHNITTEN

3 KNOBLAUCHZEHEN, GEHACKT
NATIVES OLIVENÖL, UND ETWAS ZUM SERVIEREN
4 GROSSE REIFE TOMATEN, ENTKERNT
  UND GEWÜRFELT
1 HANDVOLL GLATTER PETERSILIE, GEHACKT
FRISCH GERIEBENER PARMESAN, ZUM SERVIEREN

1   Linsen, Zwiebel und Kräuter in 3 Liter Wasser zum Kochen bringen und 15–20 Minuten köcheln lassen, bis die Linsen weich sind. Die Pasta zugeben, erneut aufkochen lassen und die Nudeln unter gelegentlichem Rühren bissfest garen.
2   Inzwischen Pancetta und Knoblauch in etwas Öl anbraten, bis die Pancetta leicht gebräunt ist. Tomaten und Petersilie zugeben und etwa 3–4 Minuten anbraten, bis die Tomaten weich, aber nicht komplett zerfallen sind.
3   Pasta und Linsen abgießen. Etwa 125 ml Kochwasser zurückbehalten. Zwiebel und Kräuter entfernen. Pasta und Linsen unter die Tomatenmischung heben. Bei Bedarf etwas Kochwasser zugießen. Jede Portion mit Olivenöl beträufeln und mit frisch geriebenem Parmesan bestreut servieren.

*   Alternativ können auch Pipe Rigate oder Gnocchi verwendet werden.

240
Lasagne alla Bolognese

VORBEREITUNGSZEIT 15 Minuten* GARZEIT 35 Minuten* FÜR 4–6 Personen

10–12 LASAGNEBLÄTTER
1 REZEPTMENGE BOLOGNESE-SAUCE
  (SIEHE SEITE 16)
3 EL FRISCH GERIEBENER PARMESAN

FÜR DIE BÉCHAMELSAUCE
750ML MILCH
75G BUTTER
6 EL MEHL

1 Den Backofen auf 200 °C (Gas Stufe 6) vorheizen.
2 Die Lasagneblätter bissfest garen, abgießen und abschrecken; selbst wenn Sie Lasagne verwenden, die nicht vorgegart werden muss (siehe Seite 15), Nudeln kurz in kochendes Wasser geben. Zum Trocknen auf ein sauberes Geschirrtuch legen.
3 Béchamelsauce zubereiten (siehe Seite 17).
4 Eine flache Auflaufform (etwa 30 x 20 x 7,5 cm) mit einer Schicht Lasagne auslegen. Eine dünne Schicht Béchamelsauce, eine weitere Schicht Lasagne und dann Bolognese-Sauce daraufgeben (etwas Sauce für die letzte Schicht zurückbehalten). Béchamelsauce, Lasagne und Bolognese in 4 Schichten Pasta und 3 Schichten Füllung abwechseln. Mit einer Schicht Bolognese abschließen und mit Parmesan bestreuen.
5 Im vorgeheizten Ofen etwa 25 Minuten backen, bis die Oberfläche knusprig und goldbraun ist. Vor dem Servieren 5 Minuten ruhen lassen.

* Bei Verwendung von fertiger Béchamel- und Bolognese-Sauce.

241
Cannelloni mit Wurst und Brokkoli

VORBEREITUNGSZEIT 10 Minuten GARZEIT 40 Minuten FÜR 4 Personen

175G LASAGNEBLÄTTER
225G BROKKOLI
575ML MILCH
ETWA 50G FRISCHE WEISSBROTKRUMEN
GERIEBENE SCHALE UND SAFT VON 1 UNBEHAN-
  DELTEN ZITRONE
450G FRISCHE ITALIENISCHE SCHWEINSWÜRSTE,
  ENTHÄUTET

SALZ UND FRISCH GEMAHLENER
  SCHWARZER PFEFFER
50G BUTTER
50G MEHL
115G GERIEBENER PROVOLONE
4 EL FRISCH GERIEBENER PARMESAN

1 Den Backofen auf 200 °C (Gas Stufe 6) vorheizen.
2 Die Lasagneblätter bissfest garen, abgießen und abschrecken; selbst wenn Sie Lasagne verwenden, die nicht vorgegart werden muss (siehe Seite 15), Nudeln kurz in kochendes Wasser geben. Zum Trocknen auf ein sauberes Geschirrtuch legen.
3 Inzwischen den Brokkoli in Salzwasser weich garen, grob hacken und mit 3 Esslöffel Milch pürieren. Mit Brotkrumen, Zitronenschale und -saft sowie dem Wurstbrät mischen. Mit Salz und Pfeffer abschmecken.
4 Aus Butter, Mehl und der restlichen Milch eine einfache weiße Sauce zubereiten (siehe Seite 17). Vom Herd nehmen und den Provolone einrühren.
5 Große Lasagneblätter in der Mitte durchschneiden. Die Wurst-Brokkoli-Mischung auf die Blätter verteilen und zu Cannelloni aufrollen. Mit der Nahtstelle nach unten nebeneinander in eine eingefettete flache Auflaufform legen. Die Käsesauce darübergießen und mit Parmesan bestreuen.
6 Im vorgeheizten Ofen etwa 30 Minuten backen, bis die Oberfläche Blasen wirft und goldbraun ist.

242
Cannelloni mit Hähnchen und Prosciutto auf Spinat und Pilzen

VORBEREITUNGSZEIT 15 Minuten GARZEIT 50 Minuten FÜR 6 Personen

350G HÄHNCHENFLEISCH, ENTBEINT
BOUQUET GARNI AUS 1 LORBEERBLATT,
  2 THYMIANZWEIGEN, 1 ROSMARINZWEIG UND
  4 PETERSILIENSTÄNGEL
1 ZWIEBEL, IN SCHEIBEN GESCHNITTEN
225G CANNELLONI
2 KNOBLAUCHZEHEN, FEIN GEHACKT
1 TL BUTTER
225G BRAUNE CHAMPIGNONS,
  IN SCHEIBEN GESCHNITTEN

675G BLATTSPINAT, GEHACKT
SALZ UND FRISCH GEMAHLENER
  SCHWARZER PFEFFER
25G MEHL
150G CRÈME DOUBLE
150ML TROCKENER WEISSWEIN
175G PROSCIUTTO
150G GERIEBENER PROVOLONE
2 EL FRISCH GERIEBENER PARMESAN

1. Hähnchenfleisch, Kräuter und Zwiebel in einen Topf mit 450 ml Wasser geben. Abdecken und köcheln lassen. Die Hitze reduzieren und das Hühnchen in leicht siedendem Wasser etwa 15 Minuten pochieren. Herausnehmen, die Brühe durch ein Sieb abgießen. und auffangen. Sie benötigen 300 ml Brühe für den nächsten Zubereitungsschritt. Gegebenenfalls die Brühe durch Aufkochen auf diese Menge reduzieren.
2. Inzwischen die Cannelloni bissfest garen und abgießen. Auf einem Geschirrtuch zum Trocknen auslegen.
3. Den Backofen auf 190 °C (Gas Stufe 5) vorheizen. Eine flache Auflaufform (28 x 23 cm) einfetten.
4. Den Knoblauch in etwas Butter 1 Minute anbraten. Die Pilze zugeben und weitere 5 Minuten unter Rühren andünsten. Den Spinat zufügen und dünsten, bis er zusammenfällt. Dabei gelegentlich umrühren. Die Spinatmischung mit Salz und Pfeffer abschmecken und in die Auflaufform füllen.
5. Aus Butter, Mehl, Brühe, Crème double und Wein eine weiße Sauce zubereiten (siehe Seite 17).
6. Hähnchen und Prosciutto fein hacken. Mit etwas Salz und reichlich Pfeffer würzen. 150 ml weiße Sauce untermischen. Cannelloni mit der Masse füllen und nebeneinander auf den Spinat legen. Den Provolone in die Sauce mischen (2 Esslöffel zurückbehalten). Über die Cannelloni geben und mit dem restlichen Provolone und Parmesan bestreuen.
7. Im vorgeheizten Ofen 30–35 Minuten goldbraun backen.

243
Cannelloni mit Schweinefleisch und Spinat

VORBEREITUNGSZEIT 10 Minuten GARZEIT 35 Minuten FÜR 4 Personen

250G SPINAT
2 KNOBLAUCHZEHEN, FEIN GEHACKT
OLIVENÖL
400G SCHWEINEHACKFLEISCH
115G MORTADELLA, FEIN GEHACKT
250G RICOTTA, GLATT GERÜHRT

25G PINIENKERNE, LEICHT GERÖSTET
SALZ UND FRISCH GEMAHLENER
  SCHWARZER PFEFFER
250G FRISCHE LASAGNEBLÄTTER
1 REZEPTMENGE KÄSESAUCE (SIEHE SEITE 17)
3 EL FRISCH GERIEBENER PARMESAN

1. Den Backofen auf 180 °C (Gas Stufe 4) vorheizen.
2. Den Spinat in einer Pfanne dünsten. Deckel aufsetzen und gelegentlich rütteln. Abgießen und überschüssige Flüssigkeit ausdrücken. Klein hacken.
3. Den Knoblauch in einer großen Pfanne in etwas Öl 1 Minute anbraten. Das Schweinefleisch für 4–5 Minuten zugeben. Mortadella, Spinat, Ricotta, Pinienkerne sowie Salz und Pfeffer einrühren. Vom Herd nehmen.
4. Die Lasagneblätter bissfest garen und abgießen (siehe Seite 15). Auf einem Geschirrtuch zum Trocknen auslegen.
5. Etwas Käsesauce in eine eingeölte flache Auflaufform streichen.
6. Die Füllung auf die Lasagneblätter verteilen. Dabei 1 cm Rand lassen. Zu Cannelloni aufrollen und nebeneinander mit der Nahtstelle nach unten in die Auflaufform legen. Die restliche Sauce darübergießen, mit Parmesan bestreuen und im vorgeheizten Ofen 20–25 Minuten backen, bis die Oberfläche Blasen wirft und goldbraun ist.

244
Cannelloni mit Rindfleisch, gegrillten Schalotten und Knoblauch

VORBEREITUNGSZEIT 5 Minuten GARZEIT 50 Minuten FÜR 4 Personen

1 KNOBLAUCHKNOLLE, IN ZEHEN ZERTEILT
5 SCHALOTTEN
NATIVES OLIVENÖL
15G GETROCKNETE PILZE
115ML GEMÜSEBRÜHE, HEISS
500G MAGERES RINDERHACKFLEISCH

150ML ROTWEIN
1½ EL THYMIAN
ETWA 8 LASAGNEBLÄTTER
50G FRISCH GERIEBENER FONTINA
2 EL TOMATENMARK
300G SAHNE

1 Den Backofen auf 180 °C (Gas Stufe 4) vorheizen.
2 Knoblauch und Schalotten auf ein kleines Backblech legen. Mit etwas Öl beträufeln und wenden, damit das Öl gleichmäßig verteilt ist. Im vorgeheizten Ofen 25 Minuten backen. Den Backofen nicht ausschalten und die Temperatur auf 200 °C (Gas Stufe 6) erhöhen.
3 Wenn die Schalotten und der Knoblauch so abgekühlt sind, dass sie angefasst werden können, den Knoblauch aus der Schale lösen, die Schalotten schälen und alles zerdrücken. Inzwischen die Pilze in der hießen Brühe 20 Minuten einweichen lassen. Abgießen (Brühe aufbewahren) und fein hacken.
4 Das Fleisch in einer Pfanne in etwas Öl anbraten. Durch Rühren etwaige Klumpen auflösen. Wenn das Fleisch Farbe angenommen hat, Pilze mitsamt Einweichflüssigkeit sowie Wein und Thymian zugeben und kochen, bis die Flüssigkeit fast vollständig verdampft ist. Die Knoblauch-Schalotten-Mischung zugeben.
5 Die Lasagneblätter bissfest garen; selbst wenn Sie Lasagne verwenden, die nicht vorgegart werden muss (siehe Seite 15), Nudeln kurz in kochendes Wasser geben. Die einzelnen Blätter zum Trocknen flach auf ein sauberes Geschirrtuch legen. Die Fleischmischung jeweils entlang der Längsseite verteilen. Die Lasagneblätter zu Cannelloni aufrollen und jede Rolle in der Mitte durchschneiden.
6 Die Hälfte der Cannelloni mit der Nahtstelle nach unten in eine eingefettete, flache Auflaufform legen. Jeweils die Hälfte der Sauce und des Käses darübergeben. Diese Schichtung wiederholen.
7 Das Tomatenmark in die Sahne rühren und über die Cannelloni gießen. Alles mit Alufolie abdecken und im vorgeheizten Ofen 10 Minuten backen. Die Folie abnehmen und weitere 10–15 Minuten ohne Abdeckung backen, bis die Oberfläche goldbraun ist.

245
Geschmorte Lammhaxen mit Pasta

VORBEREITUNGSZEIT 10 Minuten GARZEIT 1½ Stunden FÜR 6 Personen

6 KLEINE LAMMHAXEN
OLIVENÖL
1 GROSSE ZWIEBEL, HALBIERT UND
  IN DÜNNE SCHEIBEN GESCHNITTEN
3 KNOBLAUCHZEHEN, FEIN GEHACKT
2 KLEINE KAROTTEN, IN DÜNNE SCHEIBEN
  GESCHNITTEN
2 SELLERIESTANGEN, IN DÜNNE SCHEIBEN
  GESCHNITTEN

25G GETROCKNETE STEINPILZE, FEIN GESCHNITTEN
8 GETROCKNETE TOMATEN, KLEIN GESCHNITTEN
1 DOSE (400G) KIRSCHTOMATEN
570ML ROTWEIN
570ML GEMÜSEBRÜHE
BOUQUET GARNI AUS 1 LORBEERBLATT
  UND MEHREREN THYMIANZWEIGEN
115G ELLBOGENMAKKARONI

1 Den Backofen auf 170 °C (Gas Stufe 3) vorheizen. Die Lammhaxen portionsweise in einem großen feuerfesten Schmortopf in etwas Öl anbraten, bis sie gebräunt sind. Herausnehmen und beiseite stellen.
2 Zwiebel, Knoblauch, Karotte und Sellerie in den Topf geben. Bei Bedarf etwas Öl zugießen. Das Gemüse weich und goldbraun anbraten. Getrocknete Pilze, sämtliche Tomaten, Wein, Brühe und Kräuter zufügen. 10 Minuten köcheln lassen. Die Haxen in den Topf legen, mit einem gut schließenden Deckel abdecken und im vorgeheizten Backofen etwa 1¼ Stunde garen, bis das Lamm zart ist und sich vom Knochen löst.
3 Das Lamm aus dem Schmortopf nehmen, abdecken und warm halten. Die Flüssigkeit wieder aufkochen, die Pasta zugeben und bissfest kochen. Zusammen mit dem Lamm servieren.

246
Überbackene Rigatoni alla Bolognese

VORBEREITUNGSZEIT 5 Minuten* GARZEIT 30 Minuten FÜR 4–6 Personen

450G RIGATONI

6 EL FRISCH GERIEBENER PARMESAN

1 REZEPTMENGE BOLOGNESE-SAUCE
   (SIEHE SEITE 16), ERWÄRMT

NATIVES OLIVENÖL

FÜR DIE BÉCHAMELSAUCE

450ML MILCH

50G BUTTER

50G MEHL

GEWÜRZE (SIEHE SEITE 17)

1   Den Backofen auf 200 °C (Gas Stufe 6) vorheizen.
2   Die Rigatoni garen und 2 Minuten vor Ende der angegebenen Garzeit abgießen.
3   Inzwischen die Béchamelsauce zubereiten (siehe Seite 17).
4   Die Pasta mit 4 Esslöffel Käse sowie Bolognese- und Béchamelsauce gut mischen. In eine feuerfeste Form geben, mit dem restlichen Parmesan bestreuen und etwas Öl darüberträufeln.
5   Im vorgeheizten Ofen 15–20 Minuten backen, bis die Oberfläche goldbraun ist. Vor dem Servieren 5 Minuten ruhen lassen.

*   Bei Verwendung von fertiger Bolognese-Sauce.

247
Pennette mit Hähnchenleber und Marsala

VORBEREITUNGSZEIT 10 Minuten GARZEIT 10 Minuten FÜR 4 Personen

400G PENNETTE

2 KNOBLAUCHZEHEN, FEIN GEHACKT

4 TL KLEINE SALBEIBLÄTTER, FEIN GEHACKT

2 EL OLIVENÖL

40G BUTTER

350G HÄHNCHENLEBER, IN KLEINE STÜCKE GESCHNITTEN

4 EL MARSALA

4 EL TROCKENER WEIßWEIN

SALZ UND FRISCH GEMAHLENER

  SCHWARZER PFEFFER

FRISCH GERIEBENER PARMESAN

1   Die Pasta nach Packungsanleitung bissfest garen und abgießen. 125 ml Kochwasser zurückbehalten.

2   Inzwischen Knoblauch und Salbei in Öl und Butter 2 Minuten anbraten. Die Hähnchenleber zugeben und 1–2 Minuten scharf anbraten und wenden, bis sie Farbe angenommen hat.

3   Marsala und Wein zugießen und kurz aufkochen lassen, bis etwas Flüssigkeit verdampft ist. Mit Salz und Pfeffer abschmecken und die Sauce unter die Pasta mischen. Mit Parmesan bestreuen und bei Bedarf etwas Kochwasser zugießen.

248
Tagliatelle mit Pancetta und Gorgonzola

VORBEREITUNGSZEIT 10 Minuten GARZEIT 10 Minuten FÜR 4 Personen

400G TAGLIATELLE

175G PANCETTA, GEWÜRFELT

NATIVES OLIVENÖL

2 KNOBLAUCHZEHEN, FEIN GEHACKT

4 EL CRÈME DOUBLE

SALZ UND FRISCH GEMAHLENER

  SCHWARZER PFEFFER

175G GORGONZOLA, SEHR FEIN GEWÜRFELT

100G RUCOLA

25G WALNUSSHÄLFTEN, GEHACKT

1   Die Tagliatelle nach Packungsanleitung bissfest garen und abgießen. 125 ml Kochwasser zurückbehalten.

2   Inzwischen die Pancetta in etwas Öl anbraten. Den Knoblauch zugeben und 1 Minute anbraten. Crème double zufügen und bei schwacher Hitze erwärmen. Nicht kochen lassen. Mit Salz und Pfeffer abschmecken. Mit Käse und Rucola unter die Pasta mischen. Bei Bedarf etwas Kochwasser zugießen. Mit Walnüssen bestreuen und servieren.

249
Bucatini mit Pancetta, Tomaten und Chili

VORBEREITUNGSZEIT 10 Minuten GARZEIT 30 Minuten FÜR 4 Personen

1 ZWIEBEL, FEIN GEHACKT

115G PANCETTA, IN STREIFEN GESCHNITTEN

NATIVES OLIVENÖL

1 KNOBLAUCHZEHE, FEIN GEHACKT

1 PRISE CHILIFLOCKEN (NACH BELIEBEN)

5 EL TROCKENER WEIßWEIN

2 DOSEN (À 400G) PIZZATOMATEN

SALZ UND FRISCH GEMAHLENER

  SCHWARZER PFEFFER

400G BUCATINI

3 EL FRISCH GERIEBENER PARMESAN,

  UND ETWAS ZUM SERVIEREN

1   Zwiebel und Pancetta in etwas Öl anbraten, bis die Pancetta braun (aber nicht knusprig) und die Zwiebel weich ist. Gegen Ende der Garzeit Knoblauch und Chiliflocken zugeben. Den Wein einrühren und aufkochen lassen, bis er auf etwa ein Viertel eingekocht ist. Die Tomaten zugeben und köcheln lassen, bis die Sauce eindickt. Mit Salz und Pfeffer abschmecken.

2   Inzwischen die Pasta nach Packungsanleitung bissfest garen und abgießen. Die Sauce und den Käse unter die Pasta mischen und mit Parmesan servieren.

250
Cannelloni mit Spinat und Prosciutto

VORBEREITUNGSZEIT 15 Minuten GARZEIT 35 Minuten FÜR 4 Personen

675G BLATTSPINAT
115G GERIEBENER FONTINA
6 LASAGNEBLÄTTER, ETWA 18 X 7,5 CM
12 DÜNNE SCHEIBEN PROSCIUTTO
3 EL FRISCH GERIEBENER PARMESAN
1 REZEPTMENGE GRILLTOMATENSAUCE
  (SIEHE SEITE 18), ERWÄRMT

FÜR DIE WEIßE SAUCE
50G BUTTER
50G MEHL
300ML MILCH

1. Den Backofen auf 200 °C (Gas Stufe 6) vorheizen.
2. Den Spinat in einem großen Topf mit Salzwasser erhitzen, bis er zusammenfällt. Kalt abschrecken, abtropfen lassen und überschüssige Flüssigkeit ausdrücken, grob hacken. Fontina unter den noch warmen Spinat mischen.
3. Die Lasagneblätter bissfest garen, abgießen und abschrecken; selbst wenn Sie Lasagne verwenden, die nicht vorgegart werden muss (siehe Seite 15), Nudeln kurz in kochendes Wasser geben. Zum Trocknen auf ein sauberes Geschirrtuch legen.
4. Inzwischen aus Butter, Milch und Mehl die einfache weiße Sauce zubereiten (siehe Seite 17).
5. Eine Scheibe Prosciutto auf jedes Lasagneblatt legen, mit der Spinat-Käse-Mischung bedecken und zu Cannelloni aufrollen. Mit der Nahtstelle nach unten nebeneinander (nicht zu dicht) in eine eingefettete flache Auflaufform legen. Die weiße Sauce darübergeben, mit Parmesan bestreuen und im vorgeheizten Ofen etwa 30 Minuten backen, bis die Füllung erwärmt ist. Mit Grilltomatensauce servieren.

251
Putenfleischbällchen al forno

VORBEREITUNGSZEIT 10 Minuten GARZEIT 1 Stunde FÜR 6 Personen

350G ZITI*
1,4KG REIFE TOMATEN, ENTKERNT UND GEWÜRFELT
3 KNOBLAUCHZEHEN, FEIN GEHACKT
OLIVENÖL
1 BUND BASILIKUM, IN FEINE STREIFEN GESCHNITTEN
SALZ UND FRISCH GEMAHLENER SCHWARZER PFEFFER

500G PUTENHACKFLEISCH
4 STÄNGEL GLATTE PETERSILIE, FEIN GEHACKT
115G FRISCH GERIEBENER PARMESAN
1 EI, GESCHLAGEN
SAFT VON ½ ZITRONE

1. Die Pasta nach Packungsanleitung garen und 2 Minuten vor Ende der angegebenen Garzeit abgießen.
2. Inzwischen Tomaten und zwei Drittel des Knoblauchs in einer Pfanne in etwas Öl 10–15 Minute anbraten, bis ein Großteil der Flüssigkeit verdampft ist. Die Sauce nicht zu dick werden lassen. Basilikum zufügen und alles pürieren. Mit Salz und Pfeffer abschmecken.
3. Während die Sauce kocht, Putenhackfleisch, Petersilie, ¼ des Parmesan, Ei, Zitronensaft, den restlichen Knoblauch sowie Salz und Pfeffer mischen. Mit feuchten Händen kleine Kugeln mit etwa 2 cm Durchmesser formen.
4. Den Backofen auf 190 °C (Gas Stufe 5) vorheizen.
5. Die Fleischbällchen portionsweise in einer großen Pfanne in etwas Öl 2–4 Minuten anbraten, bis sie außen braun, aber innen noch rosafarben sind. Auf Küchenpapier abtropfen lassen.
6. Die Pasta vorsichtig unter die Sauce heben und ein Drittel der Pastamischung in eine tiefe Auflaufform (z. B. eine Souffléform) füllen. Die Hälfte der Putenfleischbällchen darübergeben und mit einem Drittel des restlichen Parmesan bestreuen. Nacheinander das nächste Drittel der Pastamischung, die restlichen Fleischbällchen und die Hälfte des restlichen Parmesan aufschichten. Mit einer Schicht Pasta abschließen und mit dem Rest Parmesan bestreuen.
7. Im vorgeheizten Ofen 30–40 Minuten backen, bis der Auflauf erwärmt ist. Vor dem Servieren 5 Minuten ruhen lassen.

* Alternativ können auch Rigatoni verwendet werden.

252
Lasagne mit Wurst und Auberginen

VORBEREITUNGSZEIT 20 Minuten GARZEIT 50 Minuten FÜR 6 Personen

250G **LASAGNEBLÄTTER**

250G **SCHARFE ITALIENISCHE WÜRSTE**

375G **AUBERGINEN, IN 5 MM DICKE SCHEIBEN GESCHNITTEN**

OLIVENÖL

SALZ UND FRISCH GEMAHLENER SCHWARZER PFEFFER

85G **GERIEBENER PARMESAN**

175G **BÜFFELMOZZARELLA, IN SCHEIBEN GESCHNITTEN**

375G **REIFE TOMATEN, IN SCHEIBEN GESCHNITTEN**

FÜR DIE WEIßE SAUCE

750ML **MILCH**

70G **BUTTER**

35G **MEHL**

1 **LORBEERBLATT, IN DER MITTE ZERTEILT**

1   Den Backofen auf 180 °C (Gas Stufe 4) vorheizen.

2   Die Lasagneblätter bissfest garen, abgießen und abschrecken; selbst wenn Sie Lasagne verwenden, die nicht vorgegart werden muss (siehe Seite 15), Nudeln kurz in kochendes Wasser geben. Zum Trocknen auf ein sauberes Geschirrtuch legen.

3   Inzwischen die Würste anbraten. Auf Küchenpapier abtropfen lassen und in dünne Scheiben schneiden.

4   Ein großes Backblech mit Auberginenscheiben auslegen (eventuell werden 2 Bleche benötigt). Mit Öl bepinseln und mit Salz und Pfeffer bestreuen. Unter einem Grill weich und auf beiden Seiten braun rösten.

5   Während die Auberginen garen, die weiße Sauce zubereiten (siehe Seite 17). Das Lorbeerblatt in die Milch geben und entfernen, wenn die Sauce fertig ist. ¾ des Parmesan einrühren.

6   Eine große flache Auflaufform mit einer dünnen Schicht Sauce ausstreichen. Mit Lasagneblättern auslegen und die Hälfte der Auberginen- und Wurstscheiben darauf verteilen. Nacheinander eine weitere Schicht Sauce, eine Schicht Lasagne und dann die Hälfte des Mozzarella einfüllen. Mit der Hälfte der Tomaten, einer weiteren Schicht Lasagne und den restlichen Auberginen und Würsten belegen. Sauce und Lasagne darübergeben und den Rest des Mozzarella und der Tomaten verteilen. Mit einer großzügigen Schicht Käsesauce abschließen. Den restlichen Parmesan darüberstreuen.

7   Im vorgeheizten Ofen etwa 30 Minuten backen, bis die Oberfläche Blasen wirft und goldbraun ist.

253
Gnocchi mit Borlottibohnen und Pancetta

VORBEREITUNGSZEIT 10 Minuten GARZEIT 15 Minuten FÜR 4 Personen

I ZWIEBEL, GEHACKT

2 KNOBLAUCHZEHEN, GEHACKT

NATIVES OLIVENÖL, UND ETWAS ZUM SERVIEREN

100G PANCETTA, GEWÜRFELT

350G PIZZATOMATEN AUS DER DOSE

175G BORLOTTIBOHNEN, GEKOCHT ODER
   AUS DER DOSE

3 EL CRÈME DOUBLE

3 EL FRISCHES BASILIKUM, GEHACKT

SALZ UND FRISCH GEMAHLENER
   SCHWARZER PFEFFER

400G GNOCCHI

FRISCH GERIEBENER PARMESAN,
   ZUM SERVIEREN

I Zwiebel und Knoblauch in einer Pfanne in etwas Öl andünsten. Pancetta zugeben und anbraten, bis sie
   Farbe annimmt. Tomaten und Bohnen zufügen und 5 Minuten aufkochen lassen. Crème double einrühren.
   Bei schwacher Hitze erwärmen. Die Bohnen grob pürieren. Basilikum sowie Salz und Pfeffer untermischen.

2 Inzwischen die Gnocchi nach Packungsanleitung bissfest garen und abgießen. Etwas Kochwasser
   zurückbehalten.

3 Die Sauce unter die Pasta mischen und bei Bedarf ausreichend Kochwasser zugießen, um die Sauce zu
   verdünnen. Mit Olivenöl und Parmesan servieren.

254
Tortellini mit Spinat, Ricotta und Prosciutto

VORBEREITUNGSZEIT 50–60 Minuten GARZEIT 10–15 Minuten FÜR 4 Personen

I REZEPTMENGE PASTATEIG MIT 2 EIERN
   (SIEHE SEITE 10)

50G PROSCIUTTO, IN STREIFEN GESCHNITTEN

450G BLATTSPINAT

200G RICOTTA

I EIDOTTER

SALZ UND FRISCH GEMAHLENER
   SCHWARZER PFEFFER

I TL BUTTER

2 KNOBLAUCHZEHEN, HALBIERT

GEHOBELTER PARMESAN,
   ZUM SERVIEREN

I Während der Teig ruht, den Prosciutto einige Minuten anbraten.

2 Den Spinat in einem großen Topf mit Salzwasser erhitzen, bis er zusammenfällt. Kalt abschrecken, abtropfen
   lassen und überschüssige Flüssigkeit ausdrücken. Spinat fein hacken. Prosciutto, Ricotta, Eidotter sowie Salz
   und Pfeffer mit dem Spinat mischen.

3 Aus Teig und Füllung Tortellini zubereiten (siehe Seite 11).

4 Die Butter zusammen mit dem Knoblauch in einer kleinen Pfanne bei mittlerer Hitze 3–4 Minuten
   erhitzen, bis der Knoblauch goldbraun ist. Knoblauch entfernen. Die Butter bei schwacher Hitze
   warm halten.

5 Die Tortellini gegebenenfalls portionsweise in siedendem Wasser 3–4 Minuten ziehen lassen, bis sie an der
   Oberfläche schwimmen. Mit einem Schaumlöffel herausheben, gut abtropfen und die Butter darübergeben.
   Mit Parmesanspänen bestreuen und servieren.

255
Pilze und Salami al forno

VORBEREITUNGSZEIT 5 Minuten GARZEIT 35 Minuten FÜR 4 Personen

I ZWIEBEL, HALBIERT UND
  IN DÜNNE SCHEIBEN GESCHNITTEN
I LAUCHSTANGE, IN DÜNNE RINGE GESCHNITTEN
3 KNOBLAUCHZEHEN, IN DÜNNE
  SCHEIBEN GESCHNITTEN
OLIVENÖL, ZUM FRITTIEREN
150G SALAMI, GEWÜRFELT
225G RIGATONI

350G BRAUNE CHAMPIGNONS,
  IN SCHEIBEN GESCHNITTEN
200G CRÈME DOUBLE
SALZ UND FRISCH GEMAHLENER
  SCHWARZER PFEFFER
3 EL FRISCHE WEIßBROTKRUMEN
2 EL FRISCH GERIEBENER PARMESAN

1   Den Backofen auf 200 °C (Gas Stufe 6) vorheizen.
2   Zwiebel, Lauch und Knoblauch in einer Pfanne in etwas Öl goldbraun andünsten. Die Salami zugeben und 2 Minuten anbraten.
3   Inzwischen die Pasta nach Packungsanleitung garen und I Minute vor Ende der angegebenen Garzeit abgießen. Gemüse und Salami mit einem Schaumlöffel aus der Pfanne heben und mit der Pasta mischen.
4   Die Hälfte der Pilze in der Pfanne bei großer Hitze 2 Minuten andünsten. Herausnehmen und zur Pasta geben. Diesen Vorgang mit den restlichen Pilzen wiederholen. Crème double ebenfalls mit der Pasta mischen. Mit Salz und Pfeffer abschmecken und alles gut mischen, sodass alle Zutaten mit Crème double bedeckt sind. In eine Auflaufform füllen, mit einer Mischung aus Brotkrumen und Parmesan bestreuen und im vorgeheizten Ofen 20 Minuten backen.

256
Tagliatelle mit Hähnchen, Zitrone und Basilikum

VORBEREITUNGSZEIT 10 Minuten GARZEIT 15 Minuten FÜR 4 Personen

350G TAGLIATELLE
450G HÄHNCHENBRUST, QUER ZUR FASER
  IN DÜNNE STREIFEN GESCHNITTEN
NATIVES OLIVENÖL
150G TIEFGEFRORENE DICKE BOHNEN, AUFGETAUT
SAFT VON I GROßEN ZITRONE

3 EL CRÈME FRAÎCHE
SALZ UND FRISCH GEMAHLENER
  SCHWARZER PFEFFER
I KLEINE HANDVOLL BASILIKUMBLÄTTER,
  IN FEINE STREIFEN GESCHNITTEN
FRISCH GERIEBENER PARMESAN, ZUM SERVIEREN

1   Die Pasta nach Packungsanleitung bissfest garen und abgießen. 125 ml Kochwasser zurückbehalten.
2   Inzwischen das Hähnchenfleisch in einer großen Pfanne in etwas Öl anbraten, bis es gar und goldbraun ist.
3   Die Dicken Bohnen zugeben und 2 Minuten mitgaren. Zitronensaft und Crème fraîche zufügen. Alles vorsichtig erwärmen. Mit Salz und Pfeffer abschmecken. Zusammen mit dem Basilikum unter die Pasta mischen. Bei Bedarf etwas Kochwasser zugießen. Mit geriebenem Parmesan bestreuen und servieren.

Vegetarische Gerichte

Nudeln waren ursprünglich ein Nahrungsmittel der armen Leute und die meisten dieser einfachen Menschen bauten ihr eigenes Gemüse an, sodass die Kombination mit Pasta nahe lag. In einigen Rezepten dieses Kapitels benötigt das Gemüse nur minimale Vorbereitung: Es wird schnell in Scheiben oder Stücke geschnitten und nur kurz gekocht, um Geschmack und Nährwerte zu bewahren. In anderen Rezepten wird das Gemüse langsam weich gekocht, damit sämtliche Geschmacksstoffe in eine wohlschmeckende Sauce einfließen können. Im Rezept Gemelli mit Schmelzzwiebelsauce beispielsweise werden die Zwiebeln durch langsames Dünsten zu einer weichen süßlichen Sauce verarbeitet. Für Lasagne-Fans gibt es viele beliebte Kombinationen mit Spinat und Käse oder, etwas weniger gehaltvoll, eine Gemüselasagne mit Ziegenkäse.

KAPITEL

4

257
Torchietti mit Zucchini, Zitronen und Pinienkernen

VORBEREITUNGSZEIT 10 Minuten GARZEIT 10 Minuten FÜR 4 Personen

2 GROSSE KNOBLAUCHZEHEN, IN DÜNNE
  SCHEIBEN GESCHNITTEN
NATIVES OLIVENÖL
550G KLEINE ZUCCHINI, IN DÜNNE LÄNGSSTREIFEN
  GESCHNITTEN (SIEHE SEITE 212)
GERIEBENE SCHALE UND SAFT VON 1 UNBEHAN-
  DELTEN ZITRONE

85G CRÈME DOUBLE
SALZ UND FRISCH GEMAHLENER
  SCHWARZER PFEFFER
350G TORCHIETTI
2 EL GLATTE PETERSILIE, FEIN GEHACKT
5 EL PINIENKERNE, LEICHT GERÖSTET
FRISCH GERIEBENER PARMESAN, ZUM SERVIEREN

1 Knoblauch in 4 Esslöffel Öl fünf Minuten andünsten, das Öl aber nicht zu heiß werden lassen.
   Knoblauch entfernen.

2 Zucchini portionsweise kurz in der Pfanne mit dem Knoblauchöl anbraten, bis sie goldbraun sind.
   Alle Zucchini zusammen mit Zitronenschale, Zitronensaft und Crème double wieder in die Pfanne geben.
   2 Minuten aufkochen lassen, bis die Sauce leicht eindickt. Mit Salz und Pfeffer abschmecken.

3 Inzwischen die Pasta nach Packungsanleitung bissfest garen und abgießen. Mit der Zucchinisauce mischen,
   Petersilie und Pinienkerne darüberstreuen. Mit Parmesan servieren.

258
Trofie mit Brokkolisauce

VORBEREITUNGSZEIT 5 Minuten GARZEIT 20 Minuten FÜR 3–4 Personen

675G BROKKOLIRÖSCHEN
SALZ
2 KNOBLAUCHZEHEN, FEIN GEHACKT
NATIVES OLIVENÖL
225G TROFIE*

115G CRÈME DOUBLE
2 EL ZITRONENSAFT
2 EL FRISCH GERIEBENER PARMESAN,
   UND ETWAS ZUM SERVIEREN

1   Brokkoli in Salzwasser weich kochen. Wasser abgießen und 125 ml Kochwasser zurückbehalten.
     Den Brokkoli unter fließendem Wasser kalt abschrecken. Abgießen und fein hacken.
2   Knoblauch in wenig Öl 1 Minute andünsten, den Brokkoli zugeben und unter Rühren etwa
     3 Minuten anbraten, bis die Flüssigkeit verdampft ist.
3   Inzwischen die Pasta nach Packungsanleitung bissfest garen und abgießen.
4   Crème double und Zitronensaft zum Brokkoli geben und 3–4 Minuten leicht köcheln lassen.
     Ausreichend Brokkolikochwasser zufügen, um eine sahnige Sauce zu erreichen. Parmesan einrühren.
     Alles unter die Pasta mischen und mit Parmesan servieren.

*   Alternativ können auch Fusilli Lunghi verwendet werden.

259
Eliche mit Brokkoli und Pinienkernen

VORBEREITUNGSZEIT 10 Minuten GARZEIT 10 Minuten FÜR 4 Personen

50G SULTANINEN (NACH BELIEBEN)
300G ELICHE
175G BROKKOLI, IN RÖSCHEN GETEILT,
   MIT FEIN GEHACKTEN STRÜNKEN
1 EL TOMATENMARK
85G FRISCHE WEISSBROTKRUMEN

115ML NATIVES OLIVENÖL
2 KNOBLAUCHZEHEN, FEIN GEHACKT
3 EL PINIENKERNE
3 EL GLATTE PETERSILIE, GEHACKT
SALZ UND FRISCH GEMAHLENER
   SCHWARZER PFEFFER

1   Sultaninen (nach Belieben) in etwas heißem Wasser 5 Minuten einweichen.
2   Die Pasta nach Packungsanleitung bissfest garen und den Brokkoli 4–5 Minuten vor Ende der
     Garzeit zugeben. Abgießen, dabei 1 Esslöffel Kochwasser zurückbehalten und mit dem Tomatenmark
     mischen.
3   Brotkrumen in Öl in einer Pfanne anrösten, bis sie knusprig werden. Knoblauch und Pinienkerne
     zugeben und unter ständigem Rühren anrösten, bis die Pinienkerne Farbe annehmen. Die Petersilie
     zufügen. Mit Brokkoli, Tomatenmark und eingeweichten Sultaninen (nach Belieben) unter die Pasta
     mischen. Mit Salz und Pfeffer abschmecken.

260
Riccioli mit Brokkoli, Parmesan und Pinienkernen

VORBEREITUNGSZEIT 5 Minuten GARZEIT 10 Minuten FÜR 4 Personen

400G RICCIOLI

450G BROKKOLIRÖSCHEN

4 EL NATIVES OLIVENÖL

2 KNOBLAUCHZEHEN, FEIN GEHACKT

SAFT VON 1 ZITRONE

SALZ UND FRISCH GEMAHLENER SCHWARZER PFEFFER

2–3 EL PINIENKERNE, LEICHT ANGERÖSTET

FRISCH GERIEBENER PARMESAN, ZUM SERVIEREN

1   Die Pasta nach Packungsanleitung bissfest garen. Den Brokkoli 4 Minuten vor Ende der Garzeit zugeben. Pasta und Brokkoli abgießen.
2   Inzwischen Öl, Knoblauch, Zitronensaft sowie Salz und Pfeffer vermengen. Mit Brokkoli und Pinienkernen unter die Pasta mischen. Mit viel Parmesan servieren.

261
Orecchiette mit Erbsen und Feta

VORBEREITUNGSZEIT 5 Minuten GARZEIT 10 Minuten FÜR 4 Personen

400G ORECCHIETTE*	175G FRISCHE ERBSEN
1 ZWIEBEL, FEIN GEHACKT	115G FETA, ZERBRÖCKELT
1 TL BUTTER	1–2 EL FRISCHER DILL, GEHACKT
300ML HEISSE GEMÜSEBRÜHE	SALZ UND FRISCH GEMAHLENER SCHWARZER PFEFFER

1   Orecchiette nach Packungsanleitung bissfest garen und abgießen.
2   Inzwischen die Zwiebel in der Butter andünsten, bis sie glasig und weich, aber nicht braun ist. Die Hälfte der Brühe zugeben und kochen, bis die Flüssigkeit fast verdampft ist. Restliche Brühe und Erbsen zugeben und die Erbsen bissfest garen. Es sollte noch etwas Flüssigkeit übrig bleiben. Mit Feta, Dill sowie Salz und Pfeffer (möglicherweise wird aufgrund des Salzgehalts des Käses kein Salz benötigt) unter die Pasta mischen.

*   Alternativ können auch Conchiglie verwendet werden.

262
Chifferi mit Erbsen und Parmesan

VORBEREITUNGSZEIT 5 Minuten GARZEIT 10 Minuten FÜR 4 Personen

400G CHIFFERI*	85G FRISCH GERIEBENER PARMESAN
225G TIEFGEFRORENE ERBSEN	SALZ UND FRISCH GEMAHLENER
115G BUTTER, GEWÜRFELT	SCHWARZER PFEFFER

1   Die Pasta nach Packungsanleitung bissfest garen und abgießen. Die Erbsen für die letzten 2 Minuten der Garzeit zufügen.
2   Butter und den Großteil des Parmesan unterheben. Mit reichlich schwarzem Pfeffer und Salz abschmecken.

*   Alternativ können auch Gnocchi oder Cavatelli verwendet werden.

263
Cavatappi mit Minze, Salat und Erbsen

VORBEREITUNGSZEIT 10 Minuten GARZEIT 10 Minuten FÜR 4 Personen

1 ZWIEBEL, FEIN GEHACKT	SALZ UND FRISCH GEMAHLENER
40G BUTTER	SCHWARZER PFEFFER
175G KLEINE ROMANOSALATHERZEN	400G CAVATAPPI
150ML TROCKENER WEISSWEIN	2 EL MINZE, GEHACKT
225G TIEFGEFRORENE ERBSEN, AUFGETAUT	4 EL CRÈME FRAÎCHE

1   Zwiebel in einer großen (beschichteten) Pfanne in der Butter andünsten.
2   Inzwischen die Strünke der Romanosalatherzen am Blattansatz abschneiden, ohne jedoch die Strünke vollständig zu entfernen. Jeden Kopf der Länge nach so in 6–8 Teile schneiden, dass die Blätter an den Strunkresten zusammengehalten werden.
3   Den Wein in die Pfanne gießen und einen Großteil verkochen lassen. Salat zugeben und unter ständigem Rühren dünsten, bis er zusammenfällt und etwas braun ist. Kurz vor Schluss die Erbsen zugeben und erwärmen. Mit Salz und Pfeffer abschmecken.
4   Inzwischen die Pasta nach Packungsanleitung bissfest garen und abgießen. 125 ml Kochwasser zurückbehalten. Salat und Erbsen unter die Pasta mischen. Die Minze zugeben. Bei Bedarf etwas Kochwasser zugießen. Auf jede Portion einen Löffel Crème fraîche geben und servieren.

264
Pappardelle mit gebratenem Kürbis und gegrilltem Ziegenkäse

VORBEREITUNGSZEIT 10 Minuten GARZEIT 30 Minuten FÜR 4 Personen

1 KLEINER BUTTERNUSSKÜRBIS, GESCHÄLT, ENTKERNT
   UND IN 2,5 CM GROSSE STÜCKE GESCHNITTEN
MEHRERE THYMIANZWEIGE
2 KNOBLAUCHZEHEN, ZERDRÜCKT
3 EL NATIVES OLIVENÖL,
   UND ETWAS ZUM SERVIEREN
300g PAPPARDELLE*

4 SCHEIBEN EINER ZIEGENKÄSEROLLE
4 EL GLATTE PETERSILIE, FEIN GEHACKT
FEIN GERIEBENE SCHALE VON ½ UNBEHAN-
   DELTEN ZITRONE
SALZ UND FRISCH GEMAHLENER
   SCHWARZER PFEFFER
FRISCH GERIEBENER PARMESAN, ZUM SERVIEREN

1   Den Backofen auf 220 °C (Gas Stufe 6) vorheizen.
2   Die Kürbisstücke auf ein großes Backblech legen, Thymian, Knoblauch zugeben und mit Öl beträufeln. Alles gut mischen, sodass der Kürbis mit Öl und Gewürzen bedeckt ist. Im vorgeheizten Backofen etwa 25–30 Minuten schmoren lassen, bis der Kürbis weich und leicht gebräunt ist. Den Thymian entfernen.
3   Inzwischen die Pasta nach Packungsanleitung bissfest garen. 125 ml Kochwasser zurückbehalten.
4   Den Ziegenkäse auf ein Stück eingeölte Alufolie legen und 3–4 Minuten grillen, bis er leicht gebräunt und weich ist.
5   Pasta, Kürbis und Bratflüssigkeit mit Petersilie und Zitronenschale vermengen. Mit Salz und Pfeffer abschmecken. Bei Bedarf etwas Kochwasser zugießen. Mit Öl und Parmesan servieren und auf jede Portion ein Stück Ziegenkäse legen.

*   Alternativ können auch Cavatappi oder Eliche verwendet werden.

265
Conchiglie mit Dicken Bohnen, Nüssen und Zitronensaft

VORBEREITUNGSZEIT 10 Minuten GARZEIT 10 Minuten FÜR 4 Personen

85G LEICHT GERÖSTETE HASELNÜSSE,
  GROB GEHACKT
4 KNOBLAUCHZEHEN, IN SEHR DÜNNE
  SCHEIBEN GESCHNITTEN
50G BUTTER, GEWÜRFELT
GROB GERIEBENE SCHALE UND SAFT VON
  1½–2 UNBEHANDELTEN ZITRONEN
250G CONCHIGLIE

175G FRISCHE ODER TIEFGEFRORENE UND
  AUFGETAUTE JUNGE DICKE BOHNEN, AUSGEPALT
4 EL BASILIKUM, GEHACKT
2 EL GLATTE PETERSILIE, GEHACKT
2 EL SAHNE
SALZ UND FRISCH GEMAHLENER SCHWARZER PFEFFER
FRISCH GERIEBENER PARMESAN,
  ZUM SERVIEREN (NACH BELIEBEN)

1 Haselnüsse und Knoblauch 30–60 Sekunden in Butter anbraten, dann die Zitronenschale zugeben und vom Herd nehmen.

2 Conchiglie nach Packungsanleitung bissfest garen und abgießen. Frische Bohnen etwa 4 Minuten, gefrorene nur 2 Minuten vor Ende der Garzeit zugeben.

3 Pasta und Bohnen unter die Buttermischung heben. 1 Minute abgedeckt schmoren lassen, dann Kräuter, Zitronensaft und Sahne zugeben, mit Salz und Pfeffer abschmecken. Nach Belieben mit frisch geriebenem Parmesan servieren.

266
Orecchiette mit Brokkoli, Thymian und getrockneten Tomaten

VORBEREITUNGSZEIT 10 Minuten GARZEIT 10 Minuten FÜR 4 Personen

400G ORECCHIETTE
300G BROKKOLIRÖSCHEN
3 KNOBLAUCHZEHEN, LEICHT ZERDRÜCKT,
  ABER IM STÜCK
1 PRISE CHILIFLOCKEN
1 EL FRISCHER THYMIAN
5 EL NATIVES OLIVENÖL ODER ÖL VON DEN
  EINGELEGTEN TOMATEN

10 GETROCKNETE TOMATENSTÜCKE IN ÖL,
  ABGEGOSSEN UND IN SCHEIBEN GESCHNITTEN
4 EL GLATTE PETERSILIE, GEHACKT
1 TL FEIN GERIEBENE SCHALE EINER UNBEHAN-
  DELTEN ZITRONE
FRISCH GEMAHLENER SCHWARZER PFEFFER
40G FRISCH GERIEBENER PARMESAN,
  UND ETWAS ZUM SERVIEREN

1 Die Pasta nach Packungsanleitung bissfest garen und abgießen. Den Brokkoli die letzten 3–4 Minuten der Garzeit zugeben.

2 Inzwischen Knoblauch, Chili und Thymian bei schwacher Hitze im Öl 5 Minuten anbraten, sodass das Öl das Aroma des Knoblauchs aufnehmen kann. Knoblauch entfernen und die Tomaten zugeben. Mit Petersilie, Zitronenschale, schwarzem Pfeffer und Parmesan unter die Pasta mischen. Mit Parmesan servieren.

267
Trofie mit Ziegenkäse und Zitrone

VORBEREITUNGSZEIT 5 Minuten GARZEIT 10 Minuten FÜR 2 Personen

200G TROFIE*
150G WEICHE ZIEGENKÄSEROLLE, IN DICKE
SCHEIBEN GESCHNITTEN
2 KNOBLAUCHZEHEN, IN DÜNNE
SCHEIBEN GESCHNITTEN
1 TL BUTTER

2 EL NATIVES OLIVENÖL
FEIN GERIEBENE SCHALE VON 1 UNBEHAN-
DELTEN ZITRONE
2 EL ZITRONENSAFT
50G RUCOLA
FRISCH GEMAHLENER SCHWARZER PFEFFER

1   Trofie nach Packungsanleitung bissfest garen und abgießen. 125 ml Kochwasser zurückbehalten.
2   Inzwischen den Ziegenkäse auf ein leicht eingeöltes Stück Alufolie legen und im vorgeheizten Backofen
    4–5 Minuten grillen, bis der Käse goldbraun ist und zu schmelzen beginnt.
3   Gleichzeitig den Knoblauch 30 Sekunden in Butter und Öl anbraten. Zitronenschale und -saft sowie Rucola
    und schwarzen Pfeffer zufügen. Alles unter die Pasta mischen und bei Bedarf etwas Kochwasser zugießen.
    Jede Portion mit einem Stück Ziegenkäse servieren.

*   Alternativ können auch Fusilli oder Farfalle verwendet werden.

268
Fettuccine mit Spargel, Erbsen und Zitrone

VORBEREITUNGSZEIT 5 Minuten GARZEIT 10 Minuten FÜR 4 Personen

450G DÜNNER SPARGEL, LÄNGS HALBIERT
OLIVENÖL
375G FETTUCCINE*
175G FRISCHE ERBSEN
GERIEBENE SCHALE UND SAFT VON 1 UNBEHAN-
DELTEN ZITRONE

4 EL SAHNE
4 EL FRISCH GERIEBENER PARMESAN
2–3 EL MINZE, IN STREIFEN GESCHNITTEN
(NACH BELIEBEN)
SALZ UND FRISCH GEMAHLENER
SCHWARZER PFEFFER

1   Spargel in einer heißen Grillpfanne in etwas Öl anbraten, bis er gleichmäßig angebräunt ist.
2   Inzwischen die Pasta nach Packungsanleitung bissfest garen und abgießen. Die Erbsen je nach Größe
    während der letzten 3–4 Minuten der Garzeit zugeben.
3   Währenddessen die Zitronenschale etwa 3 Minuten in etwas Öl anbraten. Den Zitronensaft zugeben und
    erwärmen.
4   Fettuccine und Erbsen mit der Zitronenmischung sowie Sahne, Spargel, Käse und Minze mischen, mit Salz
    und Pfeffer abschmecken.

*   Alternativ können auch Tagliatelle verwendet werden.

269
Lasagnette mit Pilzen und Kräutern

VORBEREITUNGSZEIT 10 Minuten GARZEIT 15 Minuten FÜR 4 Personen

550G PILZMISCHUNG, Z. B. JE NACH VERFÜGBARKEIT
STEINPILZE, AUSTERN-, SHIITAKE- UND ENOKI-
PILZE, BRAUNE CHAMPIGNONS UND WILDPILZE,
IN SCHEIBEN GESCHNITTEN, HALBIERT ODER
JE NACH GRÖSSE GEVIERTELT*
3 SCHALOTTEN, FEIN GEHACKT
NATIVES OLIVENÖL
3 KNOBLAUCHZEHEN, IN DÜNNE SCHEIBEN
GESCHNITTEN

300ML TROCKENER WEISSWEIN
4 EL KRÄUTERMISCHUNG AUS GLATTER PETERSILIE
UND SALBEI, GEHACKT
SALZ UND FRISCH GEMAHLENER
SCHWARZER PFEFFER
400G LASAGNETTE
GEHOBELTER PARMESAN, ZUM SERVIEREN

1   Falls Austern- oder Enoki-Pilze verwendet werden, bitte separat kürzer als die anderen Pilze anbraten.
2   Pilze und Schalotten portionsweise in einer großen Pfanne in etwas Öl anbraten, bis sie etwas Farbe
    angenommen haben. Den Knoblauch mit der letzten Portion anbraten. Alle Pilze aus der Pfanne nehmen
    und beiseite stellen. Den Wein einrühren und auf die Hälfte einkochen lassen. Die Pilze wieder in die
    Pfanne geben, Kräuter zufügen, mit Salz und Pfeffer abschmecken und kurz erwärmen.
3   Inzwischen die Pasta nach Packungsanleitung bissfest garen und abgießen. In die Pfanne geben und
    unter die Pilzsauce heben. Mit gehobeltem Parmesan servieren.

*   Für einen intensiveren Pilzgeschmack 150 ml heißes Wasser über 15 g getrocknete Wildpilze gießen,
    20 Minuten einweichen lassen, abgießen und das Einweichwasser auffangen. Die Pilze fein hacken und
    zusammen mit der Flüssigkeit in den Wein geben.

270
Penne mit mediterranem Gemüse

VORBEREITUNGSZEIT 10 Minuten GARZEIT 30 Minuten FÜR 4 Personen

1 AUBERGINE, IN 1 CM GROSSE WÜRFEL
  GESCHNITTEN
NATIVES OLIVENÖL
225G SOMMERKÜRBIS,
  Z. B. PATTISON-KÜRBIS, GEVIERTELT
1 ROTE PAPRIKASCHOTE, IN DÜNNE
  STREIFEN GESCHNITTEN

1 ROTE ZWIEBEL, IN DÜNNE SCHEIBEN GESCHNITTEN
4 GROSSE REIFE EIERTOMATEN, GEWÜRFELT
2 KNOBLAUCHZEHEN, GEHACKT
1½ EL OREGANO, GEHACKT
SALZ UND FRISCH GEMAHLENER
  SCHWARZER PFEFFER
400G PENNE

FRISCH GERIEBENER PARMESAN, ZUM SERVIEREN

1 Die Aubergine in einem großen Wok oder einer tiefen Pfanne in etwas Öl anbraten, bis sie braun ist. Mit einem Schaumlöffel herausheben und auf Küchenpapier abtropfen lassen.
2 Den Kürbis bissfest anbraten, mit einem Schaumlöffel herausheben und auf Küchenpapier legen. Paprika weich andünsten und ebenfalls entnehmen. Die Zwiebel scharf anbraten, bis sie leicht gebräunt ist. Das gegarte Gemüse wieder in den Wok geben, Tomaten, Knoblauch und Oregano zugeben und 15 Minuten unter gelegentlichem Rühren weich dünsten. Mit Salz und Pfeffer abschmecken.
3 Inzwischen die Pasta nach Packungsanleitung bissfest garen und abgießen.
4 Das Gemüse unter die Pasta mischen. Mit Parmesan servieren.

271
Fusilli Lunghi mit gegrilltem mediterranem Gemüse

VORBEREITUNGSZEIT 15 Minuten GARZEIT 20 Minuten FÜR 4 Personen

1 FENCHELKNOLLE, LÄNGS IN SPALTEN GESCHNITTEN
1 KLEINE AUBERGINE, IN SCHEIBEN GESCHNITTEN
2 ZUCCHINI, IN DÜNNE LÄNGSSTREIFEN GESCHNITTEN
  (SIEHE SEITE 212)
1 GROSSE FLEISCHIGE ROTE PAPRIKASCHOTE,
  IN STREIFEN GESCHNITTEN
5 REIFE EIERTOMATEN, LÄNGS HALBIERT

4 KNOBLAUCHZEHEN
3 EL NATIVES OLIVENÖL
1 EL THYMIANBLÄTTER
1 TL UNBEHANDELTE ZITRONENSCHALE
BALSAMICO-ESSIG, ZUM BETRÄUFELN
400G FUSILLI LUNGHI
PESTO (SIEHE SEITE 18), ZUM SERVIEREN

1 Den Fenchel in Salzwasser 2 Minuten blanchieren, abgießen.
2 Gemüse und Knoblauch in eine feuerfeste Form geben. Öl, Thymian und Zitronenschale zufügen, alles gut mischen, bis das Gemüse gleichmäßig mit Öl bedeckt ist. Unter einem vorgeheizten Grill 15–20 Minuten rösten, bis das Gemüse weich und leicht gebräunt ist. Gegebenenfalls wenden, um gleichmäßiges Garen sicherzustellen. Mit etwas Balsamico beträufeln.
3 Inzwischen die Pasta nach Packungsanleitung bissfest garen und abgießen. Gemüse und Bratflüssigkeit unter die Pasta mischen und mit Pesto servieren.

272
Penne Rigate mit Käse, Sellerie und Mandeln

VORBEREITUNGSZEIT 10 Minuten GARZEIT 15 Minuten FÜR 4 Personen

50G MANDELN	115G FRISCHE ZIEGENKÄSEROLLE,
NATIVES OLIVENÖL	IN 4 SCHEIBEN GESCHNITTEN
5 KLEINE SELLERIESTANGEN, IN DÜNNE	115G RICOTTA, ZERBRÖCKELT
SCHEIBEN GESCHNITTEN	115G GORGONZOLA, ZERBRÖCKELT
150G SAHNE	SALZ UND FRISCH GEMAHLENER SCHWARZER PFEFFER
200G PENNE RIGATE*	1 HANDVOLL RUCOLA, ZUM SERVIEREN

1 Die Mandeln in 2 Esslöffel Öl leicht anbräunen. Mit einem Schaumlöffel herausheben und auf Küchenpapier abtropfen lassen. Den Sellerie in das Öl geben und anbraten, bis er weich, aber nicht braun ist. Sahne zugeben und bei schwacher Hitze erwärmen.
2 Inzwischen die Pasta nach Packungsanleitung bissfest garen und abgießen.
3 Gleichzeitig den Ziegenkäse auf ein Stück leicht eingeölte Alufolie legen und unter einem vorgeheizten Grill goldbraun rösten.
4 Selleriesahne, Ricotta, Gorgonzola und Mandeln unter die Pasta mischen, mit Salz und Pfeffer abschmecken. Auf jede Portion erst Rucola und dann eine Scheibe Ziegenkäse legen. Reichlich schwarzen Pfeffer darüber mahlen.

* Alternativ können auch Sedani verwendet werden.

273
Taglioni mit Sommergemüse und frischer Kräutersauce

VORBEREITUNGSZEIT 15 Minuten, plus Ruhezeit GARZEIT 15 Minuten FÜR 4 Personen

25G GEMISCHTE KRÄUTER,	2 SCHALOTTEN, FEIN GEHACKT
Z. B. SCHNITTLAUCH, BASILIKUM, THYMIAN,	400G TAGLIONI
PETERSILIE UND OREGANO, GEHACKT	5 EL RICOTTA
NATIVES OLIVENÖL	SALZ UND FRISCH GEMAHLENER
675G MISCHGEMÜSE, Z. B. GEVIERTELTER PATTINSON-	SCHWARZER PFEFFER
KÜRBIS, ZUCKERSCHOTEN, JUNGE DICKE BOHNEN,	FRISCH GEMAHLENER PARMESAN,
BROKKOLIRÖSCHEN, BLUMENKOHLRÖSCHEN	ZUM SERVIEREN

1 Kräuter und 2 Esslöffel Öl mischen und einige Stunden ziehen lassen.
2 Das Gemüse (außer den Schalotten) nacheinander 1–3 Minuten in ausreichend kochendem Salzwasser blanchieren, bis es bissfest ist und mit einem Schaumlöffel herausheben. Das Wasser für die Pasta noch einmal aufkochen.
3 Die Schalotten in 5 Esslöffel Öl andünsten, dann das blanchierte Gemüse zugeben und unter Rühren erhitzen, aber nicht anbräunen.
4 Inzwischen die Taglioni im Gemüsewasser nach Packungsanleitung bissfest garen. Abgießen und etwas Kochwasser zurückbehalten. Gemüse, Ricotta und Kräuteröl unter die Pasta mischen. Mit Salz und Pfeffer abschmecken. Bei Bedarf etwas Kochwasser zugießen. Mit viel Parmesan servieren.

274
Bucatini mit gegrillten Tomaten

VORBEREITUNGSZEIT 10 Minuten GARZEIT 1 Stunde FÜR 4 Personen

6 REIFE EIERTOMATEN, LÄNGS HALBIERT
2 GROSSE KNOBLAUCHZEHEN, IN DÜNNE
   SCHEIBEN GESCHNITTEN
1 ROSMARINZWEIG, IN STÜCKE GEBROCHEN
1 EL THYMIAN

5 EL NATIVES OLIVENÖL
400G BUCATINI*
3 EL FRISCH GERIEBENER PARMESAN,
   UND ETWAS ZUM SERVIEREN
2 EL FRISCH GERIEBENER PECORINO

1   Den Backofen auf 180 °C (Gas Stufe 4) vorheizen.
2   Die Tomaten mit der Schnittseite nach oben nebeneinander auf ein Backblech legen. Knoblauch und Rosmarin zwischen die Stücke geben. Mit Thymian bestreuen und etwas Öl darüberträufeln. Im vorgeheizten Backofen etwa 1 Stunde grillen, bis die Tomaten leicht braun werden. Die Flüssigkeit auf dem Blech auffangen, aber den Rosmarin entfernen. Die Tomaten nach Belieben klein schneiden.
3   Inzwischen die Pasta nach Packungsanleitung bissfest garen und abgießen.
4   Pasta mit Tomaten, Bratflüssigkeit und Käse mischen. Mit zusätzlichem Parmesan bestreut servieren.

*   Alternativ können auch Tagliatelle, Spaghetti, Pappardelle oder Linguine verwendet werden.

275
Cavatappi mit Frühlingsgemüse und Kräutern

VORBEREITUNGSZEIT 5 Minuten GARZEIT 20 Minuten FÜR 4 Personen

150G GRÜNE BOHNEN
250G DÜNNER SPARGEL
1 KNOBLAUCHZEHE, ZERDRÜCKT
150G KLEINE LAUCHSTANGEN, LÄNGS GEVIERTELT
   (STANGENENDEN ABSCHNEIDEN)
200G KLEINE ZUCCHINI, IN SCHEIBEN GESCHNITTEN
3 EL NATIVES OLIVENÖL
350G CAVATAPPI*

SAFT VON 1 GROSSEN ZITRONE
1 KLEINE HANDVOLL GEHACKTE KRÄUTER-
   MISCHUNG, Z. B. PETERSILIE,
   THYMIAN, OREGANO UND ESTRAGON
SALZ UND FRISCH GEMAHLENER
   SCHWARZER PFEFFER
FRISCH GERIEBENER PARMESAN,
   ZUM SERVIEREN

1   Bohnen und Spargel in Salzwasser 3–4 Minuten bissfest garen. Abgießen, unter kaltem Wasser abschrecken und gut abtropfen lassen. Den Spargel in 4 cm große Stücke schneiden.
2   Knoblauch, Lauch und Zucchini in einer großen Pfanne in etwas Olivenöl andünsten, bis Zucchini und Lauch bissfest sind. Spargel und Bohnen zugeben und erwärmen.
3   Inzwischen die Pasta nach Packungsanleitung bissfest garen und abgießen.
4   Gemüse und Pasta mit Zitronensaft, Kräutern und etwas Olivenöl mischen, mit Salz und Pfeffer abschmecken. Mit geriebenem Parmesan servieren.

*   Alternativ können auch Fusilli verwendet werden.

276
Tagliatelle alla Primavera

VORBEREITUNGSZEIT 10 Minuten GARZEIT 15 Minuten FÜR 4 Personen

225G DÜNNE JUNGE KAROTTEN

175G DÜNNE SPARGELSPITZEN

115G BROKKOLIRÖSCHEN

115G ZUCKERERBSEN

2 ZUCCHINI, GEWÜRFELT

1 TL BUTTER

225G CRÈME DOUBLE

1 BUND FRÜHLINGSZWIEBELN,
  IN 4 CM GROSSE STÜCKE GESCHNITTEN

3–4 EL FRISCH GERIEBENER PARMESAN

SALZ UND FRISCH GEMAHLENER
  SCHWARZER PFEFFER

400G TAGLIATELLE

2 EL KRÄUTERMISCHUNG AUS THYMIAN,
  SCHNITTLAUCH UND GLATTER PETERSILIE,
  GEHACKT

1   Karotten, Spargel und Brokkoli in Salzwasser 3–4 Minuten bissfest garen. Die Zuckererbsen etwa
    2 Minuten vor Ende der Garzeit zugeben. Abgießen, unter fließend kaltem Wasser abschrecken
    und gründlich abtropfen lassen.

2   Die Zucchini in der Butter anbraten, bis sie weich, aber nicht braun sind. Die Karotten zufügen
    und für einige Minuten mitgaren.

3   Crème double und Frühlingszwiebeln zu den Zucchini und Karotten geben und unter häufigem
    Rühren aufkochen lassen, bis die Sauce um etwa ein Drittel reduziert ist. Spargel, Zuckererbsen,
    Brokkoli und Parmesan zufügen. Mit Salz und Pfeffer abschmecken und erwärmen.

4   Inzwischen die Pasta nach Packungsanleitung bissfest garen und abgießen.
    Mit der Gemüsesauce mischen und mit Kräutern bestreut servieren.

165

277
Linguine mit neuen Kartoffeln, Bohnen und Pesto

VORBEREITUNGSZEIT 5 Minuten GARZEIT 15 Minuten FÜR 4 Personen

4–5 KLEINE NEUE KARTOFFELN, GESCHÄLT
400g LINGUINE
115g GRÜNE BOHNEN

I REZEPTMENGE PESTO (SIEHE SEITE 18)
    ODER BELIEBIGE MENGE
FRISCH GEMAHLENER SCHWARZER PFEFFER

1 Ausreichend Wasser zum Kochen der Pasta erhitzen. Die Kartoffeln darin weich kochen, mit einem Schaumlöffel herausheben und in Scheiben schneiden. Das Wasser wieder zum Kochen bringen.

2 Die Pasta im Topf nach Packungsanleitung bissfest garen und die Bohnen 4–5 Minuten vor Ende der Garzeit zugeben. In der letzten Minute die Kartoffelscheiben hineingeben.

3 Pasta, Bohnen und Kartoffeln abgießen, dabei einige Esslöffel des Kochwassers zurückbehalten. Mit Pesto und schwarzem Pfeffer mischen. Bei Bedarf etwas Kochwasser zugießen. Sofort servieren.

278
Penne mit Artischocken, Tomaten und Oliven

VORBEREITUNGSZEIT 5 Minuten GARZEIT 10 Minuten FÜR 4 Personen

400G PENNE

1 ROTE ZWIEBEL, IN DÜNNE SCHEIBEN GESCHNITTEN

14 GEGRILLTE ARTISCHOCKEN IN ÖL,
   ABGEGOSSEN UND GEHACKT (ÖL AUFBEWAHREN)

2 KNOBLAUCHZEHEN, GEHACKT

4 REIFE TOMATEN, GEWÜRFELT

10 SCHWARZE OLIVEN, ENTSTEINT UND GEWÜRFELT

40G FRISCH GERIEBENER PECORINO,
   UND ETWAS ZUM SERVIEREN

100G RUCOLA

SALZ UND FRISCH GEMAHLENER
   SCHWARZER PFEFFER

1   Die Pasta nach Packungsanleitung bissfest garen und abgießen.
2   Inzwischen die rote Zwiebel in etwas Öl von den eingelegten Artischocken andünsten, bis sie weich und gebräunt ist. Den Knoblauch gegen Ende der Garzeit zugeben.
3   Tomaten, Artischocken und Oliven zufügen und alles erwärmen. Mit Käse und Rucola unter die Pasta mischen. Mit Salz und Pfeffer abschmecken und mit Pecorino servieren.

279
Fusilli Lunghi mit Spinat und Gorgonzola

VORBEREITUNGSZEIT 5 Minuten GARZEIT 10 Minuten FÜR 4 Personen

400G FUSILLI LUNGHI

150G GORGONZOLA, GEWÜRFELT

85ML MILCH

1 TL BUTTER

450G BLATTSPINAT

FRISCH GEMAHLENER SCHWARZER PFEFFER

LEICHT GERÖSTETE PINIENKERNE,
   ZUM SERVIEREN

1   Die Fusilli Lunghi nach Packungsanleitung bissfest garen und abgießen.
2   Inzwischen den Gorgonzola in einer Pfanne zusammen mit Milch und Butter schmelzen.
3   Den Spinat in einem großen Topf mit Salzwasser erhitzen, bis er zusammenfällt. Kalt abschrecken, abtropfen lassen und überschüssige Flüssigkeit ausdrücken.
4   Spinat, Käsesauce und reichlich schwarzen Pfeffer unter die Pasta mischen. Mit Pinienkernen bestreut servieren.

280
Tagliatelle mit grünen Bohnen und Kräutern

VORBEREITUNGSZEIT 10 Minuten GARZEIT 15 Minuten FÜR 4 Personen

350G MISCHUNG AUS DÜNNEN STANGENBOHNEN
    (IN DÜNNE LÄNGSSTREIFEN GESCHNITTEN),
    GRÜNEN BOHNEN (IN DER MITTE DURCH-
    GESCHNITTEN) UND FRISCHEN ERBSEN
400G TAGLIATELLE
1 KNOBLAUCHZEHE, ZERDRÜCKT
OLIVENÖL

150G WEICHER, MILDER ZIEGENKÄSE, GEWÜRFELT
1 KLEINER BUND GLATTE PETERSILIE, FEIN GEHACKT
1 KLEINER BUND JUNGE MINZE, FEIN GEHACKT
100G CRÈME FRAÎCHE
SALZ UND FRISCH GEMAHLENER SCHWARZER PFEFFER
2 EL LEICHT GERÖSTETE PINIENKERNE
GEHOBELTER PECORINO, ZUM SERVIEREN

1   Das Wasser für die Pasta zum Kochen bringen. Bohnen und Erbsen hineingeben und 3–4 Minuten bissfest garen. Mit einem Schaumlöffel herausheben und abtropfen lassen. Die Pasta in den Topf geben und nach Packungsanleitung bissfest garen.
2   Inzwischen den Knoblauch in einer Pfanne in etwas Öl 2 Minuten anbraten. Ziegenkäse, Kräuter und Crème fraîche zugeben. Erwärmen und die Bohnen zufügen. Mit Salz und Pfeffer abschmecken.
3   Die Pasta abgießen und mit der Sauce mischen. Mit Pinienkernen und Pecorino bestreut servieren.

281
Tagliatelle-Salat mit Spargel, Dicken Bohnen und Zucchini

VORBEREITUNGSZEIT 10 Minuten GARZEIT 10 Minuten FÜR 4 Personen

225G SPARGEL, IN 2,5 CM GROSSE
    STÜCKE GESCHNITTEN
50G JUNGE DICKE BOHNEN, AUSGEPALT
115G KLEINE ZUCCHINI, IN DICKE
    SCHEIBEN GESCHNITTEN
500G FRISCHE TAGLIATELLE (SIEHE SEITE 9)
12 REIFE TOMATEN
FRISCH GERIEBENER PARMESAN, ZUM SERVIEREN

FÜR DAS DRESSING
2 EL NATIVES OLIVENÖL
SAFT VON 1 GROSSEN ZITRONE
2 FRÜHLINGSZWIEBELN, FEIN GEHACKT
2 EL ESTRAGON, GROB GEHACKT
SALZ UND FRISCH GEMAHLENER
    SCHWARZER PFEFFER

1   Einen großen Topf mit ausreichend Wasser zum Kochen der Pasta aufsetzen. Aufkochen und den Spargel 2 Minuten darin garen. Mit einem Schaumlöffel herausheben. Danach erst die Dicken Bohnen 2–3 Minuten und dann die Zucchinischeiben 1 Minute garen und jeweils mit dem Schaumlöffel herausheben. Das Gemüse beiseite stellen.
2   Inzwischen die Zutaten für das Dressing mit den Gewürzen mischen.
3   Die Tagliatelle kochen und abgießen (siehe Seite 13). 125 ml Kochwasser zurückbehalten. Gemüse, Tomaten, Dressing und etwa 4 Esslöffel Kochwasser unter die Pasta mischen. Mit viel frisch geriebenem Parmesan bestreut servieren.

282
Warmer Nudelsalat mit Pilzen und gegrilltem Gemüse

VORBEREITUNGSZEIT 10 Minuten GARZEIT 25 Minuten FÜR 4–6 Personen

1 KNOBLAUCHZEHE, IN SCHEIBEN GESCHNITTEN

4 EL OLIVENÖL

1 AUBERGINE, IN 1 CM GROSSE
LÄNGSSTREIFEN GESCHNITTEN

115G GETROCKNETE TOMATEN IN ÖL

225G GEMISCHTE AUSTERN- UND SHIITAKE-PILZE,
IN SCHEIBEN GESCHNITTEN

1 KLEINE ROTE PAPRIKASCHOTE, GEGRILLT, ABGEZOGEN
UND IN STREIFEN GESCHNITTEN (SIEHE SEITE 67)

1 KLEINE GELBE PAPRIKASCHOTE, GEGRILLT, ABGEZOGEN
UND IN STREIFEN GESCHNITTEN (SIEHE SEITE 67)

1 ROTE CHILISCHOTE, ENTKERNT UND
IN DÜNNE SCHEIBEN GESCHNITTEN

225G GEGRILLTE ARTISCHOCKEN IN ÖL,
ABGEGOSSEN UND HALBIERT

115G SCHWARZE OLIVEN IN ÖL, ENTSTEINT

2 EL BALSAMICO-ESSIG

SALZ UND FRISCH GEMAHLENER
SCHWARZER PFEFFER

450G RIGATONI

1   Knoblauch in einer kleinen Pfanne bei schwacher Hitze in Öl 15 Minuten andünsten. Das Öl nicht zu
heiß werden lassen, damit der Knoblauch nicht anbrät. Den Knoblauch entfernen.

2   Die Auberginenscheiben auf ein Backblech legen, großzügig mit dem Knoblauchöl bestreichen und unter
einem vorgeheizten, sehr heißen Grill 8 Minuten rösten, bis sie weich und auf beiden Seiten braun sind.

3   Inzwischen die Tomaten mitsamt Öl bei großer Hitze zusammen mit den Pilzen etwa 3 Minuten anbraten,
gelegentlich umrühren. In eine große Schüssel umfüllen und Paprika, Chili, Auberginen, Artischocken, Oliven,
und Balsamico zufügen, mit Salz und Pfeffer aschmecken. Abdecken und warm halten.

4   Die Pasta bissfest garen und abgießen. Pasta unter die Gemüsemischung heben und servieren.

283
Tonnarelli mit gegrillten Paprika, Auberginen, Fenchel und Oliven

VORBEREITUNGSZEIT 10 Minuten GARZEIT 20–25 Minuten FÜR 4 Personen

2 ROTE PAPRIKASCHOTEN, IN MUNDGERECHTE
STÜCKE GESCHNITTEN

1 KLEINE AUBERGINE, IN MUNDGERECHTE
STÜCKE GESCHNITTEN

1 KLEINE FENCHELKNOLLE, IN MUNDGERECHTE
STÜCKE GESCHNITTEN

5 REIFE EIERTOMATEN, GEVIERTELT

6 KNOBLAUCHZEHEN

1 PRISE CHILIFLOCKEN, ZERRIEBEN

NATIVES OLIVENÖL

SALZ UND FRISCH GEMAHLENER
SCHWARZER PFEFFER

400G TONNARELLI*

115G GRÜNE OLIVEN, ENTSTEINT

115G RICOTTA

1 KLEINE HANDVOLL BASILIKUMBLÄTTER,
IN FEINE STREIFEN GESCHNITTEN

FRISCH GERIEBENER PARMESAN, ZUM SERVIEREN

1   Den Backofen auf 200 °C (Gas Stufe 6) vorheizen.

2   Paprika, Aubergine, Fenchel, Tomaten, Knoblauch und Chiliflocken auf ein Backblech legen. Mit etwas Öl
beträufeln, mit Salz und Pfeffer bestreuen und die Zutaten gut mischen. Gleichmäßig auf dem Blech
verteilen. Im vorgeheizten Ofen 20–25 Minuten backen, bis das Gemüse weich und leicht angeröstet ist.

3   Inzwischen die Pasta nach Packungsanleitung bissfest garen und abgießen. 2 Esslöffel Öl, das gegrillte
Gemüse, Oliven, Ricotta und Basilikum unter die Pasta mischen. Mit frisch geriebenem Parmesan servieren.

*   Alternativ können auch Penne, Ditali oder Cavatappi verwendet werden.

284
Strozzapreti mit Blumenkohl, Safran und Tomaten

VORBEREITUNGSZEIT 10 Minuten, plus 10 Minuten Einweichzeit GARZEIT 15 Minuten FÜR 4 Personen

1 PRISE SAFRANFÄDEN, ZERRIEBEN

1 KLEINER BLUMENKOHL,
   IN EINZELNE RÖSCHEN GETEILT

1 KLEINE ZWIEBEL, FEIN GEHACKT

NATIVES OLIVENÖL

2 KNOBLAUCHZEHEN, FEIN GEHACKT

5 REIFE TOMATEN (NACH BELIEBEN)
   GEHÄUTET, ENTKERNT UND GEWÜRFELT

350G STROZZAPRETI*

40G FRISCH GERIEBENER PARMESAN,
   UND ETWAS ZUM SERVIEREN

1   Safran mit heißem Wasser übergießen und 10 Minuten einweichen lassen.

2   Inzwischen den Blumenkohl in kochendem Salzwasser bissfest garen und abgießen.

3   Während der Blumenkohl kocht, die Zwiebel in etwas Öl andünsten, bis sie weich und glasig ist. Gegen Ende der Kochzeit den Knoblauch zufügen. Anschließend Tomaten, den Blumenkohl und das Safranwasser zugeben. Unter häufigem Rühren 2–3 Minuten köcheln lassen.

4   Die Pasta nach Packungsanleitung bissfest garen und abgießen. Pasta und Parmesan für etwa 30 Sekunden in die Blumenkohlmischung rühren. Mit zusätzlichem Parmesan servieren.

*   Alternativ können auch Conchiglie, Farfalle oder Gnocchi verwendet werden.

285
Provenzalische Pasta

VORBEREITUNGSZEIT 10 Minuten GARZEIT 20 Minuten FÜR 4 Personen

3 EL NATIVES OLIVENÖL

1½–2 EL BALSAMICO-ESSIG

1 KLEINE KNOBLAUCHZEHE, FEIN GEHACKT

1 EL KAPERN, GEHACKT

25G FRISCH GERIEBENER PARMESAN

SALZ UND FRISCH GEMAHLENER SCHWARZER PFEFFER

1 GROSSE ROTE PAPRIKASCHOTE, HALBIERT

1 ZUCCHINI, IN DÜNNE SCHEIBEN GESCHNITTEN

3 REIFE EIERTOMATEN, GEVIERTELT

1 AUBERGINE, IN DÜNNE SCHEIBEN GESCHNITTEN

200G ELICHE*

2 EL BASILIKUM, IN FEINE STREIFEN GESCHNITTEN

1 Für das Dressing Öl, Essig, Knoblauch, Kapern und Parmesan gut mischen. Mit Salz und Pfeffer abschmecken.
2 Die Paprikahälften 8–12 Minuten grillen, bis sie an einigen Stellen dunkel werden und Blasen werfen. Schwarze Stellen entfernen und die Paprika in Streifen schneiden. Währenddessen die Zucchinischeiben auf jeder Seite 3–4 Minuten grillen, bis sie weich und leicht geröstet sind. Wenn im Backofen wieder Platz ist, auch die Tomaten für etwa 5 Minuten unter den Grill legen und rösten.
3 Inzwischen die Auberginenscheiben in einer heißen Grillpfanne etwa 3–4 Minuten pro Seite anbraten, bis sie weich sind. In Streifen schneiden und mit dem restlichen Gemüse mischen.
4 Während das Gemüse im Grill ist, die Pasta nach Packungsanleitung bissfest garen und abgießen. Gemüse, Basilikum und Dressing unter die Pasta mischen.

* Alternativ können auch Fusilli oder Cavatappi verwendet werden.

286
Tagliatelle mit roten Paprika und Mozzarella

VORBEREITUNGSZEIT 10 Minuten GARZEIT 15 Minuten FÜR 4 Personen

250G TAGLIATELLE

6 GEGRILLTE UND IN ÖL EINGELEGTE

  PAPRIKAHÄLFTEN (ROT UND GELB),

  ABGEGOSSEN UND IN STREIFEN GESCHNITTEN*

3 EL NATIVES OLIVENÖL

SAFT VON ½ ZITRONE

1 KLEINER BUND GLATTE PETERSILIE, GEHACKT

SALZ UND FRISCH GEMAHLENER

  SCHWARZER PFEFFER

150G BÜFFELMOZZARELLA, GEWÜRFELT

20G SCHWARZE OLIVEN IN ÖL,

  ENTSTEINT UND HALBIERT

1 EL IN SALZ EINGELEGTE KAPERN,

  ABGESPÜLT UND ABGETROPFT

1 Die Tagliatelle nach Packungsanleitung bissfest garen und abgießen.
2 Inzwischen die Paprikastreifen unter einen heißen Grill legen, bis sie anfangen, Blasen zu bilden.
3 Währenddessen Öl und Zitronensaft verrühren. Petersilie und die fertig gegrillten Paprika zugeben und mit Salz und Pfeffer abschmecken.
4 Die Pasta mit dem Käse mischen, dann Dressing, Oliven und Kapern zufügen. Sofort servieren, solange der Käse noch schmilzt.

* Falls diese nicht erhältlich sind, stattdessen rote Paprika aus der Dose verwenden. Abspülen und mit Öl einreiben, bevor sie unter den Grill gelegt werden.

287
Penne mit Tomaten-Basilikum-Sauce

VORBEREITUNGSZEIT 5 Minuten GARZEIT 10 Minuten FÜR 4 Personen

1 ZWIEBEL, FEIN GEHACKT

2 KNOBLAUCHZEHEN, ZERDRÜCKT

NATIVES OLIVENÖL

2 DOSEN (À 400G) PIZZATOMATEN

115G CRÈME DOUBLE

SALZ UND FRISCH GEMAHLENER SCHWARZER PFEFFER

1 KLEINE HANDVOLL BASILIKUMBLÄTTER,
   IN FEINE STREIFEN GESCHNITTEN

400G PENNE

FRISCH GERIEBENER PARMESAN, ZUM SERVIEREN

1   Zwiebel und Knoblauch in einer schweren Pfanne in etwas Öl andünsten. Die Tomaten zugeben und unter gelegentlichem Rühren köcheln lassen, bis die Sauce tiefrot und dick ist. In einem Mixer pürieren, in die Pfanne zurückgießen und Crème double zufügen. Erwärmen, aber nicht kochen lassen. Mit Salz und Pfeffer abschmecken und das Basilikum einrühren.

2   Inzwischen die Pasta nach Packungsanleitung bissfest garen und abgießen. Mit der Sauce mischen und mit Parmesan servieren.

288
Pappardelle mit Pilzen und Lauch

VORBEREITUNGSZEIT 10 Minuten GARZEIT 10 Minuten FÜR 4 Personen

300G SHIITAKE-PILZE, IN SCHEIBEN GESCHNITTEN

5 KLEINE LAUCHSTANGEN, IN DÜNNE
   RINGE GESCHNITTEN

NATIVES OLIVENÖL

3 KNOBLAUCHZEHEN, ZERDRÜCKT

SALZ UND FRISCH GEMAHLENER SCHWARZER PFEFFER

300G FRISCHE PAPPARDELLE

1 BUND GLATTE PETERSILIE, FRISCH GEHACKT

FEIN GERIEBENE SCHALE VON ½ UNBEHAN-
   DELTEN ZITRONE

4 EL FRISCH GERIEBENER PARMESAN,
   UND ETWAS ZUM SERVIEREN

1   Shiitake-Pilze und Lauch in einer großen Pfanne in etwas Öl goldbraun andünsten. Gegen Ende der Garzeit den Knoblauch zugeben. Mit Salz und Pfeffer abschmecken.

2   Die Pasta bissfest garen und abgießen. 125 ml Kochwasser zurückbehalten. Gemüse, Petersilie, Zitronenschale, Käse und etwa 5–6 Esslöffel Kochwasser unter die Pasta mischen. Mit Parmesan servieren.

289
Tagliatelle mit Spargel und Parmesan

VORBEREITUNGSZEIT 5 Minuten GARZEIT 15 Minuten FÜR 4 Personen

350G SPARGEL, IN 5 CM GROSSE STÜCKE
  GESCHNITTEN
300G TAGLIATELLE
I KNOBLAUCHZEHE, FEIN GEHACKT

50G BUTTER
I EL ZITRONENSAFT
SALZ UND FRISCH GEMAHLENER
  SCHWARZER PFEFFER

FRISCH GERIEBENER PARMESAN, ZUM SERVIEREN

1. Ausreichend Wasser zum Kochen der Pasta erhitzen. Den Spargel für 2 Minuten darin garen und mit einem Schaumlöffel herausheben. Die Pasta in das Wasser geben und nach Packungsanleitung bissfest garen und abgießen. 125 ml Kochwasser zurückbehalten.
2. Inzwischen Spargel und Knoblauch etwa 3 Minuten bei mittlerer Hitze in der Butter anbraten. Mit Zitronensaft sowie Salz und Pfeffer abschmecken und unter die Pasta mischen. Bei Bedarf etwas Kochwasser zugießen. Mit frisch geriebenem Parmesan servieren.

290
Tagliatelle mit Tomaten, Mozzarella und Kräutern

VORBEREITUNGSZEIT 10 Minuten GARZEIT 10 Minuten FÜR 4 Personen

550G REIFE EIERTOMATEN, ENTKERNT
  UND SEHR FEIN GEWÜRFELT
225G BÜFFELMOZZARELLA, GEWÜRFELT
I BUND GEMISCHTE FRISCHE KRÄUTER,
  Z. B. BASILIKUM, PETERSILIE, MAJORAN UND
  THYMIAN, GEHACKT

SALZ UND FRISCH GEMAHLENER
  SCHWARZER PFEFFER
6 EL NATIVES OLIVENÖL
400G TAGLIATELLE

1. Tomaten, Käse, Kräuter und Gewürze mischen.
2. Das Öl in einer kleinen Pfanne erhitzen, bis es heiß ist. Die Tomatenmischung einrühren und beiseite stellen.
3. Die Pasta nach Packungsanleitung bissfest garen und abgießen. Die Tomatenmischung sorgfältig unter die Pasta heben, abdecken und etwa 2 Minuten ruhen lassen, damit der Mozzarella zu schmelzen beginnt.

291
Pappardelle mit gegrillten Pilzen

VORBEREITUNGSZEIT 5 Minuten GARZEIT 15 Minuten FÜR 4 Personen

675G PILZMISCHUNG, Z. B. SHIITAKE- UND
AUSTERNPILZE, HALBIERT ODER JE NACH
GRÖSSE GEVIERTELT
3½ EL NATIVES OLIVENÖL
SAFT VON 1 ZITRONE

SALZ UND FRISCH GERIEBENER SCHWARZER PFEFFER
1 TL BUTTER
450G FRISCHE PAPPARDELLE (SIEHE SEITE 10)*
2 EL GLATTE PETERSILIE, GEHACKT
FRISCH GERIEBENER PARMESAN, ZUM SERVIEREN

1   Den Backofen auf 180 °C (Gas Stufe 4) vorheizen.
2   Die Pilze auf ein Backblech legen. Mit Öl und Zitronensaft beträufeln. Mit Salz und Pfeffer bestreuen
    und mischen, sodass die Pilze gleichmäßig benetzt sind. Butterflöckchen darübergeben und 15 Minuten
    im vorgeheizten Backofen braten.
3   Inzwischen die Pasta bissfest garen und abgießen (siehe Seite 13). Pilze, Bratflüssigkeit und Petersilie
    unter die Pasta mischen. Mit frisch geriebenem Parmesan servieren.

*   Alternativ können auch getrocknete Pappardelle verwendet werden.

292
Casarecce mit Brokkoli und Gorgonzola

VORBEREITUNGSZEIT 5 Minuten GARZEIT 10 Minuten FÜR 4 Personen

350G CASARECCE*
300G BROKKOLIRÖSCHEN
150ML TROCKENER WEISSWEIN
175G GORGONZOLA, GEWÜRFELT

FRISCH GEMAHLENER SCHWARZER PFEFFER
50G WALNUSSHÄLFTEN, LEICHT GERÖSTET
  UND GEHACKT
FRISCH GERIEBENER PARMESAN, ZUM SERVIEREN

1   Die Pasta nach Packungsanleitung bissfest garen und abgießen. Den Brokkoli 3–4 Minuten vor Ende
    der Kochzeit zugeben.
2   Währenddessen in einer Pfanne den Wein zum Kochen bringen und auf die Hälfte reduzieren lassen.
    Vom Herd nehmen und den Gorgonzola zufügen und solange rühren, bis er geschmolzen ist. Die Sauce
    mit Pfeffer abschmecken, mit Brokkoli und Walnüssen unter die Pasta mischen. Mit Parmesan servieren.

*   Alternativ können auch andere Nudelsorten wie Gnocchi, Conchiglie, Pipe Rigate oder Radiatori
    verwendet werden.

293
Farfalle mit Erbsen, Minze und Ricotta

VORBEREITUNGSZEIT 5 Minuten GARZEIT 10 Minuten FÜR 4 Personen

300G FARFALLE

450G FRISCHE ODER TIEFGEFRORENE ERBSEN

250G RICOTTA

I KLEINER BUND MINZE

SALZ UND FRISCH GEMAHLENER SCHWARZER PFEFFER

GEHOBELTER PARMESAN, ZUM SERVIEREN

1   Die Pasta nach Packungsanleitung bissfest garen.
2   Inzwischen frische Erbsen 4–5 Minuten und tiefgefrorene Erbsen 2 Minuten kochen und dann abgießen.
    2 Esslöffel Kochwasser zurückbehalten.
3   Ein Drittel der Erbsen zusammen mit dem Ricotta, dem Kochwasser und den Minzeblättern pürieren.
    In eine kleine beschichtete Pfanne umfüllen, mit Salz und Pfeffer abschmecken und langsam unter
    häufigem Rühren erhitzen.
4   Die übrigen Erbsen kurz vor Ende der Garzeit in das Nudelwasser geben, um sie zu erwärmen.
    Abgießen und die Sauce unter die Nudelmischung heben. Mit Parmesanhobeln servieren.

294
Tagliatelle mit schwarzem Pfeffer und Dreikäsesauce

VORBEREITUNGSZEIT 5 Minuten GARZEIT 5 Minuten FÜR 4 Personen

115G CRÈME DOUBLE
85G RICOTTA
85G GORGONZOLA, FEIN GEWÜRFELT
40G FRISCH GERIEBENER PARMESAN
SALZ UND FRISCH GEMAHLENER
  SCHWARZER PFEFFER

400G FRISCHE TAGLIATELLE MIT
  SCHWARZEM PFEFFER (SIEHE SEITE 10)
  ODER HERKÖMMLICHE FRISCHE TAGLIATELLE
50G WALNUSSHÄLFTEN, LEICHT
  GERÖSTET UND GEHACKT

1. Crème double, Ricotta, Gorgonzola und Parmesan unter gelegentlichem Rühren in einer Pfanne erhitzen, bis der Gorgonzola geschmolzen ist. Mit Salz und Pfeffer abschmecken. Falls herkömmliche Tagliatelle verwendet werden, mit viel schwarzem Pfeffer würzen.
2. Inzwischen die Pasta bissfest garen und abgießen. Mit der Sauce und den Walnüssen mischen.

295
Pasta al forno mit Lauch und Käse

VORBEREITUNGSZEIT 10 Minuten GARZEIT 45 Minuten FÜR 4 Personen

275G PASTA, Z. B. CHIFFERI, FUSILLI ODER
  MAKKARONI
2 KLEINE LAUCHSTANGEN, LÄNGS HALBIERT UND
  IN DÜNNE RINGE GESCHNITTEN
2 KNOBLAUCHZEHEN, FEIN GEHACKT
1 TL BUTTER

3 EIER, GESCHLAGEN
200G RICOTTA
225ML MILCH
SALZ UND FRISCH GEMAHLENER
  SCHWARZER PFEFFER
175G GERIEBENER FONTINA

1. Den Backofen auf 190 °C (Gas Stufe 5) vorheizen.
2. Die Pasta garen und 2 Minuten vor Ende der angegebenen Garzeit abgießen.
3. Während die Pasta kocht, Lauch und Knoblauch in der Butter andünsten.
4. Inzwischen Eier und Ricotta verrühren, Milch zugießen und alles glatt rühren. Mit Salz und Pfeffer abschmecken. Käse und die Lauchmischung unter die Pasta mischen. In eine große, eingefettete Auflaufform geben. Im vorgeheizten Ofen etwa 35 Minuten backen, bis die Oberfläche goldbraun ist.

296
Pappardelle mit gegrillten Kirschtomaten, Basilikum und Ricotta

VORBEREITUNGSZEIT 10 Minuten GARZEIT 10 Minuten FÜR 4 Personen

675G REIFE KIRSCHTOMATEN, HALBIERT

2 GROSSE KNOBLAUCHZEHEN, FEIN GEHACKT

½ TL GETROCKNETER OREGANO

SALZ UND FRISCH GEMAHLENER
  SCHWARZER PFEFFER

5 EL NATIVES OLIVENÖL

400G PAPPARDELLE

150G RICOTTA, ZERBRÖCKELT

1 HANDVOLL BASILIKUM,
  IN FEINE STREIFEN GESCHNITTEN

1   Den Backofen auf 200 °C (Gas Stufe 6) vorheizen.

2   Die Tomaten auf ein Backblech legen. Mit Knoblauch, Oregano sowie Salz und Pfeffer bestreuen. Mit Öl beträufeln und im vorgeheizten Backofen etwa 20–25 Minuten braten, bis die Tomaten zusammenfallen.

3   Währenddessen die Pasta nach Packungsanleitung bissfest garen und abgießen. Ricotta, Tomaten, Bratflüssigkeit und Basilikum unter die Pasta mischen.

297
Tagliatelle mit Dicken Bohnen und Ziegenkäse

VORBEREITUNGSZEIT 5 Minuten GARZEIT 10 Minuten FÜR 4 Personen

400G TAGLIATELLE*

450G JUNGE DICKE BOHNEN, AUSGEPALT

3 EL OLIVENÖL

300G WEICHER ZIEGENKÄSE, ENTRINDET

1 KLEINER BUND MINZE, GEHACKT

SALZ UND FRISCH GEMAHLENER
  SCHWARZER PFEFFER

FRISCH GERIEBENER PARMESAN, ZUM SERVIEREN

1   Die Pasta nach Packungsanleitung bissfest garen. Die Bohnen etwa 4 Minuten vor Ende der angegebenen Garzeit zugeben. Abgießen und 125 ml Kochwasser zurückbehalten.

2   Inzwischen das Öl mit dem Ziegenkäse verrühren. Mit Minze sowie Salz und Pfeffer abschmecken und unter die Pasta mischen. Bei Bedarf etwas Kochwasser zugießen. Mit frisch geriebenem Parmesan servieren.

*   Alternativ können auch Nudelsorten wie Conchiglie oder Gnocchi verwendet werden.

298
Cavatappi mit Artischocken, Pilzen und Erbsen

VORBEREITUNGSZEIT 10 Minuten GARZEIT 10 Minuten FÜR 4 Personen

300G CAVATAPPI

450G FRISCHE ERBSEN, AUSGEPALT

175–225G BRAUNE CHAMPIGNONS, GEVIERTELT

1 KNOBLAUCHZEHE, GEHACKT

OLIVENÖL

1 BUND FRÜHLINGSZWIEBELN, GROB GEHACKT

6–8 GEGRILLTE ARTISCHOCKEN IN ÖL, ABGETROPFT
   UND HALBIERT ODER JE NACH GRÖSSE GEVIERTELT

1 PRISE THYMIAN

1 EL GLATTE PETERSILIE, GEHACKT

SALZ UND FRISCH GEMAHLENER
   SCHWARZER PFEFFER

1 EL BASILIKUM, GEHACKT

FRISCH GERIEBENER PARMESAN,
   ZUM SERVIEREN

1   Die Pasta nach Packungsanleitung bissfest garen und abgießen.
2   Inzwischen die Erbsen in einem kleinen Topf mit Salzwasser bissfest kochen. Abgießen und 2–3 Esslöffel
    Kochwasser zurückbehalten.
3   Gleichzeitig Pilze und Knoblauch in etwas Öl unter gelegentlichem Rühren 3–4 Minuten andünsten,
    bis die Pilze weich sind. Frühlingszwiebeln, Artischocken, Thymian, Petersilie und Erbsen zugeben, mit Salz
    und Pfeffer abschmecken. Bei Bedarf etwas Kochwasser zugießen. Abdecken und für einige Minuten erhitzen.
    Das Basilikum zufügen und alles unter die Pasta mischen. Mit frisch geriebenem Parmesan servieren.

299
Linguine, Tomaten, Paprika und schwarze Oliven en papillote

VORBEREITUNGSZEIT 10 Minuten GARZEIT 20 Minuten FÜR 4 Personen

OLIVENÖL

525ML PASSIERTE TOMATEN

2 KNOBLAUCHZEHEN, FEIN GEHACKT

225G LINGUINE

3 EIERTOMATEN, ENTKERNT UND
   IN DÜNNE SCHEIBEN GESCHNITTEN

1 KLEINE ROTE PAPRIKASCHOTE,
   IN DÜNNE STREIFEN GESCHNITTEN

20 SCHWARZE OLIVEN IN ÖL,
   ENTSTEINT UND GEVIERTELT

1 KLEINER BUND BASILIKUM,
   IN FEINE STREIFEN GESCHNITTEN

1 EL GLATTE PETERSILIE, GEHACKT

SALZ UND FRISCH GEMAHLENER SCHWARZER PFEFFER

FRISCH GERIEBENER PARMESAN, ZUM SERVIEREN

1   Den Backofen auf 190 °C (Gas Stufe 5) vorheizen. 4 Stück Butterbrotpapier 30 x 30 cm zuschneiden
    und leicht einölen.
2   Die passierten Tomaten zusammen mit dem Knoblauch köcheln lassen, bis die Flüssigkeit etwas verdampft ist.
3   Inzwischen die Linguine nach Packungsanleitung garen und 1 Minute vor Ende der üblichen Garzeit
    abgießen. Tomatensauce, Tomaten, rote Paprika, Oliven und Kräuter unter die Pasta mischen, mit Salz und
    Pfeffer abschmecken.
4   Jeweils ein Viertel der Pastamischung in die Mitte der Butterbrotpapiere geben. Das Papier locker über der
    Mischung zusammenfalten und die Enden durch festes Zusammendrehen schließen. Auf ein Backblech legen
    und im vorgeheizten Ofen 15 Minuten backen. Mit frisch geriebenem Parmesan servieren.

300
Tortiglioni mit Auberginen und Tomaten

VORBEREITUNGSZEIT 10 Minuten, plus 30 Minuten Ruhezeit (nach Belieben) GARZEIT 35 Minuten FÜR 4 Personen

2 KLEINE AUBERGINEN, GROB GEWÜRFELT

SALZ

1 ZWIEBEL, DER LÄNGE NACH IN DICKE SCHEIBEN
GESCHNITTEN

NATIVES OLIVENÖL

3 KNOBLAUCHZEHEN, FEIN GEHACKT

1 DOSE (400G) PIZZATOMATEN

50G GETROCKNETE TOMATEN IN ÖL, ABGETROPFT
UND GEHACKT

150ML TROCKENER ROT- ODER WEISSWEIN

50G KALAMATA-OLIVEN, ENTSTEINT

2 EL OREGANO

FRISCH GEMAHLENER
SCHWARZER PFEFFER

350G TORTIGLIONI

115G GERIEBENER FONTINA

40G FRISCH GERIEBENER PARMESAN

1   Die Auberginen mit Salz bestreuen und in ein Sieb über einer Schüssel 30 Minuten abtropfen lassen, so nehmen sie weniger Öl auf. Gut abspülen und gründlich mit einem Küchenpapier trocken tupfen.

2   Die Zwiebel in einer großen Pfanne in etwas Öl andünsten. Den Knoblauch zugeben und 30 Sekunden anbraten, dann die Auberginen zufügen und 3 Minuten unter häufigem Rühren dünsten. Tomaten und Wein einrühren. Abdecken und etwa 15 Minuten köcheln lassen, bis die Auberginen weich sind. Oliven und Oregano zugeben und mit Salz und Pfeffer abschmecken.

3   Inzwischen die Pasta nach Packungsanleitung bissfest garen und abgießen. Mit der Auberginensauce mischen.

4   In eine Auflaufform füllen, beide Käsesorten darüberstreuen und unter einem vorgeheizten Grill rösten, bis der Käse geschmolzen und goldbraun ist. Alternativ in einem vorgeheizten Backofen bei 200 °C (Gas Stufe 6) 20 Minuten backen.

179

301
Riccioli mit Brokkoli, Taleggio und Mandeln

VORBEREITUNGSZEIT 5 Minuten GARZEIT 10 Minuten FÜR 4 Personen

350G RICCIOLI*

1 LAUCHSTANGE, IN DÜNNE RINGE GESCHNITTEN

1 KNOBLAUCHZEHE, FEIN GEHACKT

OLIVENÖL

300G BROKKOLIRÖSCHEN

175ML TROCKENER WEISSWEIN

50G GERIEBENER TALEGGIO

2–3 EL GEHOBELTE MANDELN, LEICHT GERÖSTET

SALZ UND FRISCH GEMAHLENER SCHWARZER PFEFFER

FRISCH GERIEBENER PARMESAN, ZUM SERVIEREN

1   Die Pasta nach Packungsanleitung bissfest garen und abgießen.

2   Inzwischen Lauch und Knoblauch in etwas Öl 2–3 Minuten andünsten, bis sie glasig sind. Brokkoli zugeben und 1 weitere Minute dünsten, dann den Wein zugießen. Köcheln und gelegentlich vorsichtig umrühren, bis der Brokkoli weich und der Wein fast verdampft ist. Es sollte genug Wein für eine Sauce übrig bleiben.

3   Die Pfanne vom Herd nehmen, den Taleggio zugeben und Sauce zusammen mit den Mandeln unter die Pasta mischen. Mit Salz und Pfeffer abschmecken und mit Parmesan bestreuen.

*   Alternativ können auch Orecchiette, Gnocchi oder Conchiglie verwendet werden.

302
Grüne und weiße Tagliatelle mit Ricotta, Tomaten und Basilikum

VORBEREITUNGSZEIT 5 Minuten, plus 30 Minuten Ruhezeit GARZEIT 5 Minuten FÜR 4 Personen

550G REIFE TOMATEN, VORZUGSWEISE EIERTOMATEN, GEWÜRFELT
1 KNOBLAUCHZEHE, FEIN GEHACKT
3 EL NATIVES OLIVENÖL
SALZ UND FRISCH GEMAHLENER SCHWARZER PFEFFER

375G FRISCHE GRÜNE UND WEISSE TAGLIATELLE (PAGLIA E FIENO)
150G RICOTTA, ZERBRÖCKELT
1 KLEINE HANDVOLL BASILIKUMBLÄTTER, IN FEINE STREIFEN GESCHNITTEN

1 Tomaten mit Knoblauch, Öl sowie Salz und Pfeffer mischen. Mindestens 30 Minuten ziehen lassen.
2 Die Pasta bissfest garen und abgießen. Mit Ricotta, Basilikum und Tomaten mischen. Warm oder mit Raumtemperatur servieren.

303
Penne mit Auberginen und Oliven

VORBEREITUNGSZEIT 10 Minuten GARZEIT 15 Minuten FÜR 4 Personen

2 AUBERGINEN, INSGESAMT ETWA 450G, GEWÜRFELT
4 KNOBLAUCHZEHEN, IN DÜNNE SCHEIBEN GESCHNITTEN
5 EL NATIVES OLIVENÖL
2 EL TOMATENMARK
1 TL GETROCKNETER OREGANO
12 SCHWARZE OLIVEN, ENTSTEINT UND IN SCHEIBEN GESCHNITTEN

SALZ UND FRISCH GEMAHLENER SCHWARZER PFEFFER
ETWA 2 TL BALSAMICO-ESSIG
400G PENNE
1 HANDVOLL BASILIKUMBLÄTTER, IN FEINE STREIFEN GESCHNITTEN

1 Auberginen und Knoblauch in einer großen Pfanne in Öl goldbraun anbraten. Tomatenmark und 4 Esslöffel heißes Wasser zugeben. Oregano und Oliven zufügen und unter gelegentlichem Rühren köcheln lassen, bis die Auberginen weich sind. Falls das Gemüse zu trocken wird, mehr heißes Wasser zugießen. Mit Salz und Pfeffer abschmecken und nach Belieben mit Balsamico beträufeln.
2 Inzwischen die Pasta nach Packungsanleitung bissfest garen. 125 ml Kochwasser zurückbehalten. Mit Auberginensauce und Basilikum mischen. Bei Bedarf etwas Kochwasser zugießen.

304
Strozzapreti mit Paprika und Pilzen

VORBEREITUNGSZEIT 10 Minuten GARZEIT 15 Minuten FÜR 4 Personen

4 KNOBLAUCHZEHEN, FEIN GEHACKT
1 ROSMARINZWEIG
2 SALBEIZWEIGE
5 EL NATIVES OLIVENÖL
500G BRAUNE CHAMPIGNONS, IN SCHEIBEN GESCHNITTEN

2 ROTE PAPRIKASCHOTEN, IN STREIFEN GESCHNITTEN
SALZ UND FRISCH GEMAHLENER SCHWARZER PFEFFER
400G STROZZAPRETI
40G FRISCH GERIEBENER PARMESAN

1 Knoblauch und Kräuterzweige etwa 2 Minuten in Öl anbraten, bis der Knoblauch braun wird. Knoblauch und Kräuter mit einem Schaumlöffel herausheben.
2 Pilze in die Pfanne geben und scharf anbraten, bis alle Flüssigkeit verdampft ist. Paprika zugeben und bei mittlerer Hitze anbraten, bis sie gar ist. Mit Salz und Pfeffer abschmecken. Inzwischen die Pasta nach Packungsanleitung bissfest garen und abgießen. Mit Gemüse und Parmesan mischen und servieren.

305
Penne Rigate mit scharfer Tomatensauce

VORBEREITUNGSZEIT 5 Minuten GARZEIT 20 Minuten FÜR 4 Personen

I ZWIEBEL, IN DÜNNE SCHEIBEN GESCHNITTEN	SALZ UND FRISCH GEMAHLENER SCHWARZER PFEFFER
5 EL NATIVES OLIVENÖL	400G PENNE RIGATE
3 KNOBLAUCHZEHEN, IN SCHEIBEN GESCHNITTEN	2 EL BASILIKUMBLÄTTER,
I TL CHILIFLOCKEN, ZERDRÜCKT	IN FEINE STREIFEN GESCHNITTEN
2 DOSEN (À 400G) PIZZATOMATEN	2 EL FRISCH GERIEBENER PARMESAN

I   Die Zwiebel in Öl goldbraun andünsten. Knoblauch und Chiliflocken für die letzten 2 Minuten zugeben. Tomaten zufügen und etwa 15 Minuten unter gelegentlichem Rühren köcheln lassen, bis die Sauce eindickt. Mit Salz und Pfeffer abschmecken.

2   Inzwischen die Pasta nach Packungsanleitung bissfest garen und abgießen. Die Sauce, Basilikum und Parmesan unter die Pasta mischen.

306
Ditali mit Tomaten, Knoblauch und gegrillten Paprika

VORBEREITUNGSZEIT 10 Minuten GARZEIT 25 Minuten FÜR 4 Personen

2 GROSSE KNOBLAUCHZEHEN, FEIN GEHACKT	2 GROSSE PAPRIKASCHOTEN, GEGRILLT,
I PRISE CHILIFLOCKEN	GEHÄUTET UND KLEIN GEWÜRFELT
NATIVES OLIVENÖL	400G DITALI
500G REIFE TOMATEN, GEHÄUTET,	FRISCH GERIEBENER PARMESAN,
ENTKERNT UND GEWÜRFELT	ZUM SERVIEREN (NACH BELIEBEN)

I   Knoblauch und Chiliflocken in etwas Olivenöl I Minute anbraten. Tomaten zugeben und etwa 20 Minuten garen, bis die Sauce eindickt. Dabei gelegentlich umrühren. Paprika zufügen und bei schwacher Hitze weitere 5 Minuten köcheln lassen, die Sauce sollte nicht zu dick werden.

2   Inzwischen die Pasta nach Packungsanleitung bissfest garen und abgießen. Mit der Sauce mischen und nach Belieben mit frisch geriebenem Parmesan servieren.

307
Penne mit Dicken Bohnen, Petersilie und Pecorino

VORBEREITUNGSZEIT 10 Minuten GARZEIT 10 Minuten FÜR 4 Personen

400G PENNE	NATIVES OLIVENÖL
350G FRISCHE ODER TIEFGEFRORENE UND	2 EL GLATTE PETERSILIE, GEHACKT
AUFGETAUTE DICKE BOHNEN	4 EL FRISCH GERIEBENER PECORINO,
2 KNOBLAUCHZEHEN, FEIN GEHACKT	UND ETWAS ZUM SERVIEREN

I   Die Pasta nach Packungsanleitung bissfest garen und abgießen. Die Bohnen für die letzten 3—4 Minuten der Garzeit ins Wasser geben.

2   Inzwischen den Knoblauch I Minute in etwas Öl anbraten. Pasta und Bohnen zufügen und gründlich mischen, sodass sie gleichmäßig mit Öl bedeckt sind. Zum Schluss Petersilie und Pecorino unter die Pasta heben und mit Pecorino bestreut servieren.

308
Pennette mit Brokkoli, Pinienkernen und Chili

VORBEREITUNGSZEIT 5 Minuten GARZEIT 10 Minuten FÜR 4 Personen

250G BROKKOLIRÖSCHEN
400G PENNETTE
I PRISE CHILIFLOCKEN
I KNOBLAUCHZEHE, FEIN GEHACKT

4 EL PINIENKERNE
OLIVENÖL
SALZ
FRISCH GERIEBENER PARMESAN, ZUM SERVIEREN

1   Ausreichend Wasser zum Kochen der Pasta aufsetzen. Brokkoli darin 3–4 Minuten bissfest garen. Mit einem Schaumlöffel herausheben. Die Pasta ins Wasser geben und nach Packungsanleitung bissfest garen und abgießen. 125 ml Kochwasser zurückbehalten.
2   Inzwischen Chiliflocken, Knoblauch und Pinienkerne in etwas Öl 2 Minuten anbraten. Pinienkerne und Knoblauch nicht zu braun werden lassen. Brokkoli zugeben und unter häufigem Rühren erhitzen, mit etwas Salz abschmecken.
3   Unter die Pasta heben und bei Bedarf etwas Kochwasser zugießen. Mit frisch geriebenem Parmesan servieren.

309
Fusilli mit Zucchini, Tomaten und Basilikum

VORBEREITUNGSZEIT 10 Minuten GARZEIT 10 Minuten FÜR 4 Personen

350G FUSILLI
2 DÜNNE ZUCCHINI, IN SCHEIBEN GESCHNITTEN
NATIVES OLIVENÖL
I GROSSE KNOBLAUCHZEHE, ZERDRÜCKT
2 REIFE TOMATEN, ENTKERNT UND GEWÜRFELT

I EL GLATTE PETERSILIE, GEHACKT
SAFT VON ½ ZITRONE
SALZ UND FRISCH GEMAHLENER SCHWARZER PFEFFER
115G BÜFFELMOZZARELLA, GEWÜRFELT
I½ EL BASILIKUM, IN FEINE STREIFEN GESCHNITTEN

1   Pasta nach Packungsanleitung bissfest garen und abgießen.
2   Inzwischen die Zucchini in etwas Öl 3–4 Minuten andünsten. Knoblauch zufügen und 1–2 Minuten anbraten. Tomaten, Petersilie, Zitronensaft und 2 Esslöffel Olivenöl zufügen, mit Salz und Pfeffer abschmecken und erwärmen. Nicht kochen.
3   Mozzarella und Basilikum zugeben und alles unter die Pasta mischen. Abdecken und bei Bedarf 1–2 Minuten bei sehr schwacher Hitze erwärmen, sodass der Mozzarella zu schmelzen beginnt.

310
Agnolotti mit Dressing aus gegrilltem Gemüse

VORBEREITUNGSZEIT 10 Minuten, plus 1 Stunde Ruhezeit GARZEIT 20 Minuten FÜR 4 Personen

½ ROTE PAPRIKASCHOTE, HALBIERT
½ GELBE PAPRIKASCHOTE, HALBIERT
1 ZUCCHINI, LÄNGS HALBIERT
6 KNOBLAUCHZEHEN, UNGESCHÄLT
115ML ÖLMISCHUNG AUS NATIVEM OLIVENÖL UND
    ÖL VON DEN EINGELEGTEN TOMATEN
SALZ UND FRISCH GEMAHLENER SCHWARZER PFEFFER

2 EL WEISSWEINESSIG
2 GETROCKNETE TOMATEN IN ÖL, ABGEGOSSEN UND
    FEIN GEHACKT (ÖL AUFBEWAHREN)
1 EL PINIENKERNE, LEICHT GERÖSTET
1 REZEPTMENGE KÄSE-KRÄUTER-AGNOLOTTI
    (SIEHE SEITE 195)*

1   Paprika, Zucchini und Knoblauch auf ein beschichtetes Backblech legen. Mit Öl beträufeln und alles mischen, damit das Gemüse gleichmäßig bedeckt ist. Mit Salz und Pfeffer bestreuen. Unter einem Grill weich und goldbraun rösten, dabei gelegentlich wenden.
2   Inzwischen Öl und Essig zu einer Vinaigrette verrühren.
3   Knoblauch schälen und die Zehen zusammen mit einer Brise Salz zerdrücken. In das Dressing rühren, getrocknete Tomaten und Pinienkerne zufügen.
4   Das Gemüse klein schneiden, dabei zu dunkle Stellen entfernen. Gemüse und Dressing gut mischen.
5   Die Agnolotti bei Bedarf portionsweise in siedendem Wasser 4 Minuten bissfest garen und abgießen. In eine große flache Schüssel füllen und das Dressing mit dem gegrillten Gemüse darübergeben. Vor dem Servieren 1 Stunde ruhen lassen.

*   Das Dressing eignet sich auch für andere gefüllte Nudelsorten, z. B. Tortellini, Ravioli oder Raviolini.

VEGETARISCHE GERICHTE

311
Farfalle mit Pilzen, Tomaten und Spinat

VORBEREITUNGSZEIT 10 Minuten GARZEIT 15 Minuten FÜR 4 Personen

I ZWIEBEL, FEIN GEHACKT

NATIVES OLIVENÖL

2 KNOBLAUCHZEHEN, GEHACKT

250G BRAUNE CHAMPIGNONS,
  IN DÜNNE SCHEIBEN GESCHNITTEN

175ML TROCKENER WEISSWEIN

175G JUNGER BLATTSPINAT

85G GETROCKNETE TOMATEN IN ÖL, ABGEGOSSEN
  UND IN STREIFEN GESCHNITTEN

SALZ UND FRISCH GEMAHLENER SCHWARZER PFEFFER

350G FARFALLE

GEHACKTE GLATTE PETERSILIE, LEICHT
  GERÖSTETE PINIENKERNE UND FRISCH
  GERIEBENER PARMESAN, ZUM SERVIEREN

1   Zwiebel in einer großen Pfanne in etwas Olivenöl goldbraun andünsten. Knoblauch und Pilze zufügen
    und 2 Minuten scharf anbraten. Den Wein zugießen und aufkochen lassen, um die Flüssigkeit etwas zu
    reduzieren. Spinat und Tomaten zugeben und garen, bis der Spinat zusammenfällt. Mit Salz und Pfeffer
    abschmecken.
2   Inzwischen die Pasta nach Packungsanleitung bissfest garen und abgießen. Mit der Pilzmischung mischen.
    Die Pasta mit Petersilie und Pinienkernen bestreuen und mit Parmesan servieren.

312
Ravioli mit Spinat und Ricotta

VORBEREITUNGSZEIT 45 Minuten GARZEIT 15 Minuten FÜR 4 Personen

I REZEPTMENGE PASTATEIG MIT 2 EIERN
  (SIEHE SEITE 10)

FÜR DIE FÜLLUNG

2 KNOBLAUCHZEHEN, ZERDRÜCKT

15G BUTTER

200G JUNGER BLATTSPINAT

150G RICOTTA, GLATT GERÜHRT

85G FEIN GERIEBENER PARMESAN,
  UND ETWAS ZUM SERVIEREN

SALZ UND FRISCH GEMAHLENER SCHWARZER PFEFFER

GRILLTOMATENSAUCE (SIEHE SEITE 18)

1   Den Nudelteig zubereiten (siehe Seite 9).
2   Für die Raviolifüllung den Knoblauch 1 Minute in Butter anbraten. Spinat zufügen und 2–3 Minuten garen
    und rühren, bis er zusammenfällt. Abkühlen lassen, Ricotta und Parmesan unterrühren, mit Salz und Pfeffer
    abschmecken. Aus Teig und Füllung Ravioli zubereiten (siehe Seite 11).
3   Die Ravioli portionsweise in siedendem Wasser jeweils 4–5 Minuten bissfest garen.
4   Inzwischen die Sauce erwärmen.
5   Ravioli abgießen, mit der Sauce mischen und mit Parmesan servieren.

313
Marille mit gegrilltem Gemüse und Fontina

VORBEREITUNGSZEIT 15 Minuten GARZEIT 35 Minuten FÜR 4 Personen

1 AUBERGINE, IN MUNDGERECHTE
  STÜCKE GESCHNITTEN
4 KLEINE ZUCCHINI, IN MUNDGERECHTE
  STÜCKE GESCHNITTEN
3 GEMISCHTE ROTE UND GELBE PAPRIKASCHOTEN,
  IN MUNDGERECHTE STÜCKE GESCHNITTEN
6 KNOBLAUCHZEHEN, GESCHÄLT UND HALBIERT
4 EL NATIVES OLIVENÖL

4–5 THYMIANZWEIGE
SALZ UND FRISCH GEMAHLENER SCHWARZER PFEFFER
4 REIFE EIERTOMATEN, LÄNGS HALBIERT
175G MARILLE
150G FONTINA, IN DÜNNE SCHEIBEN GESCHNITTEN
BALSAMICO-ESSIG UND 1 KLEINE HANDVOLL
  BASILIKUMBLÄTTER, IN FEINE STREIFEN
  GESCHNITTEN, ZUM SERVIEREN

1   Den Backofen auf 220 °C (Gas Stufe 7) vorheizen.
2   Aubergine, Zucchini, Paprika und Knoblauch auf ein großes Backblech legen. Mit Öl beträufeln, Thymian
    sowie Salz und Pfeffer darüberstreuen. Alles gut mischen. Im vorgeheizten Ofen etwa 35 Minuten backen,
    bis das Gemüse weich und geröstet ist. Die letzten 20 Minuten der Garzeit die Tomaten zugeben.
3   Etwa 15 Minuten bevor das Gemüse gar ist, die Pasta nach Packungsanleitung bissfest garen und abgießen.
    Gemüse und Fontina unter die Pasta mischen. Mit Balsamico beträufeln und mit Basilikum bestreut
    servieren.

314
Orecchiette mit Pilzen und Tomaten

VORBEREITUNGSZEIT 10 Minuten, plus 15 Minuten Einweichzeit GARZEIT 15 Minuten FÜR 4 Personen

15G GETROCKNETE PILZE
400G ORECCHIETTE
1 KLEINE ZWIEBEL, FEIN GEHACKT
2 KNOBLAUCHZEHEN, FEIN GEHACKT
NATIVES OLIVENÖL
1 EL GLATTE PETERSILIE, FEIN GEHACKT

350G BRAUNE CHAMPIGNONS,
  IN SCHEIBEN GESCHNITTEN
230G EIERTOMATEN AUS DER DOSE,
  ABGEGOSSEN UND GESCHNITTEN
SALZ UND FRISCH GEMAHLENER SCHWARZER PFEFFER
FRISCH GERIEBENER PARMESAN, ZUM SERVIEREN

1   Die Pilze in heißem Wasser 15 Minuten einweichen, sie sollen knapp mit Wasser bedeckt sein.
    Abgießen und das Wasser auffangen, Pilze fein hacken.
2   Die Pasta nach Packungsanleitung bissfest garen und abgießen.
3   Inzwischen Zwiebel und Knoblauch in einer großen Pfanne in etwas Öl andünsten, bis sie Farbe
    annehmen. Getrocknete Pilze und Einweichwasser zufügen und garen, bis die Flüssigkeit fast verdampft
    ist. Petersilie und frische Pilze zugeben und unter Rühren scharf anbraten, bis die Flüssigkeit verdampft ist.
    Tomaten einrühren und kurz erhitzen. Mit Salz und Pfeffer abschmecken. Unter die Pasta mischen und mit
    reichlich Parmesan servieren.

315
Fusilli mit Lauch, Knoblauch und Parmesan

VORBEREITUNGSZEIT 10 Minuten GARZEIT 15 Minuten FÜR 4 Personen

400G FUSILLI
5 KNOBLAUCHZEHEN, IN DÜNNE SCHEIBEN GESCHNITTEN
5 EL NATIVES OLIVENÖL
3 LAUCHSTANGEN, LÄNGS HALBIERT UND
  IN SEHR DÜNNE RINGE GESCHNITTEN

SALZ UND FRISCH GEMAHLENER
SCHWARZER PFEFFER
8 EL FRISCH GERIEBENER PARMESAN,
  UND ETWAS ZUM SERVIEREN

1 Die Pasta nach Packungsanleitung bissfest garen und abgießen. 125 ml Kochwasser zurückbehalten.
2 Inzwischen den Knoblauch in einer großen Pfanne im Öl etwa 2 Minuten goldbraun anbraten. Den Lauch zugeben und etwa 3 Minuten unter Rühren dünsten, bis er zusammenfällt. Abdecken und etwa 10 Minuten garen, bis er weich ist, dabei gelegentlich umrühren. Mit Salz und Pfeffer abschmecken.
3 Parmesan und Lauchmischung unter die Pasta heben. Bei Bedarf etwas Kochwasser zugießen. Mit Parmesan bestreut servieren.

316
Tagliatelle mit Spinat, Zitrone und Parmesan

VORBEREITUNGSZEIT 10 Minuten GARZEIT 10 Minuten FÜR 4 Personen

350G TAGLIATELLE
600G JUNGER BLATTSPINAT
6 EL CRÈME DOUBLE
SALZ UND FRISCH GEMAHLENER SCHWARZER PFEFFER

115G FRISCH GERIEBENER PARMESAN,
  UND ETWAS ZUM SERVIEREN
SAFT VON 1 ZITRONE (NACH BELIEBEN)

1 Die Pasta nach Packungsanleitung bissfest garen und abgießen.
2 Inzwischen den Spinat in einer großen Pfanne ohne Wasser unter Rühren dünsten, bis er zusammenfällt und die Flüssigkeit verdampft ist. Pasta, Crème double sowie Parmesan untermischen. Mit Salz und Pfeffer abschmecken und nach Belieben Zitronensaft zugeben.

317
Tagliatelle mit Erbsen, Spargel und Safransauce

VORBEREITUNGSZEIT 5 Minuten, plus 15 Minuten Einweichzeit GARZEIT 15 Minuten FÜR 4 Personen

1 PRISE SAFRANFÄDEN, ZERRIEBEN
350G DÜNNER SPARGEL
150G FRISCHE ODER TIEFGEFRORENE ERBSEN
400G TAGLIATELLE

1 TL BUTTER
225G CRÈME DOUBLE
6 EL FRISCH GERIEBENER PARMESAN
SALZ UND FRISCH GEMAHLENER SCHWARZER PFEFFER

1 Den Safran 15 Minuten in 3 Esslöffel heißem Wasser einweichen.
2 Inzwischen die Spargelspitzen abschneiden und beiseite legen. Spargelstangen und Erbsen in einem großen Topf mit kochendem Wasser 2 Minuten garen. Die Spargelspitzen zufügen und 1 weitere Minute garen. Abgießen und das Kochwasser auffangen.
3 Die Pasta in dem Kochwasser nach Packungsanleitung bissfest garen und abgießen.
4 Während die Pasta kocht, die Butter schmelzen, Spargel und Erbsen darin 1–2 Minuten erhitzen. Dann Safranflüssigkeit und Crème double zufügen. Bei schwacher Hitze erwärmen und die Hälfte des Käses einrühren, mit Salz und Pfeffer abschmecken. Unter die Pasta mischen und mit dem übrigen Parmesan bestreut servieren.

318
Tagliatelle mit Spinat und Ricotta

VORBEREITUNGSZEIT 5 Minuten GARZEIT 10 Minuten FÜR 4 Personen

400G TAGLIATELLE
450G JUNGER BLATTSPINAT
SALZ UND FRISCH GEMAHLENER SCHWARZER PFEFFER

225G RICOTTA, ZERBRÖCKELT
50G FRISCH GERIEBENER PARMESAN,
UND ETWAS ZUM SERVIEREN

1   Die Pasta nach Packungsanleitung bissfest garen und abgießen. 125 ml Kochwasser zurückbehalten.
2   Inzwischen den Spinat in einem großen Topf mit Salzwasser erhitzen, bis er zusammenfällt. Kalt
    abschrecken, abtropfen lassen und überschüssige Flüssigkeit ausdrücken. Grob hacken und mit Salz und
    Pfeffer abschmecken.
3   Die Pasta mit Ricotta und Parmesan mischen, dann den Spinat zugeben. Mit Parmesan bestreut servieren.

319
Schnelle Pasta mit Kichererbsen und Spinat

VORBEREITUNGSZEIT 5 Minuten GARZEIT 10 Minuten FÜR 4 Personen

2 DOSEN (À 400G) KICHERERBSEN,
  ABGEGOSSEN UND ABGESPÜLT
1 REZEPTMENGE WINTERLICHE TOMATENSAUCE
  (SIEHE SEITE 19)

500G FRISCHE PASTA
225G SPINAT
GEHOBELTER PARMESAN UND NATIVES OLIVENÖL
(NACH BELIEBEN), ZUM SERVIEREN

1   Die Kichererbsen in der Tomatensauce erwärmen, bis die Sauce zu kochen beginnt.
2   Inzwischen die Pasta in kochendem Wasser bissfest garen. Abgießen und etwa 4 Esslöffel des Kochwassers
    zurückbehalten.
3   Den Spinat unter die Pasta heben, bis er zusammenfällt. Die Kichererbsenmischung und das Kochwasser
    zugeben. Parmesan und nach Belieben etwas Olivenöl darübergeben und servieren.

320
Ricciola mit Paprika und Kirschtomaten

VORBEREITUNGSZEIT 10 Minuten GARZEIT 15 Minuten FÜR 4 Personen

1 ZWIEBEL, GEHACKT
NATIVES OLIVENÖL
2 KNOBLAUCHZEHEN, ZERDRÜCKT
2 ROTE PAPRIKASCHOTEN,
  IN DÜNNE STREIFEN GESCHNITTEN
2 GELBE PAPRIKASCHOTEN,
  IN DÜNNE STREIFEN GESCHNITTEN

225G KIRSCHTOMATEN, HALBIERT
SALZ UND FRISCH GEMAHLENER
  SCHWARZER PFEFFER
1 KLEINER BUND BASILIKUM,
  IN FEINE STREIFEN GESCHNITTEN
400G RICCIOLI*
FRISCH GERIEBENER PARMESAN, ZUM SERVIEREN

1   Die Zwiebel in etwas Öl goldbraun andünsten. Knoblauch zugeben und etwa 1 Minute anbraten.
    Paprika zufügen und unter häufigem Rühren bissfest garen. Tomaten zugeben und etwa 5 Minuten braten,
    bis sie weich sind, aber noch ihre Form behalten. Mit Salz und Pfeffer abschmecken und Basilikum
    zugeben.
2   Inzwischen die Pasta nach Packungsanleitung bissfest garen und abgießen. 125 ml Kochwasser
    zurückbehalten.
3   Die Pasta mit der Sauce mischen. Bei Bedarf etwas Kochwasser zugießen. Mit frisch geriebenem
    Parmesan servieren.

*   Alternativ können auch Cavatappi oder Fusilli verwendet werden.

321
Gnocchi mit Linsensauce

VORBEREITUNGSZEIT 10 Minuten GARZEIT 25 Minuten FÜR 4 Personen

250G UMBRISCHE (ODER PUY-)LINSEN
½ ZWIEBEL, IN DER MITTE HALBIERT
1 ROSMARINZWEIG
1 SALBEIZWEIG
400G GNOCCHI*
4 REIFE TOMATEN, ENTKERNT UND GEWÜRFELT

3 KNOBLAUCHZEHEN, GEHACKT
1 HANDVOLL GLATTE PETERSILIE, GEHACKT
NATIVES OLIVENÖL, UND ETWAS ZUM SERVIEREN
   (NACH BELIEBEN)
FRISCH GERIEBENER PECORINO, ZUM SERVIEREN

1   Linsen, Zwiebel und Kräuter in 3 Liter Wasser zum Kochen bringen. 15–20 Minuten köcheln lassen, bis die
    Linsen weich sind. Erneut aufkochen, die Pasta zugeben und unter gelegentlichem Rühren bissfest garen.
2   Inzwischen Tomaten, Knoblauch und Petersilie in etwas Öl 3–4 Minuten anbraten, bis die Tomaten weich
    sind, aber noch nicht auseinanderfallen.
3   Pasta und Linsen abgießen, etwa 125 ml Kochwasser zurückbehalten. Zwiebel und Kräuter entfernen.
    Tomatensauce unter die Pasta und die Linsen mischen. Wenn das Gericht ohne Olivenöl serviert wird, eine
    ausreichende Menge des Kochwassers zugießen. Ansonsten nach Belieben auf jede Portion Olivenöl geben
    und mit Pecorino bestreuen.

*   Alternativ können auch Chifferi oder Pipe Rigate verwendet werden.

322
Cavatappi mit gegrillten Auberginen, Paprika und Basilikum

VORBEREITUNGSZEIT 10 Minuten GARZEIT 35 Minuten FÜR 4 Personen

2 AUBERGINEN, INSGESAMT ETWA 450–600G
2 GROSSE ROTE PAPRIKASCHOTEN, IN
   MUNDGERECHTE STÜCKE GESCHNITTEN
5 KNOBLAUCHZEHEN MIT SCHALE
6 EL NATIVES OLIVENÖL
20 NIÇOISE- ODER GAETA-OLIVEN, ENTSTEINT
   UND GEWÜRFELT

SALZ UND FRISCH GEMAHLENER SCHWARZER PFEFFER
BALSAMICO-ESSIG (NACH BELIEBEN)
400G CAVATAPPI
1 KLEINE HANDVOLL BASILIKUMBLÄTTER,
   IN FEINE STREIFEN GESCHNITTEN
FRISCH GERIEBENER PROVOLONE ODER PARMESAN,
   ZUM SERVIEREN

1   Den Backofen auf 200 °C (Gas Stufe 6) vorheizen.
2   Die Auberginen mehrmals einstechen und im vorgeheizten Backofen etwa 20–30 Minuten grillen. Einmal
    wenden und herausnehmen, wenn die Auberginen weich und gebräunt sind. Inzwischen die Paprika
    15–20 Minuten im Backofen braten, bis sie an einigen Stellen dunkel werden und weich sind. Den
    Knoblauch ebenfalls zufügen und weich garen.
3   Die Paprika häuten und in Scheiben schneiden. Die Knoblauchzehen aus der Schale lösen, zusammen mit
    dem Öl zerdrücken und in eine Pfanne geben.
4   Wenn die Auberginen soweit abgekühlt sind, dass sie angefasst werden können, die Haut abziehen und das
    Fleisch grob hacken. Zusammen mit den Paprikastücken und den Oliven in die Pfanne geben. Mit Salz,
    Pfeffer und Balsamico abschmecken und erwärmen.
5   Inzwischen die Pasta nach Packungsanleitung bissfest garen und abgießen. Gemüse und Basilikum unter die
    Pasta mischen. Mit frisch geriebenem Käse servieren.

323
Gemelli mit Schmelzzwiebelsauce

VORBEREITUNGSZEIT 10 Minuten GARZEIT 40 Minuten FÜR 4 Personen

675G GROSSE ZWIEBELN, IN SEHR DÜNNE SCHEIBEN GESCHNITTEN	SALZ
3 KNOBLAUCHZEHEN, FEIN GEHACKT	115ML TROCKENER WEISSWEIN
1 LORBEERBLATT	FRISCH GEMAHLENER SCHWARZER PFEFFER
1 KLEINER ROSMARINZWEIG	2–3 EL GLATTE PETERSILIE, GEHACKT
3 EL OLIVENÖL	400G GEMELLI*
	150G GERIEBENER PECORINO

1   Zwiebeln, Knoblauch, Lorbeer und Rosmarin in eine große Pfanne mit Öl geben und mit etwas Salz bestreuen. 10 Minuten bei schwacher Hitze anbraten, dann mit einem aus Butterbrotpapier ausgeschnitteten Ring und einem Deckel dicht abdecken und bei schwacher Hitze dünsten, bis die Zwiebeln goldbraun sind.

2   Den Wein zugießen und unter Rühren aufkochen lassen, bis er verdampft ist. Lorbeerblatt und Rosmarin entfernen. Mit Pfeffer und Petersilie abschmecken.

3   Inzwischen die Pasta nach Packungsanleitung bissfest garen und abgießen. Zwiebeln und einem Großteil des Pecorinos unter die Pasta mischen. Mit dem restlichen Pecorino bestreuen und servieren.

*   Alternativ können auch Strozzapreti oder Penne Rigate verwendet werden.

324
Panzarotti

VORBEREITUNGSZEIT 40 Minuten, plus I Stunde Ruhezeit für den Teig GARZEIT 10–15 Minuten FÜR 4 Personen

SALZ UND FRISCH GEMAHLENER
   SCHWARZER PFEFFER
50G BÜFFELMOZZARELLA, FEIN GERIEBEN
   (ZUM REIBEN VORHER I STUNDE INS
   GEFRIERFACH LEGEN)
70G RICOTTA
25G FRISCH GERIEBENER PARMESAN,
   UND ETWAS ZUM SERVIEREN
50G DOLCELATTE ODER GORGONZOLA, GEWÜRFELT

I KLEINE HANDVOLL KRÄUTERMISCHUNG AUS
   GLATTER PETERSILIE UND SCHNITTLAUCH,
   FEIN GEHACKT
OLIVENÖL, ZUM FRITTIEREN

FÜR DEN PASTATEIG
225G MEHL
2 EIER
2 EL NATIVES OLIVENÖL

1   Pastateig zubereiten (siehe Seite 10), in Frischhaltefolie wickeln und 30 Minuten ruhen lassen.
2   Inzwischen mit einer Gabel etwas Salz und reichlich Pfeffer in die 4 Käsesorten einarbeiten. Mit den Kräutern mischen.
3   Aus Teig und Füllung 5 cm große Raviolini zubereiten. 30 Minuten an einem kühlen Ort ruhen lassen (am besten nicht im Kühlschrank).
4   Das Öl in einer tiefen Pfanne auf 180 °C erhitzen*, um die Panzarotti zu frittieren. Die Panzarotti portionsweise hineingeben und jede Portion etwa 2–3 Minuten frittieren, bis die Pasta goldbraun ist. Auf Küchenpapier abtropfen lassen. Mit Parmesan bestreut servieren.

*   Wenn Sie kein geeignetes Thermometer haben, werfen Sie ein kleines Brotstück in das Öl. Wenn es innerhalb I Minute goldbraun wird, hat das Öl die richtige Temperatur.

190

325
Lasagne mit Spinat und Linsen

VORBEREITUNGSZEIT 10 Minuten GARZEIT 45 Minuten FÜR 6 Personen

300G GRÜNE LINSEN
I ZWIEBEL, FEIN GEHACKT
I KLEINE KAROTTE, FEIN GEHACKT
2 KNOBLAUCHZEHEN, IN DÜNNE SCHEIBEN
  GESCHNITTEN
450G BLATTSPINAT, GEHACKT

2–3 EL ROTES PESTO (SIEHE SEITE 19)
SALZ UND FRISCH GEMAHLENER SCHWARZER PFEFFER
2 DOSEN (À 400G) PIZZATOMATEN
300ML PASSIERTE TOMATEN
175G LASAGNEBLÄTTER
50G FRISCH GERIEBENER PECORINO

1   Linsen, Zwiebel, Karotte und Knoblauch knapp mit Wasser bedecken und in 20 Minuten bissfest garen. Die Flüssigkeit sollte fast ganz verkocht sein. Bei Bedarf überschüssige Flüssigkeit abgießen. Spinat zugeben und unter häufigem Rühren dünsten, bis er zusammenfällt. Das rote Pesto einrühren und mit Salz und Pfeffer abschmecken.
2   Inzwischen die Tomaten 10 Minuten köcheln lassen, bis die Sauce etwas eindickt.
3   Während die Tomaten kochen, die Lasagneblätter bissfest garen und abgießen; selbst wenn Sie Lasagne verwenden, die nicht vorgegart werden muss (siehe Seite 15), Nudeln kurz in kochendes Wasser geben. Zum Trocknen auf ein sauberes Geschirrtuch legen.
4   Den Backofen auf 200 °C (Gas Stufe 6) vorheizen.
5   Etwas Tomatensauce in eine eingefettete flache Auflaufform füllen. Mit einer Schicht Lasagne belegen, etwas Linsen-Spinat-Mischung darübergeben und schließlich eine Schicht Tomatensauce. Die Zutaten in dieser Reihenfolge weiter aufschichten. Mit einer Linsen-Spinat-Schicht abschließen und diese mit Käse bestreuen.
6   Im vorgeheizten Ofen etwa 25 Minuten backen, bis die Oberfläche der Lasagne Blasen wirft und goldbraun ist. Vor dem Servieren 5 Minuten ruhen lassen.

326
Lasagne mit Spinat und Käse

VORBEREITUNGSZEIT 15 Minuten GARZEIT 45 Minuten FÜR 4–6 Personen

12 FRISCHE LASAGNEBLÄTTER
900G BLATTSPINAT
I TL BUTTER
225G RICOTTA
175G GORGONZOLA, ZERBRÖCKELT
SALZ UND FRISCH GEMAHLENER SCHWARZER PFEFFER
4 EL PINIENKERNE, LEICHT GERÖSTET
50G FRISCH GERIEBENER PARMESAN
200G BÜFFELMOZZARELLA, GEWÜRFELT

FÜR DIE BÉCHAMELSAUCE
50G BUTTER
40G MEHL
725ML MILCH

1   Lasagneblätter garen und abgießen (siehe Seite 15) und zum Trocknen auf ein sauberes Geschirrtuch legen.
2   Inzwischen die Béchamelsauce zubereiten (siehe Seite 17).
3   Den Backofen auf 180 °C (Gas Stufe 4) vorheizen.
4   Während die Béchamelsauce kocht, den Spinat in einem großen Topf mit Salzwasser erhitzen, bis er zusammenfällt. Kalt abschrecken, abtropfen lassen und überschüssige Flüssigkeit ausdrücken. Grob hacken. Mit Butter, Ricotta und Gorgonzola mischen und mit Salz und Pfeffer abschmecken.
5   Etwas Béchamelsauce in eine eingefettete flache Auflaufform füllen. Mit 3 Lasagneblättern bedecken und nacheinander je ¼ der Spinatmischung, der Pinienkerne, der restlichen Béchamelsauce und des Parmesan darübergeben. Die Zutaten in dieser Reihenfolge weiter aufschichten, dabei zusammen mit den Pinienkernen jeweils ein Drittel des Mozzarellas zugeben. Sobald alle Zutaten aufgebraucht sind, mit einer Schicht Mozzarella und Parmesan abschließen.
6   Im vorgeheizten Ofen etwa 30–35 Minuten backen, bis die Oberfläche der Lasagne Blasen wirft und goldbraun ist. Vor dem Servieren 5 Minuten ruhen lassen.

327
Ravioli mit Ricotta, Parmesan und Kürbis

VORBEREITUNGSZEIT 45 Minuten GARZEIT 1¼ Stunden FÜR 4 Personen

I REZEPTMENGE PASTATEIG MIT 2 EIERN
   (SIEHE SEITE 10)
50G BUTTER
FEIN GERIEBENE SCHALE VON 1 UNBEHAN-
   DELTEN ZITRONE
40G PINIENKERNE, LEICHT ANGERÖSTET
PARMESAN, ZUM SERVIEREN

FÜR DIE FÜLLUNG
450G BUTTERNUSSKÜRBIS
NATIVES OLIVENÖL
150G RICOTTA, GLATT GERÜHRT
85G FEIN GERIEBENER PARMESAN
SALZ UND FRISCH GEMAHLENER SCHWARZER PFEFFER

1   Pastateig zubereiten (siehe Seite 10).
2   Während der Teig ruht, die Füllung zubereiten. Den Backofen auf 190 °C (Gas Stufe 5) vorheizen. Das Kürbisfleisch mit etwas Öl bestreichen und im vorgeheizten Ofen etwa 1 Stunde backen, bis es weich ist. Etwas abkühlen lassen, Kürbisfleisch mit einem Esslöffel auslösen und in eine Schüssel geben. Ricotta zufügen und mit einem Kartoffelstampfer oder einer Gabel zu einem Brei verarbeiten. Parmesan unter- mischen und mit Salz und Pfeffer abschmecken. Aus Füllung und Teig Ravioli zubereiten (siehe Seite 11).
3   Die Butter bei sehr schwacher Hitze schmelzen, Zitronenschale zugeben. Während der Garzeit der Pasta beiseite stellen, damit die Butter das Zitronenaroma aufnehmen kann.
4   Die Ravioli in siedendem Wasser gegebenenfalls portionsweise jeweils 4 Minuten bissfest garen, gut abtropfen. Die Pinienkerne über die Ravioli streuen und die Zitronenbutter darübergießen. Mit Parmesan servieren.

328
Pappardelle mit gegrilltem Fenchel und Dolcelatte

VORBEREITUNGSZEIT 5 Minuten GARZEIT 35 Minuten FÜR 4 Personen

2 FENCHELKNOLLEN, IN DÜNNE SCHEIBEN
   GESCHNITTEN, FENCHELGRÜN AUFBEWAHREN
NATIVES OLIVENÖL
300ML TROCKENER WEISSWEIN
350G PAPPARDELLE

225G DOLCELATTE ODER GORGONZOLA, IN KLEINE
   STÜCKE GESCHNITTEN
SALZ UND FRISCH GEMAHLENER SCHWARZER PFEFFER
4 EL WALNÜSSE, LEICHT GERÖSTET UND
   GROB GEHACKT

1   Den Backofen auf 200 °C (Gas Stufe 7) vorheizen.
2   Die Fenchelscheiben in eine feuerfeste Form legen und mit etwas Öl beträufeln. Gut mischen, damit der Fenchel gleichmäßig mit Öl bedeckt ist. Gleichmäßig in der Form verteilen. Im vorgeheizten Backofen etwa 25–30 Minuten grillen, bis der Fenchel leicht geröstet ist, dabei gelegentlich wenden.
3   Den Fenchel aus dem Ofen nehmen und warm halten. Den Wein in einen Topf gießen und auf dem Herd auf die Hälfte einkochen.
4   Inzwischen die Pasta nach Packungsanleitung bissfest garen und abgießen. Mit dem eingekochten Wein sowie Käse und Fenchel unter die Pasta mischen. Mit Salz und Pfeffer abschmecken. Die Walnüsse und das aufgehobene Fenchelgrün darüberstreuen.

329
Tonnarelli mit Radicchio und Taleggio

VORBEREITUNGSZEIT 10 Minuten GARZEIT 25 Minuten FÜR 4 Personen

1 ROTE ZWIEBEL, LÄNGS HALBIERT UND IN DÜNNE
  SCHEIBEN GESCHNITTEN
NATIVES OLIVENÖL
1 KNOBLAUCHZEHE, FEIN GEHACKT
4 GROSSE RADICCHIOKÖPFE, IN STREIFEN
  GESCHNITTEN

115ML TROCKENER WEISSWEIN
5 EL GEMÜSEBRÜHE ODER WASSER
100G TALEGGIO, GEWÜRFELT
SALZ UND FRISCH GEMAHLENER SCHWARZER PFEFFER
375G TONNARELLI*
FRISCH GERIEBENER PARMESAN, ZUM SERVIEREN

1   Die rote Zwiebel in einer großen Pfanne in etwas Öl andünsten. Knoblauch zufügen und 1 Minute goldgelb
    bräunen. Den Radicchio zugeben und unter gelegentlichem Rühren anbraten.
2   Wein und Brühe zugießen und aufkochen lassen. Bei schwacher Hitze köcheln, bis die Flüssigkeit fast
    verdampft ist. Der Radicchio sollte weich, aber noch bissfest sein. Taleggio zufügen und erwärmen, bis der
    Käse zu schmelzen beginnt. Mit Salz und Pfeffer abschmecken.
3   Inzwischen die Pasta nach Packungsanleitung bissfest garen und abgießen. Radicchiosauce unter die Pasta
    mischen. Mit frisch geriebenem Parmesan bestreuen und servieren.

*   Alternativ können auch Spaghetti verwendet werden.

VEGETARISCHE GERICHTE

330
Penne Rigate mit Auberginen und Ricotta

VORBEREITUNGSZEIT 10 Minuten GARZEIT 15 Minuten FÜR 4 Personen

2 KLEINE AUBERGINEN, IN DICKE
  SCHEIBEN GESCHNITTEN
NATIVES OLIVENÖL, UND ETWAS ZUM GRILLEN
SALZ UND FRISCH GEMAHLENER SCHWARZER PFEFFER
1 KLEINE ZWIEBEL, FEIN GEHACKT
3 KNOBLAUCHZEHEN, IN DÜNNE
  SCHEIBEN GESCHNITTEN
1 ROTE CHILISCHOTE, ENTKERNT UND FEIN GEHACKT

1 DOSE (400G) PIZZATOMATEN
3 EL GLATTE PETERSILIE, GEHACKT
12 SCHWARZE OLIVEN, ENTSTEINT UND HALBIERT
400G PENNE RIGATE
175G RICOTTA, ZERBRÖCKELT
IN FEINE STREIFEN GESCHNITTENE
  BASILIKUMBLÄTTER, ZUM SERVIEREN

1   Die Auberginenscheiben in einer Schicht auf ein großes Backblech legen. Beide Seiten mit Öl bestreichen
    und mit Salz und Pfeffer bestreuen. Unter einem vorgeheizten Grill 3–6 Minuten pro Seite rösten, bis die
    Auberginen braun und weich sind. Wenn sie soweit abgekühlt sind, dass sie angefasst werden können, in
    Streifen schneiden.
2   Inzwischen die Zwiebel in einer Pfanne in etwas Öl andünsten. Knoblauch und Chili zugeben und 1 Minute
    anbraten. Tomaten und Petersilie einrühren und 10–15 Minuten köcheln lassen, bis die Sauce leicht
    eindickt. Oliven zugeben und mit Salz und Pfeffer abschmecken.
3   Währenddessen die Pasta nach Packungsanleitung bissfest garen und abgießen. Die Hälfte der
    Auberginenstreifen, die Hälfte des Ricottas sowie die Tomatensauce untermischen. Die restlichen
    Auberginenstreifen darübergeben und mit dem übrigen Ricotta und Basilikum bestreut servieren.

331
Ziti mit roter Paprika und Basilikum

VORBEREITUNGSZEIT 10 Minuten GARZEIT 20 Minuten FÜR 4 Personen

3 KNOBLAUCHZEHEN, LÄNGS HALBIERT

3 EL NATIVES OLIVENÖL

4 GROSSE REIFE ROTE PAPRIKA, DER LÄNGE NACH
  GEVIERTELT

SALZ UND FRISCH GEMAHLENER SCHWARZER PFEFFER

BALSAMICO-ESSIG

400G ZITI*

1 KLEINE HANDVOLL BASILIKUMBLÄTTER,
  IN FEINE STREIFEN GESCHNITTEN

6 EL FRISCH GERIEBENER PARMESAN

1   Den Knoblauch im Öl bei sehr schwacher Hitze 10 Minuten andünsten, bis das Öl das Knoblaucharoma
    aufgenommen hat. Knoblauch entfernen.
2   Inzwischen die Paprikaviertel längs in 1 cm große Streifen schneiden. Die Streifen jeweils quer in der
    Mitte noch einmal halbieren.
3   Die Paprika im Knoblauchöl bei relativ großer Hitze andünsten. Sie sollten weich sein, jedoch nicht
    ihre Form verlieren und matschig werden. Mit Salz, reichlich frisch gemahlenem schwarzem Pfeffer und
    Balsamico würzen.
4   Inzwischen die Pasta nach Packungsanleitung bissfest garen und abgießen. Paprika, Bratflüssigkeit, Basilikum
    und Parmesan unter die Pasta mischen.

*   Alternativ können auch Penne Rigate verwendet werden.

332
Lasagne mit Artischocken und Pilzen

VORBEREITUNGSZEIT 15 Minuten GARZEIT 50 Minuten FÜR 4–6 Personen

5 SCHALOTTEN, FEIN GEHACKT

NATIVES OLIVENÖL

3 KNOBLAUCHZEHEN, FEIN GEHACKT

750G GEMISCHTE PILZEN, Z. B. BRAUNE CHAMPIGNONS,
  SHIITAKE- UND AUSTERNPILZE, HALBIERT, GEVIERTELT
  ODER IN SCHEIBEN GESCHNITTEN

1¾ EL ZITRONENSAFT

1 BUND GLATTE PETERSILIE, GEHACKT

SALZ UND FRISCH GEMAHLENER SCHWARZER PFEFFER

200G FRISCHE GRÜNE LASAGNEBLÄTTER

250G RICOTTA

250G GEGRILLTE ARTISCHOCKEN IN ÖL,
  ABGEGOSSEN UND HALBIERT

50G FRISCH GERIEBENER PARMESAN

FÜR DIE BÉCHAMELSAUCE

45G BUTTER

4½ EL MEHL

750ML MILCH

1   Schalotten in einer großen Pfanne in etwas Öl goldbraun andünsten. Den Knoblauch für die letzten
    3 Minuten der Garzeit zugeben. Pilze, Zitronensaft und die Hälfte der Petersilie zufügen und unter
    gelegentlichem Rühren 10–15 Minuten anbraten, bis die Pilze weich und gebräunt sind. Die restliche
    Petersilie zugeben und mit Salz und Pfeffer abschmecken.
2   Inzwischen die Béchamelsauce zubereiten (siehe Seite 17). Während die Sauce köchelt, die Lasagneblätter
    bissfest garen, abgießen und abschrecken. Zum Trocknen auf ein sauberes Geschirrtuch legen.
3   Den Backofen auf 200 °C (Gas Stufe 6) vorheizen.
4   Eine dünne Schicht Béchamelsauce auf den Boden einer eingefetteten Auflaufform streichen. Mit einer Schicht
    Lasagneblättern bedecken, dann nacheinander je ¼ des Ricottas und der Pilzmischung und die Hälfte der
    Artischocken aufschichten. Mit etwas Parmesan bestreuen. Die Zutaten in dieser Reihenfolge weiter aufschichten.
    Zum Schluss eine Schicht Béchamelsauce zugießen und mit reichlich Parmesan bestreuen.
5   Im Ofen etwa 30 Minuten backen, bis die Oberfläche der Lasagne Blasen wirft und goldbraun ist.
    Vor dem Servieren 5 Minuten ruhen lassen.

333

Agnolotti mit Käse und Kräutern

VORBEREITUNGSZEIT 45 Minuten GARZEIT 15 Minuten FÜR 4 Personen

1 REZEPTMENGE PASTATEIG MIT 2 EIERN
  (SIEHE SEITE 10)
1 KNOBLAUCHZEHE
OLIVENÖL
300G RICOTTA
125G FRISCH GERIEBENER PARMESAN
1 EIDOTTER

2 HANDVOLL GEMISCHTE KRÄUTER, Z. B. BASILIKUM,
  GLATTE PETERSILIE, THYMIAN UND OREGANO
FRISCH GEMAHLENER SCHWARZER PFEFFER
ETWA 50G BUTTER
GEGRILLTE KIRSCHTOMATEN AM ZWEIG,
  ZUM SERVIEREN

1 Während der Pastateig ruht, den Knoblauch in etwas Öl 1–2 Minuten andünsten. Abkühlen lassen und dann mit dem Ricotta mischen. 80 g Parmesan, Eidotter, Kräuter und Pfeffer unterrühren. Wegen des Salzgehalts des Parmesan ist Salz womöglich nicht erforderlich.

2 Aus Pastateig und Füllung Agnolotti zubereiten (siehe Seite 10).

3 Die Agnolotti portionsweise in siedendem Wasser jeweils 4–5 Minuten bissfest garen.

4 Inzwischen die Butter mit dem restlichen Parmesan schmelzen, ohne dass sie zu heiß wird. Mit Pfeffer abschmecken.

5 Die Agnolotti abgießen und die geschmolzene Butter darübergeben. Nach Belieben mit gegrillten Tomaten garnieren und servieren.

334

Lasagne mit Spinat und Pilzen

VORBEREITUNGSZEIT 10 Minuten GARZEIT 1 Stunde FÜR 4 Personen

2 ZWIEBELN, HALBIERT UND IN SCHEIBEN
  GESCHNITTEN
2 LORBEERBLÄTTER
1 TL GETROCKNETER OREGANO
SALZ UND FRISCH GEMAHLENER
  SCHWARZER PFEFFER
NATIVES OLIVENÖL
3 GROSSE KNOBLAUCHZEHEN, GEHACKT

400G BRAUNE CHAMPIGNONS, IN SCHEIBEN
  GESCHNITTEN
1 EL TOMATENMARK
2 DOSEN (À 400G) PIZZATOMATEN
175G LASAGNEBLÄTTER
400G FRISCHER BLATTSPINAT
1 REZEPTMENGE BÉCHAMELSAUCE (SIEHE SEITE 17)
6 EL FRISCH GERIEBENER PARMESAN

1 Zwiebeln mit Lorbeer, Oregano, Salz und Pfeffer in etwas Öl andünsten. Dabei gelegentlich umrühren, bis die Zwiebeln sehr weich und leicht gebräunt sind. Etwa bei Hälfte der Garzeit den Knoblauch zufügen.

2 Pilze zugeben und unter gelegentlichem Rühren anbraten, bis die Flüssigkeit verdampft ist. Tomatenmark und Tomaten einrühren, aufkochen lassen. 20 Minuten bei schwacher Hitze zu einer dicken Sauce einkochen.

3 Währenddessen die Lasagneblätter bissfest garen, abgießen und abschrecken; selbst wenn Sie Lasagne verwenden, die nicht vorgegart werden muss (siehe Seite 15), Nudeln kurz in kochendes Wasser geben. Zum Trocknen auf ein sauberes Geschirrtuch legen.

4 Inzwischen den Spinat in einem großen Topf mit Salzwasser erhitzen, bis er zusammenfällt. Kalt abschrecken, gut abtropfen lassen, und überschüssige Flüssigkeit ausdrücken.

5 Den Backofen auf 190 °C (Gas Stufe 5) vorheizen.

6 Eine dünne Schicht Béchamelsauce auf den Boden einer eingefetteten niedrigen Auflaufform füllen. Nacheinander mit einer Schicht Lasagne, einer Schicht Pilzmischung und mit Spinat bedecken. Die Zutaten in dieser Reihenfolge weiter aufschichten. Mit Béchamelsauce abschließen und Parmesan darüberstreuen.

7 Im vorgeheizten Ofen etwa 25–30 Minuten backen, bis die Oberfläche der Lasagne Blasen wirft und goldbraun ist. Vor dem Servieren 5 Minuten ruhen lassen.

335
Cannelloni mit Zucchini und Ricotta

VORBEREITUNGSZEIT 15 Minuten* GARZEIT 25 Minuten FÜR 4 Personen

ETWA 12 GRÜNE LASAGNEBLÄTTER
1 ZWIEBEL, GEHACKT
OLIVENÖL
4 ZUCCHINI, GERIEBEN
2 KNOBLAUCHZEHEN, ZERDRÜCKT
   UND FEIN GEHACKT
250G RICOTTA

ABGERIEBENE SCHALE VON 1 UNBEHANDELTEN
   ZITRONE
SALZ UND FRISCH GEMAHLENER SCHWARZER PFEFFER
1 REZEPTMENGE FRISCHE ODER WINTERLICHE
   TOMATENSAUCE (SIEHE SEITE 18 BZW. 19),
   ERWÄRMT
50G FRISCH GERIEBENER PARMESAN

1   Lasagneblätter (siehe Seite 15) bissfest garen und abgießen. Zum Trocknen auf ein sauberes Geschirrtuch legen.
2   Den Backofen auf 200 °C (Gas Stufe 6) vorheizen.
3   Die Zwiebel in etwas Öl andünsten, bis sie weich, aber nicht gebräunt ist. Zucchini und Knoblauch zugeben und unter gelegentlichem Rühren dünsten. Vom Herd nehmen und mit der Hälfte des Ricottas und der Zitronenschale mischen sowie mit Salz und Pfeffer abschmecken.
4   Die Zucchinimischung jeweils in die Mitte der Lasagneblätter geben und die Blätter zu Cannelloni aufrollen.
5   Die Hälfte der Sauce in eine eingefettete flache Auflaufform füllen. Die Cannelloni mit der Nahtstelle nach unten in die Form legen. Erst die restliche Sauce, dann den restlichen Ricotta darübergeben und mit Parmesan bestreuen.
6   Im vorgeheizten Ofen etwa 15 Minuten goldbraun backen.

*   Bei Verwendung von fertiger Tomatensauce.

336
Lasagne mit Kürbis und Pilzen

VORBEREITUNGSZEIT 15 Minuten GARZEIT 45 Minuten FÜR 4–6 Personen

900G BUTTERNUSSKÜRBIS, HALBIERT, GESCHÄLT,
   ENTKERNT UND IN DÜNNE SCHEIBEN
   GESCHNITTEN
NATIVES OLIVENÖL
SALZ UND FRISCH GEMAHLENER SCHWARZER PFEFFER
1½ EL PESTO (SIEHE SEITE 18)
6 LASAGNEBLÄTTER

600G GEMISCHTE PILZE, Z. B. BRAUNE CHAMPIGNONS,
   SHIITAKE- UND AUSTERNPILZE, IN SCHEIBEN
   GESCHNITTEN
3 KNOBLAUCHZEHEN, FEIN GEHACKT
115G FETTREDUZIERTE CRÈME FRAÎCHE
600G BLATTSPINAT
25G FRISCH GERIEBENER PARMESAN
50G GERIEBENER FONTINA

1   Den Backofen auf 230 °C (Gas Stufe 8) vorheizen.
2   Kürbis auf ein Backblech legen und mit etwa 2 Esslöffel Öl beträufeln. Mit Salz und Pfeffer bestreuen und im vorgeheizten Ofen etwa 20 Minuten backen, bis der Kürbis weich und leicht gebräunt ist. Etwas abkühlen lassen und mit dem Pesto mischen. Die Temperatur auf 190 °C (Gas Stufe 5) senken.
3   Inzwischen die Lasagneblätter bissfest garen, abgießen und abschrecken. Zum Trocknen auf ein Geschirrtuch legen.
4   Während die Lasagneblätter garen, die Pilze in etwas Öl dünsten, bis sie weich sind und ihre Flüssigkeit abgeben. 1 Minute vor Ende der Garzeit den Knoblauch zugeben. 1 Esslöffel Crème fraîche zufügen und 2 Minuten köcheln lassen. Mit Salz und Pfeffer abschmecken und beiseite stellen.
5   Den Spinat in einem großen Topf mit Salzwasser erhitzen, bis er zusammenfällt. Kalt abschrecken und abtropfen lassen, überschüssige Flüssigkeit ausdrücken. Parmesan, den restlichen Knoblauch und 4 Esslöffel Crème fraîche mit dem Spinat mischen und mit Salz und Pfeffer abschmecken.
6   Von jedem Gemüse eine kleine Portion beiseite legen. Die Lasagneblätter und das restliche Gemüse abwechselnd in einer großen eingefetteten Auflaufform aufschichten. Mit Spinat beginnen und mit Lasagne abschließen. Mit dem übrigen Gemüse bedecken und die restliche Crème fraîche darübergeben. Mit Pfeffer abschmecken und mit Fontina bestreuen. 25 Minuten goldbraun backen.

337
Lasagne mit gegrilltem Gemüse

VORBEREITUNGSZEIT 15 Minuten, plus 1 Stunde Abtropfzeit GARZEIT 55 Minuten FÜR 6 Personen

1 KLEINE AUBERGINE, IN 2,5 CM GROSSE WÜRFEL GESCHNITTEN

2 ZUCCHINI, IN 2,5 CM GROSSE WÜRFEL GESCHNITTEN

SALZ

1 ROTE PAPRIKASCHOTE, GEWÜRFELT

1 FENCHELKNOLLE, SEHR FEIN GEWÜRFELT

4 GROSSE KNOBLAUCHZEHEN, IN SEHR DÜNNE SCHEIBEN GESCHNITTEN

NATIVES OLIVENÖL

50G SCHWARZE ENTSTEINTE OLIVEN IN ÖL, HALBIERT

3 EL BASILIKUM, IN GROBE STREIFEN GESCHNITTEN

FRISCH GEMAHLENER SCHWARZER PFEFFER

ETWA 10 LASAGNEBLÄTTER

50G FRISCH GERIEBENER PARMESAN

JEWEILS 40G TALEGGIO UND MOZZARELLA, GERIEBEN

FÜR DIE BÉCHAMELSAUCE

35G MEHL

40G BUTTER

570ML MILCH

1   Auberginen und Zucchini in ein großes Sieb legen, mit etwas Salz bestreuen und alles mischen. Etwa 1 Stunde abtropfen lassen, gut abspülen und gründlich mit einem Küchenpapier trocken tupfen.
2   Das gesamte Gemüse und den Knoblauch auf ein Backblech geben, mit Öl beträufeln und so mischen, dass das Gemüse gleichmäßig mit Öl bedeckt ist. Im vorgeheizten Ofen auf der obersten Schiene 30 Minuten backen, bis die Ränder leicht braun werden, dabei gelegentlich wenden. Aus dem Backofen nehmen (Temperatur auf 190 °C bzw. Gas Stufe 5 senken) und Oliven, Basilikum, Salz und Pfeffer untermischen.
3   Inzwischen die Lasagne bissfest garen, abgießen und abschrecken. Zum Trocknen auf ein sauberes Geschirrtuch legen. Den Backofen auf 240 °C (Gas Stufe 9) vorheizen.
4   Während die Lasagne kocht, die Béchamelsauce zubereiten (siehe Seite 17). 3 Esslöffel Parmesan in die Sauce rühren und ein Viertel in eine eingefettete flache Auflaufform geben. Jeweils ein Drittel der Gemüsemischung sowie Mozzarella und Taleggio darübergeben. Mit einer einfachen Schicht Lasagneblätter bedecken. Die Zutaten in dieser Reihenfolge weiter aufschichten und mit einer Schicht Käsesauce abschließen. Den restlichen Parmesan darüberstreuen. Im Ofen 20—25 Minuten goldbraun backen.

338
Gemüselasagne mit Ziegenkäsebelag

VORBEREITUNGSZEIT 10 Minuten, plus 30 Minuten Ruhezeit GARZEIT 35 Minuten FÜR 6 Personen

2 AUBERGINEN, IN GROSSE WÜRFEL GESCHNITTEN

SALZ

2 ZWIEBELN, IN DÜNNE SCHEIBEN GESCHNITTEN

NATIVES OLIVENÖL

4 KNOBLAUCHZEHEN, FEIN GEHACKT

5 EIERTOMATEN, IN 1 CM GROSSE
   STÜCKE GESCHNITTEN

4 EL ROTWEIN

ETWA 2 EL TOMATENMARK

ETWA 1 EL GETROCKNETER OREGANO

2 ROTE UND 2 GELBE PAPRIKASCHOTEN

ETWA 10 GRÜNE LASAGNEBLÄTTER

FÜR DEN BELAG

2 EIER, GESCHLAGEN

150G SAHNE

350G WEICHER ZIEGENKÄSE

SALZ UND FRISCH GEMAHLENER SCHWARZER PFEFFER

3 EL FRISCHE WEISSBROTKRUMEN

4 EL FRISCH GERIEBENER PECORINO

1   Die Auberginen in ein Sieb legen und mit Salz bestreuen. 30 Minuten ziehen lassen. Abspülen und trocknen tupfen. Die Zwiebeln in etwas Öl andünsten, bis sie weich und leicht gebräunt sind. Knoblauch und Auberginen zugeben und 2–3 Minuten anbraten. Tomaten, Wein, Tomatenmark und Oregano zufügen. Abdecken und 15–20 Minuten köcheln lassen, dabei gelegentlich umrühren.

2   Inzwischen die Paprika grillen, die Haut abziehen und in Stücke schneiden (siehe Seite 67). Währenddessen die Lasagneblätter bissfest garen, abgießen und abschrecken; selbst wenn Sie Lasagne verwenden, die nicht vorgegart werden muss (siehe Seite 15), Nudeln kurz in kochendes Wasser geben. Zum Trocknen auf ein sauberes Geschirrtuch legen. Den Backofen auf 190 °C (Gas Stufe 5) vorheizen.

3   Für den Belag Eier und Sahne mit Ziegenkäse mischen und glatt rühren. Mit Salz und Pfeffer abschmecken.

4   Paprika, Salz und Pfeffer in die Auberginenmischung geben und etwa ein Drittel in eine eingeölte flache Auflaufform füllen. Mit einer Schicht Käsesauce und Lasagne bedecken. Die Blätter so zuschneiden, dass sie in die Form passen. Die Zutaten in dieser Reihenfolge zwei weitere Male aufschichten. Gleichmäßig mit dem Belag bedecken und mit Brotkrumen und Pecorino abschließen.

5   Im vorgeheizten Ofen etwa 30 Minuten goldbraun backen. Vor dem Servieren 5 Minuten ruhen lassen.

339
Tagliatelle mit Fenchel und Knoblauch

VORBEREITUNGSZEIT 10 Minuten GARZEIT 40 Minuten FÜR 4 Personen

1 FENCHELKNOLLE, IN DÜNNE SCHEIBEN
   GESCHNITTEN (FENCHELGRÜN AUFBEWAHREN)

1 ZWIEBEL, IN DÜNNE SCHEIBEN GESCHNITTEN

4 KNOBLAUCHZEHEN, IN DÜNNE SCHEIBEN
   GESCHNITTEN

1 PRISE CHILIFLOCKEN

50G BUTTER

1 TL ZUCKER

SALZ UND FRISCH GEMAHLENER SCHWARZER PFEFFER

115ML TROCKENER WEISSWEIN

150G CRÈME DOUBLE

400G TAGLIATELLE

4 EL FRISCH GERIEBENER PARMESAN,
   UND ETWAS ZUM GARNIEREN

GEHACKTES FENCHELKRAUT, ZUM SERVIEREN
   (NACH BELIEBEN)

1   Fenchel, Zwiebel, Knoblauch und Chili in einer schweren Pfanne zusammen mit Butter, Zucker, Salz und Pfeffer bei schwacher Hitze 20–30 Minuten dünsten, bis das Gemüse sehr weich ist. Dabei mit halbgeschlossenem Topfdeckel abdecken und gelegentlich umrühren. Falls das Gemüse zu trocken wird, 1–2 Esslöffel heißes Wasser zugießen.

2   Den Wein zugießen, die Hitze erhöhen und ohne Abdeckung köcheln lassen, bis die Flüssigkeit fast verdampft ist. Crème double zugeben und köcheln, bis die Sauce eindickt, nicht zu dickflüssig werden lassen.

3   Inzwischen die Tagliatelle nach Packungsanleitung bissfest garen und abgießen. Mit Parmesan und Fenchelsauce mischen. Das Fenchelgrün oder das gehackte Fenchelkraut darübergeben. Mit Parmesan bestreut servieren.

340
Sedani al forno mit gegrilltem Gemüse und Oliven

VORBEREITUNGSZEIT 15 Minuten, plus 1 Stunde Abtropfzeit GARZEIT 50 Minuten FÜR 4 Personen

2 ZUCCHINI, IN MUNDGERECHTE STÜCKE GESCHNITTEN

1 KLEINE AUBERGINE, IN MUNDGERECHTE STÜCKE GESCHNITTEN

SALZ

1 CHICORÉEKOPF, IN MUNDGERECHTE STÜCKE GESCHNITTEN

1 ROTE ZWIEBEL, IN SPALTEN GESCHNITTEN

1 ROTE PAPRIKASCHOTE, IN MUNDGERECHTE STÜCKE GESCHNITTEN

3 KNOBLAUCHZEHEN, GEHACKT

1 ROSMARINZWEIG

2 THYMIANZWEIGE

NATIVES OLIVENÖL

4 REIFE TOMATEN, GEVIERTELT

175G SEDANI*

50G SCHWARZE OLIVEN, ENTSTEINT

1 REZEPTMENGE KÄSESAUCE (SIEHE SEITE 17)

85G BÜFFELMOZZARELLA, IN DÜNNE SCHEIBEN GESCHNITTEN

1½ EL FRISCH GERIEBENER PARMESAN

1   Zucchini und Auberginen in ein Sieb legen, jede Schicht mit Salz bestreuen. 1 Stunde ziehen lassen, gut abspülen und gründlich mit einem Küchenpapier trocken tupfen**.

2   Den Backofen auf 220 °C (Gas Stufe 7) vorheizen.

3   Zucchini und Auberginen zusammen mit Chicorée, Zwiebel, Paprika, Knoblauch und Kräuter auf ein großes Backblech legen. Mit etwas Öl beträufeln und alles gut mischen, damit das Gemüse gleichmäßig mit Öl bedeckt ist. Auf dem Blech verteilen. Im vorgeheizten Backofen auf der obersten Schiene etwa 30 Minuten garen, bis das Gemüse weich und leicht geröstet ist. Nach 15 Minuten die Tomaten zugeben. Die Kräuter entfernen und die Temperatur auf 200 °C (Gas Stufe 6) senken.

4   Kurz bevor das Gemüse gar ist, die Pasta nach Packungsanleitung bissfest garen. 1 Minute vor Ende der angegebenen Garzeit abgießen und mit dem Gemüse, den Oliven und der Käsesauce mischen. Abwechselnd mit Mozzarella in eine eingefettete flache Auflaufform schichten. Mit einer Schicht Mozzarella abschließen und Parmesan darüberstreuen.

5   10 Minuten backen, bis die Oberfläche goldbraun ist.

*   Alternativ können auch Penne oder Rigatoni verwendet werden.

**   Dieser Schritt kann nach Belieben weggelassen werden.

341
Makkaroni al forno mit Fenchel und Käse

VORBEREITUNGSZEIT 15 Minuten GARZEIT 30 Minuten FÜR 4 Personen

350G FENCHEL, ERST LÄNGS HALBIERT, DANN IN DÜNNE SCHEIBEN GESCHNITTEN

1 ZWIEBEL, IN DÜNNE SCHEIBEN GESCHNITTEN

NATIVES OLIVENÖL

2 KNOBLAUCHZEHEN, GEHACKT

225G MAKKARONI

50G PINIENKERNE, LEICHT GERÖSTET

350G RICOTTA, ZERBRÖCKELT

SALZ UND FRISCH GEMAHLENER SCHWARZER PFEFFER

175G BÜFFELMOZZARELLA, IN DÜNNE SCHEIBEN GESCHNITTEN

1   Den Backofen auf 180 °C (Gas Stufe 4) vorheizen.

2   Den Fenchel 5 Minuten weich kochen. Abgießen und das Kochwasser auffangen. Fenchel grob hacken.

3   Inzwischen die Zwiebel in etwas Öl andünsten. Knoblauch und gehackten Fenchel zugeben und etwa 4 Minuten anbraten, bis das Gemüse etwas gebräunt ist. Vom Herd nehmen und abkühlen lassen.

4   Inzwischen die Makkaroni im Fenchelwasser sowie zusätzlichem Wasser nach Packungsanleitung bissfest garen. Eine Minute vor Ende der angegebenen Garzeit abgießen. Die Hälfte in eine eingefettete flache Auflaufform geben.

5   Pinienkerne und Ricotta mit der Fenchelsauce mischen, mit Salz und Pfeffer abschmecken. Die Hälfte über die Makkaroni geben. Weitere Schichten in dieser Reihenfolge einfüllen. Mit einer Schicht Mozzarella abschließen und im vorgeheizten Ofen 15–20 Minuten goldbraun backen.

342
Cannelloni mit Dicken Bohnen und Basilikum

VORBEREITUNGSZEIT 20 Minuten GARZEIT 40 Minuten FÜR 4 Personen

12 CANNELLONI

350G FRISCHE ODER TIEFGEFRORENE UND
   AUFGETAUTE JUNGE DICKE BOHNEN, AUSGEPALT

225G RICOTTA

1 KNOBLAUCHZEHE, ZERDRÜCKT

2–3 EL BASILIKUM, FEIN GEHACKT

FRISCH GEMAHLENER SCHWARZER PFEFFER

½ REZEPTMENGE TOMATENSAUCE (SIEHE SEITE 18)

50G MOZZARELLA, GEWÜRFELT

2 EL FRISCH GERIEBENER PARMESAN

FÜR DIE KÄSESAUCE

40G BUTTER

2½ EL MEHL

450ML MILCH

50G FRISCH GERIEBENER PARMESAN

1   Die Cannelloni bissfest garen und abgießen (siehe Seite 15).
2   Inzwischen die einfache Käsesauce zubereiten (siehe Seite 17).
3   Den Backofen auf 200 °C (Gas Stufe 6) vorheizen.
4   Die Bohnen in Salzwasser weich kochen. Abgießen und unter kaltem Wasser abschrecken. Zusammen mit Ricotta, Knoblauch und Basilikum in einem Mixer zu einer groben Sauce pürieren, mit Pfeffer abschmecken. Die Sauce in einen großen Spritzbeutel (oder einen dicken Plastikbeutel mit abgeschnittener Spitze) geben und mit dessen Hilfe in die Cannelloni füllen.
5   Die Tomatensauce in eine große flache Auflaufform füllen und die Cannelloni in die Form legen. Vollständig mit Käsesauce bedecken und mit Mozzarella und Parmesan bestreuen.
6   Im vorgeheizten Ofen 30–35 Minuten backen, bis die Oberfläche Blasen wirft und goldbraun ist.

343
Elicoidali mit gegrilltem Gemüse und Pesto

VORBEREITUNGSZEIT 15 Minuten GARZEIT 30–40 Minuten FÜR 4 Personen

2 LAUCHSTANGEN, LÄNGS GEVIERTELT (OHNE DIE
  ENDEN DURCHZUSCHNEIDEN)
2 ZUCCHINI, IN GROSSE STÜCKE GESCHNITTEN
2 ROTE PAPRIKASCHOTEN, GEVIERTELT
1 AUBERGINE, IN GROSSE STÜCKE GESCHNITTEN
1 KNOBLAUCHKNOLLE, IN EINZELNE ZEHEN ZERTEILT
  (1 ZEHE FEIN HACKEN)

NATIVES OLIVENÖL
4 REIFE EIERTOMATEN, HALBIERT
350G ELICOIDALI
3 EL PESTO (SIEHE SEITE 18)
RICOTTA, ZUM SERVIEREN (NACH BELIEBEN)

1   Den Backofen auf 200 °C (Gas Stufe 6) vorheizen.
2   Das Gemüse (außer den Tomaten) zusammen mit den Knoblauchzehen auf ein großes Backblech legen. Mit etwas Öl beträufeln und gut mischen, damit das Gemüse gleichmäßig mit Öl bedeckt ist. Alles gut auf dem Blech verteilen. Auf der obersten Schiene im vorgeheizten Backofen 30–40 Minuten grillen, bis das Gemüse weich und leicht braun ist. Wenden und nach 15 Minuten die Tomaten zugeben.
3   Kurz bevor das Gemüse gar ist, die Pasta nach Packungsanleitung bissfest garen und abgießen.
4   Das gegrillte Gemüse mithilfe einer Küchenschere in kleine Stücke schneiden. Mit der gewürfelten Knoblauchzehe mischen.
5   Pesto und Gemüse unter die Pasta heben. 1 oder 2 Löffel der Bratflüssigkeit aus dem Blech unterrühren. Nach Belieben einen Löffel Ricotta darübergeben und servieren.

344
Marille al forno mit Spinat, Auberginen und Paprika

VORBEREITUNGSZEIT 15 Minuten GARZEIT 1¼ Stunden FÜR 4 Personen

1 AUBERGINE, IN MUNDGERECHTE STÜCKE
  GESCHNITTEN
225G BUTTERNUSSKÜRBIS, IN MUNDGERECHTE
  STÜCKE GESCHNITTEN
JE 1 ROTE UND 1 GELBE PAPRIKASCHOTE,
  IN MUNDGERECHTE STÜCKE GESCHNITTEN
2 KNOBLAUCHZEHEN, IN DÜNNE SCHEIBEN
  GESCHNITTEN
NATIVES OLIVENÖL
SALZ UND FRISCH GEMAHLENER SCHWARZER PFEFFER
115G MARILLE

225G TIEFKÜHLSPINAT, AUFGETAUT UND
  FLÜSSIGKEIT AUSGEDRÜCKT ODER
  450G FRISCHER BLATTSPINAT

FÜR DIE BÉCHAMELSAUCE
25G BUTTER
25G MEHL
425ML MILCH
2 EL GROBKÖRNIGER SENF
115G FRISCH GERIEBENER PARMESAN
70G WEICHKÄSE MIT KNOBLAUCH UND KRÄUTERN

1   Den Backofen auf 220 °C (Gas Stufe 7) vorheizen.
2   Aubergine, Kürbis, Paprika und Knoblauch auf ein Backblech legen, mit etwas Öl beträufeln und mit Salz und Pfeffer bestreuen. Gut mischen und in einer gleichmäßigen Schicht auf dem Blech verteilen. Im vorgeheizten Backofen 35–40 Minuten grillen, bis das Gemüse weich und leicht geröstet ist. Die Ofentemperatur auf 200 °C (Gas Stufe 6) senken.
3   Etwa 15 Minuten bevor das Gemüse gar ist, die Pasta nach Packungsanleitung bissfest garen. Etwa 1½ Minuten vor Ende der üblichen Garzeit abgießen.
4   Inzwischen die Sauce (siehe Seite 17) zubereiten. Senf, die Hälfte des Parmesan und Weichkäse unterrühren.
5   Gemüse, Bratflüssigkeit, Spinat und Sauce unter die Pasta mischen. In eine Auflaufform geben, mit dem restlichen Käse bestreuen und 25–30 Minuten goldbraun backen.

345
Gebratene Paprika und Auberginen mit dreierlei Käse

VORBEREITUNGSZEIT 10 Minuten* GARZEIT 40 Minuten* FÜR 4 Personen

2 ROTE PAPRIKASCHOTEN, IN 1 CM GROSSE STÜCKE GESCHNITTEN

1 AUBERGINE, IN 1 CM GROSSE STÜCKE GESCHNITTEN

3 KNOBLAUCHZEHEN, GEHACKT

NATIVES OLIVENÖL

SALZ UND FRISCH GEMAHLENER SCHWARZER PFEFFER

400G RIGATONI

1 REZEPTMENGE WINTERLICHE TOMATENSAUCE (SIEHE SEITE 19), ERWÄRMT

1 KLEINE HANDVOLL BASILIKUM, IN FEINE STREIFEN GESCHNITTEN

115G BÜFFELMOZZARELLA, GEWÜRFELT

115G RICOTTA, ZERBRÖCKELT

50G FRISCH GERIEBENER PARMESAN

1 Den Backofen auf 200 °C (Gas Stufe 6) vorheizen.
2 Gemüse und Knoblauch auf ein Backblech legen. Mit etwas Olivenöl beträufeln, mit Salz und Pfeffer bestreuen und gut mischen, damit das Gemüse gleichmäßig mit Öl bedeckt ist. In einer Schicht auf dem Blech verteilen und im vorgeheizten Backofen 20—25 Minuten grillen, bis das Gemüse weich und leicht geröstet ist. Den Ofen nicht ausschalten.
3 Inzwischen die Pasta bissfest garen. Eine Minute vor Ende der angegebenen Garzeit abgießen.
4 Die Pasta mit Tomatensauce, Gemüse und Bratflüssigkeit sowie Basilikum mischen. Die Hälfte in eine flache Auflaufform geben und mit Mozzarella, Ricotta und der Hälfte des Parmesan bedecken. Die restliche Pastamischung darübergeben und mit dem restlichen Parmesan bestreuen.
5 Im Ofen bei 200 °C (Gas Stufe 6) etwa 15 Minuten backen, bis die Oberfläche Blasen wirft und goldbraun ist. Vor dem Servieren 5 Minuten ruhen lassen.

* Bei Verwendung von fertiger Tomatensauce.

346
Pasticcio mit Pilzen und Auberginen

VORBEREITUNGSZEIT 10 Minuten GARZEIT 1 Stunde FÜR 6 Personen

1 ZWIEBEL, HALBIERT UND IN DÜNNE SCHEIBEN GESCHNITTEN

OLIVENÖL

175G BRAUNE CHAMPIGNONS, IN DÜNNE SCHEIBEN GESCHNITTEN

2 KNOBLAUCHZEHEN, ZERDRÜCKT

1 GROSSE AUBERGINE, GEWÜRFELT

1 ROSMARINZWEIG UND 3 THYMIANZWEIGE, ZUSAMMENGEBUNDEN

2—3 TL TOMATENMARK

1 DOSE (400G) KIRSCHTOMATEN

SALZ UND FRISCH GEMAHLENER SCHWARZER PFEFFER

275G CAVATAPPI, FUSILLI ODER MAKKARONI

1 EL ROTES PESTO (SIEHE SEITE 19)

2 EIER, GESCHLAGEN

225G RICOTTA

175G SAHNE

4 EL FRISCH GERIEBENER PARMESAN

1 Die Zwiebel in etwas Öl in einer schweren Pfanne andünsten, bis sie weich und goldbraun ist. Pilze zugeben und anbraten, bis sie Farbe annehmen. Herausnehmen und auf einem Teller beiseite stellen. Knoblauch, Aubergine und Kräuter zugeben und 2—3 Minuten dünsten, bis das Gemüse leicht gebräunt ist.
2 Das Tomatenmark mit 4 Esslöffel Wasser verrühren. Die Pilze in die Pfanne geben, verdünntes Tomatenmark und die Kirschtomaten zugeben und aufkochen. Abdecken und unter gelegentlichem Rühren etwa 15 Minuten leicht köcheln lassen, bis die Aubergine weich ist. Mit Salz und Pfeffer abschmecken und die Kräuter entfernen. Den Backofen auf 180 °C (Gas Stufe 4) vorheizen.
3 Die Pasta nach Packungsanleitung garen. 2 Minuten vor Ende der angegebenen Garzeit abgießen und erst mit dem Pesto, dann mit der Auberginensauce mischen. In eine große, flache Auflaufform füllen.
4 Eier und Ricotta verrühren, die Sahne zugeben und alles glatt rühren. Mit Salz und Pfeffer abschmecken und auf die Nudelmischung geben. Den Käse gleichmäßig darauf verteilen und im vorgeheizten Ofen etwa 35 Minuten backen, bis die Oberfläche goldbraun ist.

347

Pasticcio mit Gemüse und Mozzarella

VORBEREITUNGSZEIT 15 Minuten* GARZEIT 45 Minuten FÜR 4 Personen

I AUBERGINE, IN I CM GROSSE STÜCKE GESCHNITTEN

I ROTE ZWIEBEL, LÄNGS GESCHNITTEN

I CHICORÉEKOPF, IN I CM GROSSE STÜCKE
 GESCHNITTEN

I GROSSE PAPRIKASCHOTE, IN STREIFEN
 GESCHNITTEN

2 GROSSE KNOBLAUCHZEHEN, ZERDRÜCKT

I PRISE CHILIFLOCKEN

NATIVES OLIVENÖL

SALZ UND FRISCH GEMAHLENER SCHWARZER PFEFFER

375G PENNE RIGATE

I REZEPTMENGE GEGRILLTE TOMATENSAUCE
 (SIEHE SEITE 18), ERWÄRMT

200G GERÄUCHERTER MOZZARELLA, GEWÜRFELT

150G RICOTTA

6 EL FRISCH GERIEBENER PARMESAN

1   Den Backofen auf 220 °C (Gas Stufe 7) vorheizen.
2   Auberginen, Zwiebel, Chicorée, Paprika, Knoblauch und Chili auf ein Backblech legen. Mit etwas Öl beträufeln, mit Salz und Pfeffer bestreuen und gut mischen, damit das Gemüse gleichmäßig mit Öl bedeckt ist. Auf dem Blech verteilen und im vorgeheizten Backofen 25–30 Minuten grillen, bis das Gemüse weich und leicht geröstet ist. Den Ofen nicht ausschalten.
3   Inzwischen die Pasta nach Packungsanleitung bissfest garen und abgießen. Mit dem Gemüse und der Tomatensauce mischen.
4   Die Hälfte der Gemüsemischung in eine eingefettete Auflaufform (20 x 20 x 5 cm) füllen. Jeweils mit ¾ des Mozzarella und des Ricotta sowie mit der Hälfte des Parmesan bedecken. Die restliche Gemüsemischung darübergeben und mit dem übrigen Käse bestreuen. 15–20 Minuten backen, bis die Oberfläche Blasen wirft und goldbraun ist. Vor dem Servieren 5 Minuten ruhen lassen.

*   Bei Verwendung von fertiger Tomatensauce.

348

Cannelloni mit Pilzen und Ricotta

VORBEREITUNGSZEIT 10 Minuten*, plus 15 Minuten Einweichzeit** GARZEIT 45 Minuten* FÜR 4 Personen

15G GETROCKNETE PILZE

300G BRAUNE CHAMPIGNONS, FEIN GEHACKT

I TL BUTTER

250G RICOTTA

2–3 TL THYMIAN

ETWA I EL ABGERIEBENE SCHALE EINER UNBEHAN-
 DELTEN ZITRONE

2–3 TL ROTES PESTO (SIEHE SEITE 19)

SALZ UND FRISCH GEMAHLENER SCHWARZER PFEFFER

8 CANNELLONI

I REZEPTMENGE FRISCHE ODER WINTERLICHE
 TOMATENSAUCE (SIEHE SEITE 18 BZW. 19),
 ERWÄRMT

50G GEHOBELTER PARMESAN

1   85 ml heißes Wasser über die getrockneten Pilze geben und 15 Minuten einweichen lassen. Abgießen und fein hacken.
2   Frische und getrocknete Pilze in einer großen (beschichteten) Pfanne in Butter 10–15 Minuten anbraten, bis die Flüssigkeit verdampft ist und die Pilze braun werden. Auf Küchenpapier abkühlen lassen.
3   Ricotta und Pilze mischen. Thymian, Zitronenschale und die gewünschte Menge rotes Pesto unter die Pilzmischung rühren. Mit Salz und Pfeffer abschmecken. Nach Möglichkeit abdecken und ruhen lassen (am besten 2 Stunden oder über Nacht).
4   Den Backofen auf 200 °C (Gas Stufe 6) vorheizen.
5   Die Cannelloni bissfest garen (siehe Seite 15), abgießen und abschrecken. Mit der Pilzmischung füllen. In eine eingefettete flache Auflaufform legen. Die Tomatensauce darübergießen, mit Parmesan bestreuen und im vorgeheizten Ofen etwa 30 Minuten backen, bis die Oberfläche Blasen wirft und goldbraun ist. Vor dem Servieren 5 Minuten ruhen lassen.

*   Bei Verwendung von fertiger Tomatensauce.
** Die Zeiten für das Ziehenlassen der Pilzmischung sind nicht berücksichtigt.

349
Käsemakkaroni-Soufflé

VORBEREITUNGSZEIT 10 Minuten GARZEIT 30 Minuten FÜR 4 Personen

350g MAKKARONI

1 LAUCHSTANGE, IN FEINE RINGE GESCHNITTEN

50g BUTTER

50g MEHL

570ml MILCH

1 LORBEERBLATT, ZERTEILT

175g RICOTTA

115g GERIEBENER FONTINA

115g FRISCH GERIEBENER PARMESAN

4 GROSSE EIER, GETRENNT

SALZ UND FRISCH GEMAHLENER
  SCHWARZER PFEFFER

1   Den Backofen auf 190 °C (Gas Stufe 5) vorheizen.
2   Die Pasta garen und etwa 1 Minute vor Ende der angebebenen Garzeit abgießen.
3   Inzwischen den Lauch in der Butter andünsten, das Mehl zugeben und 1 Minute unterrühren. Unter ständigem Rühren nach und nach Milch zugießen und den Lorbeer zufügen. Aufkochen lassen, rühren und 5 Minuten köcheln lassen. Das Lorbeerblatt entfernen. Vom Herd nehmen und mit Ricotta, Fontina, der Hälfte des Parmesan sowie Eidotter unter die Pasta mischen. Mit Salz und Pfeffer abschmecken.
4   Eiweiße steif schlagen und einige Löffel in die Sauce rühren. Restlichen Eischnee in 3 Portionen unterheben.
5   Die Mischung gleichmäßig in einer großen flachen Auflaufform verteilen. Mit dem restlichen Parmesan bestreuen und im vorgeheizten Ofen etwa 15–20 Minuten backen, bis das Soufflé goldbraun aufgegangen und gar ist.

350
Cannelloni mit Linsen, Tomaten und Spinatsauce

VORBEREITUNGSZEIT 20 Minuten GARZEIT 1 Stunde FÜR 4 Personen

350G GRÜNE LINSEN

1 ZWIEBEL, FEIN GEHACKT

2 SELLERIESTANGEN, FEIN GEHACKT

NATIVES OLIVENÖL

3 KNOBLAUCHZEHEN, FEIN GEHACKT

3 GROSSE REIFE TOMATEN, ENTKERNT
   UND GEWÜRFELT

1 EL OREGANO, GEHACKT

150G FRISCHE DUNKLE BROTKRUMEN

SALZ UND FRISCH GEMAHLENER
   SCHWARZER PFEFFER

8 FRISCHE GRÜNE LASAGNEBLÄTTER

175G JUNGER BLATTSPINAT

2 EL MEHL

350ML MILCH

3 EL FRISCH GERIEBENER PARMESAN

1   Die Linsen in reichlich Wasser 30 Minuten weich kochen, abgießen.
2   Etwa 5 Minuten bevor die Linsen gar sind, Zwiebel und Sellerie in einer großen Pfanne in etwas Öl andünsten. Dabei zwei Drittel des Knoblauchs 2 Minuten vor Ende der Garzeit zugeben. Abgegossene Linsen, Tomaten und Oregano zufügen. Unter gelegentlichem Rühren etwa 10 Minuten köcheln lassen, bis die Sauce eindickt. Etwa ¾ der Brotkrumen einrühren und mit Salz und Pfeffer abschmecken.
3   Inzwischen die Lasagne bissfest garen (siehe Seite 15) und zum Trocknen auf ein Geschirrtuch legen.
4   Den Backofen auf 200 °C (Gas Stufe 6) vorheizen.
5   Den restlichen Knoblauch in einer kleinen Pfanne in 1 Esslöffel Öl etwa 1 Minute anbraten, dann den Spinat zugeben und dünsten, bis er zusammenfällt, dabei gelegentlich umrühren. Das Mehl einrühren und die Pfanne vom Herd nehmen. Unter ständigem Rühren langsam die Milch zugießen. Wieder auf den Herd setzen, rühren und aufkochen lassen. 2 Minuten köcheln lassen. Mit Salz und Pfeffer abschmecken. Etwa ein Drittel der Sauce in eine flache Auflaufform füllen.
6   Die Linsenmischung auf die Lasagneblätter verteilen und zu Cannelloni aufrollen. Mit der Nahtstelle nach unten eng aneinander auf die Spinatsauce in der Form legen. Die restliche Sauce darübergießen. Die übrigen Brotkrumen mit dem Parmesan mischen und über die Sauce streuen.
7   Im vorgeheizten Ofen etwa 20–25 Minuten backen, bis die Oberfläche knusprig und goldbraun ist.

351
Auberginen-Timballo

VORBEREITUNGSZEIT 10 Minuten* GARZEIT 35 Minuten* FÜR 4 Personen

300G CAVATAPPI, FUSILLI ODER GEBOGENE
   MAKKARONI

3 AUBERGINEN, INSGESAMT ETWA 625G,
   IN 5 MM DICKE SCHEIBEN GESCHNITTEN

NATIVES OLIVENÖL

1 REZEPTMENGE GEGRILLTE TOMATENSAUCE
   (SIEHE SEITE 18)

225G BÜFFELMOZZARELLA, IN SCHEIBEN
   GESCHNITTEN

50G GERIEBENER PARMESAN

1   Den Backofen auf 190 °C (Gas Stufe 5) vorheizen.
2   Die Pasta nach Packungsanleitung garen und 2 Minuten vor Ende der angegebenen Garzeit abgießen.
3   Inzwischen die Auberginenscheiben mit Öl einreiben und grillen, bis sie weich und braun sind. Den Rand einer Springform (Durchmesser 23 cm) mit einem Großteil der Scheiben auslegen. Dabei dürfen die Auberginenscheiben über den oberen Rand hinausragen, es sollte keine Lücken geben. Einige Scheiben für die oberste Schicht beiseite legen.
4   Die Pasta mit der Tomatensauce mischen. Die Hälfte der Pastamischung in die Form geben. Mit einer Schicht Mozzarellascheiben und etwas Parmesan bedecken. Die restliche Pasta zugeben und gut festdrücken. Mit den über den Rand hinausragenden und den restlichen Auberginenscheiben bedecken. Im vorgeheizten Ofen etwa 20–25 Minuten backen, bis alles heiß ist. 5–10 Minuten ruhen lassen, die Form vorsichtig umdrehen und nach Belieben auf einen vorgewärmten Teller stürzen. Die Springform abheben.

*   Bei Verwendung von fertiger Tomatensauce.

352
Elicoidali al forno mit Auberginen, Tomaten und grünen Oliven

VORBEREITUNGSZEIT 15 Minuten GARZEIT 40 Minuten FÜR 4 Personen

1 GROSSE ZWIEBEL, HALBIERT UND IN DÜNNE
  SCHEIBEN GESCHNITTEN

115G GETROCKNETE TOMATEN IN ÖL, ABGEGOSSEN
  (1 EL ÖL AUFBEWAHREN)

2 KNOBLAUCHZEHEN, ZERDRÜCKT

1 GROSSE AUBERGINE, GEWÜRFELT

1 DOSE (400G) PIZZATOMATEN

1 GLAS (227G) GRÜNE OLIVEN MIT PIMENT, ABGEGOSSEN

SALZ UND FRISCH GEMAHLENER SCHWARZER PFEFFER

225G ELICOIDALI, PENNE, RIGATONI ODER SEDANI

115G BÜFFELMOZZARELLA, GEWÜRFELT

150G FRISCH GERIEBENER PARMESAN

115G JUNGER BLATTSPINAT

2 EL PINIENKERNE, GEHACKT

FÜR DIE WEISSE SAUCE

25G BUTTER

25G MEHL

570ML MILCH

1. Den Backofen auf 190 °C (Gas Stufe 5) vorheizen.
2. Die Zwiebel im Öl von den eingelegten Tomaten goldbraun andünsten. Den Knoblauch in den letzten 2 Minuten zufügen und anbraten. Aubergine und getrocknete Tomaten für 1 Minute zugeben und dann die gehackten Tomaten einrühren.
3. Die Pfanne abdecken und 10–15 Minuten köcheln lassen, bis die Auberginen weich sind. Die Oliven unterrühren, mit Salz und Pfeffer abschmecken und in eine Auflaufform füllen.
4. Während die Auberginen garen, die Elicoidali nach Packungsanleitung garen, 1 Minute vor Ende der angegebenen Garzeit abgießen.
5. Inzwischen die weiße Sauce zubereiten (siehe Seite 17). Mozzarella und ¾ des Parmesan einrühren, dann Spinat und Pasta zugeben. Gleichmäßig auf der Auberginenmischung verteilen. Mit Pinienkernen und dem restlichen Parmesan bestreuen.
6. Im vorgeheizten Ofen für 30 Minuten backen, bis die Oberfläche Blasen wirft und goldbraun ist.

353
Spaghettini al forno mit Tomaten und Taleggio

VORBEREITUNGSZEIT 10 Minuten GARZEIT 35 Minuten FÜR 4 Personen

225G SPAGHETTINI

1 ZWIEBEL, FEIN GEHACKT

NATIVES OLIVENÖL

3 KNOBLAUCHZEHEN, GEHACKT

1 KLEINE HANDVOLL GLATTE PETERSILIE, GEHACKT

1½ TL GETROCKNETER OREGANO

1 KLEINE HANDVOLL BASILIKUMBLÄTTER, IN FEINE
  STREIFEN GESCHNITTEN

1 EI, GESCHLAGEN

115G RICOTTA

SALZ UND FRISCH GEMAHLENER SCHWARZER PFEFFER

450G REIFE EIERTOMATEN, IN SCHEIBEN
  GESCHNITTEN

85G TALEGGIO, IN SCHEIBEN GESCHNITTEN

2 EL FRISCH GERIEBENER PARMESAN

1. Den Backofen auf 190 °C (Gas Stufe 5) vorheizen. Eine Springform (Durchmesser 20 cm) einfetten.
2. Die Spaghettini nach Packungsanleitung garen, 2 Minuten vor Ende der angegebenen Garzeit abgießen.
3. Inzwischen die Zwiebel in etwas Öl andünsten. Den Knoblauch zugeben und 1 Minute anbraten. Mit den Spaghettini und Kräutern mischen.
4. Das Ei mit dem Ricotta verrühren und dann unter die Pasta mischen. Mit Salz und Pfeffer abschmecken und die Hälfte der Nudelmischung in die vorbereitete Form füllen. Leicht andrücken und die Hälfte der Tomatenscheiben und des Taleggio zugeben. Mit der restlichen Pastamischung bedecken, leicht andrücken und den Rest der Tomaten und des Taleggio als oberste Schicht darübergeben. Mit Parmesan bestreuen.
5. Die Form mit Alufolie abdecken und im vorgeheizten Ofen 20 Minuten backen. Die Abdeckung abnehmen und weitere 5 Minuten so lange backen, bis der Auflauf gar und die Oberfläche braun ist.

354
Rigatoni mit Gorgonzola, Spinat, Lauch und Tomaten

VORBEREITUNGSZEIT 10 Minuten GARZEIT 25 Minuten FÜR 4–6 Personen

275G RIGATONI*

675G LAUCH, IN DÜNNE RINGE GESCHNITTEN

OLIVENÖL

450G JUNGER BLATTSPINAT

1 PRISE FRISCH GERIEBENE MUSKATNUSS

SALZ UND FRISCH GEMAHLENER SCHWARZER PFEFFER

115G GORGONZOLA, ZERBRÖCKELT

5 REIFE TOMATEN, IN SCHEIBEN GESCHNITTEN

1–2 EL GLATTE PETERSILIE, GEHACKT

2 EL FRISCH GERIEBENER PARMESAN

FÜR DIE WEISSE SAUCE

25G BUTTER

25G MEHL

425ML MILCH

2 EL GROBKÖRNIGER SENF

1   Den Backofen auf 190 °C (Gas Stufe 5) vorheizen.
2   Die Pasta nach Packungsanleitung garen. 1 Minute vor Ende der angegebenen Garzeit abgießen.
3   Inzwischen den Lauch in etwas Öl 3–4 Minuten andünsten. Spinat zugeben und unter häufigem Rühren scharf anbraten, bis er zusammenfällt und die Flüssigkeit verdampft ist. Je nach Geschmack Muskatnuss zugeben sowie mit Salz und Pfeffer abschmecken. Alles unter die Pasta heben.
4   Die weiße Sauce (siehe Seite 17) zubereiten, den Senf einrühren und mit Salz und Pfeffer abschmecken.
5   Eine Schicht Pastamischung in eine eingefettete Auflaufform füllen. Die Hälfte des Gorgonzolas darübergeben, eine weitere Schicht Pastamischung und dann der Hälfte der Sauce zugeben. Die Zutaten in dieser Reihenfolge weiter aufschichten. Mit einer Schicht Sauce abschließen und zum Schluss mit Tomatenscheiben belegen, mit Petersilie und Parmesan bestreuen.
6   Im vorgeheizten Ofen 20 Minuten backen, bis die Tomaten gar sind.

*   Alternativ können auch Penne, Sedani, Fusilli oder Eliche verwendet werden.

355
Tagliatelle al forno mit Pilzen und Gorgonzola

VORBEREITUNGSZEIT 10 Minuten GARZEIT 25–30 Minuten FÜR 4 Personen

350G GRÜNE TAGLIATELLE

2 SCHALOTTEN, FEIN GEHACKT

NATIVES OLIVENÖL

350G BRAUNE CHAMPIGNONS, IN DÜNNE
   SCHEIBEN GESCHNITTEN

1 KNOBLAUCHZEHE, FEIN GEHACKT

6 EL HALBFETTE CRÈME FRAÎCHE

85G GORGONZOLA, ZERBRÖCKELT

2 REIFE TOMATEN, GEHÄUTET, ENTKERNT
   UND GEHACKT

1 EI, GESCHLAGEN

SALZ UND FRISCH GEMAHLENER SCHWARZER PFEFFER

115G MOZZARELLA, GEWÜRFELT

1   Den Backofen auf 180 °C (Gas Stufe 4) vorheizen.
2   Die Tagliatelle nach Packungsanleitung garen. 1 Minute vor Ende der angegebenen Garzeit abgießen.
3   Inzwischen die Schalotten in etwas Öl andünsten. Pilze und Knoblauch zugeben und unter Rühren dünsten, bis die Pilze bissfest sind. Crème fraîche und Gorgonzola einrühren und unter Rühren erwärmen. Nicht kochen.
4   Tagliatelle und Tomaten unter die Sauce mischen, vom Herd nehmen und das Ei unterrühren sowie mit Salz und reichlich schwarzem Pfeffer abschmecken. In eine eingefettete Auflaufform geben, mit Mozzarella bestreuen und mit Folie abdecken.
5   Im vorgeheizten Ofen 15–20 Minuten backen, bis der Mozzarella geschmolzen und braun ist.

356
Pastasoufflé mit Gorgonzola

VORBEREITUNGSZEIT 10 Minuten GARZEIT 25–30 Minuten FÜR 4–6 Personen

50g BUTTER, GESCHMOLZEN

2 EL TROCKENE WEISSBROTKRUMEN

175g SPAGHETTI

50g MEHL

570ml MILCH

1 EL DIJONSENF

175g GORGONZOLA, ZERBRÖCKELT

6 EIER, GETRENNT

SALZ UND FRISCH GEMAHLENER
SCHWARZER PFEFFER

1 Den Backofen auf 190 °C (Gas Stufe 5) vorheizen. Eine Backform (ca. 2,4 Liter) gründlich mit Butter
einfetten und mit Brotkrumen ausstreuen.

2 Die Spaghetti nach Packungsanleitung garen, 1 Minute vor Ende der angebebenen Garzeit abgießen.

3 Aus der restlichen Butter sowie Mehl und Milch eine weiße Sauce zubereiten (siehe Seite 17). Vom Herd
nehmen und Senf, Käse, Eidotter und die gegarte Pasta unterheben. Mit Salz und reichlich schwarzem
Pfeffer abschmecken.

4 Eiweiße steif schlagen, aber nicht trocken werden lassen, 2 Esslöffel in die Pastamischung geben, den Rest
in 3 Portionen unterheben. In die Backform füllen und im vorgeheizten Ofen 20–25 Minuten backen, bis
das Soufflé goldbraun aufgegangen und gar ist.

357
Pilze und Kürbis al forno

VORBEREITUNGSZEIT 10 Minuten GARZEIT 35 Minuten FÜR 3–4 Personen

1 BUTTERNUSSKÜRBIS, GESCHÄLT, ENTKERNT UND
  IN 1 CM GROSSE WÜRFEL GESCHNITTEN
325G BRAUNE CHAMPIGNONS, HALBIERT ODER JE
  NACH GRÖSSE GEVIERTELT
1 ROSMARINZWEIG
3 KNOBLAUCHZEHEN, LEICHT ZERDRÜCKT

NATIVES OLIVENÖL
SALZ UND FRISCH GEMAHLENER SCHWARZER PFEFFER
250G PENNE
250G FETTREDUZIERTE CRÈME FRAÎCHE
70G FEIN GERIEBENER PARMESAN
70G FRISCHE WEISSBROTKRUMEN

1 Den Backofen auf 200 °C (Gas Stufe 6) vorheizen.
2 Kürbis, Pilze, Rosmarin und Knoblauch auf ein Backblech legen. Mit etwas Öl beträufeln, mit Salz und Pfeffer bestreuen und gut mischen. Gleichmäßig verteilen und im vorgeheizten Ofen etwa 30 Minuten backen, bis das Gemüse weich und leicht geröstet ist, dabei gelegentlich wenden.
3 Inzwischen die Pasta nach Packungsanleitung bissfest garen und abgießen.
4 Die Pasta mit dem gegrillten Gemüse mischen (Rosmarin entfernen) und vorsichtig die Crème fraîche und die Hälfte des Parmesan unterrühren. In eine Auflaufform füllen, mit Brotkrumen und dem restlichen Parmesan bestreuen und unter einem vorgeheizten Grill knusprig und goldbraun backen.

358
Rotolo

VORBEREITUNGSZEIT 15 Minuten* GARZEIT 45 Minuten* FÜR 4 Personen

750G JUNGER BLATTSPINAT
BUTTER
175G WEICHER ZIEGENKÄSE, ENTRINDET
  UND ZERBRÖCKELT
175G RICOTTA, ZERBRÖCKELT
85G FRISCH GERIEBENER PARMESAN
FRISCH GEMAHLENER SCHWARZER PFEFFER

1 GANZES EI UND 1 EIDOTTER, GESCHLAGEN
1 REZEPTMENGE PASTATEIG MIT 2 EIERN
  (SIEHE SEITE 10)
3 EL CRÈME DOUBLE
TOMATEN-PAPRIKA-SAUCE (SIEHE SEITE 123),
  ZUM SERVIEREN

1 Den Spinat in einem großen Topf mit Salzwasser erhitzen, bis er zusammenfällt. Kalt abschrecken und abtropfen lassen, fein hacken und überschüssige Flüssigkeit ausdrücken.
2 Etwas Butter in einer Pfanne erwärmen und den Spinat 2–3 Minuten darin dünsten, bis alle Feuchtigkeit verdampft ist. Etwas abkühlen lassen, dann Ziegenkäse, Ricotta und zwei Drittel des Parmesan unter Rühren zugeben. Mit reichlich Pfeffer würzen. Ei und Eidotter einrühren.
3 Den Pastateig von Hand zu einem 30 x 40 cm großen Rechteck ausrollen.** Auf ein Musselintuch legen.
4 Mithilfe eines Spatels die Spinatfüllung auftragen, 1 cm Rand lassen. Wie eine Biskuitrolle aufrollen, die Enden befeuchten und zusammendrücken. Die Rolle eng im Musselintuch einrollen und die Enden mit einem Faden zusammenbinden.
5 In einen große Topf mit kochendem Wasser legen, halb mit einem Deckel abdecken und 20–25 Minuten köcheln lassen. Vorsichtig zweimal umdrehen, herausnehmen und vor dem Auswickeln abkühlen lassen.
6 Den Backofen auf 200 °C (Gas Stufe 6) vorheizen.
7 Mit einem großen scharfen Messer die Rolle in 1 cm dicke Scheiben schneiden und in eine eingefettete Auflaufform legen. Ein kleines Stück Butter mit der Crème double schmelzen, über die Scheiben gießen und mit dem restlichen Parmesan bestreuen. Im vorgeheizten Ofen etwa 15 Minuten goldbraun backen. Mit Tomatensauce servieren.

*   Die Zeiten für die Zubereitung des Pastateigs oder der Tomatensauce sind nicht berücksichtigt.
** Bei Verwendung einer Nudelmaschine 3 Streifen à 40 cm ausrollen und nebeneinander legen, sodass sie leicht überlappen. Die überlappenden Stellen mit Wasser befeuchten, damit die Enden aneinander haften bleiben.

359
Nudelauflauf mit Brokkoli

VORBEREITUNGSZEIT 10 Minuten GARZEIT 25 Minuten FÜR 4 Personen

225G PENNE RIGATE

1 GROSSER BROKKOLIKOPF, IN EINZELNE
   RÖSCHEN GETEILT

150G PARMESAN, FRISCH GERIEBEN

4 EL PINIENKERNE, LEICHT GERÖSTET

FÜR DIE WEISSE SAUCE

25G BUTTER

2 EL MEHL

570ML MILCH

1 EL GROBKÖRNIGER SENF

1   Den Backofen auf 200 °C (Gas Stufe 6) vorheizen.
2   Die Pasta nach Packungsanleitung bissfest garen, die letzten 4 Minuten der Garzeit den Brokkoli zugeben. Pasta und Brokkoli gründlich abgießen. Gleichmäßig in einer Auflaufform verteilen.
3   Inzwischen aus Butter, Mehl und Milch eine weiße Sauce zubereiten (siehe Seite 17). Vom Herd nehmen und den Senf und die Hälfte des Käses einrühren. Die Sauce über den Brokkoli und die Pasta geben. Mit Pinienkernen und dem restlichen Käse bestreuen.
4   Im vorgeheizten Ofen 15 Minuten goldbraun backen.

360
Pappardelle mit frischen Artischocken

VORBEREITUNGSZEIT 15 Minuten GARZEIT 15 Minuten FÜR 4 Personen

6 ARTISCHOCKEN

½ ZITRONE

2 KNOBLAUCHZEHEN, FEIN GEHACKT

1 GETROCKNETE CHILISCHOTE, ENTKERNT
   UND FEIN GEHACKT

4 EL NATIVES OLIVENÖL

500G PAPPARDELLE

FRISCH GERIEBENER PARMESAN, ZUM SERVIEREN
   (NACH BELIEBEN)

1   Die äußeren Blätter der Artischocken entfernen und die harten Spitzen von den restlichen Blättern abschneiden. Die Artischocken in Viertel schneiden, Schnittflächen mit der Zitrone einreiben. Die haarigen Teile entfernen und jedes Viertel in dünne Scheiben schneiden.
2   Knoblauch und Chili 2 Minuten in Öl anbraten, die Artischockenscheiben zugeben und unter Rühren bei schwacher Hitze etwa 3 Minuten dünsten. 2 Esslöffel heißes Wasser zugießen, abdecken und 10 Minuten köcheln lassen.
3   Inzwischen die Pasta nach Packungsanleitung bissfest garen. Abgießen und 125 ml Kochwasser zurückbehalten. Die Artischockenmischung unter die Pasta heben. Wenn die Pasta zu trocken scheint, eine ausreichende Menge des Kochwassers zugießen. Nach Belieben mit frisch geriebenem Parmesan servieren.

361
Spinat-Käse-Pastete

VORBEREITUNGSZEIT 10 Minuten GARZEIT 1 Stunde und 10 Minuten FÜR 4 Personen

125G TAGLIATELLE

500G BLATTSPINAT

300ML MILCH

300G WEICHER ZIEGENKÄSE, GEWÜRFELT*

85G RICOTTA*

ETWA 50G FRISCH GERIEBENER PARMESAN
  (NACH BELIEBEN)**

3 EIER, GESCHLAGEN

SALZ UND FRISCH GEMAHLENER
  SCHWARZER PFEFFER

TOMATENSAUCE MIT ROTER PAPRIKA
  (SIEHE SEITE 123) ODER ½ REZEPTMENGE
  GRILLTOMATENSAUCE (SIEHE SEITE 18),
  ZUM SERVIEREN (NACH BELIEBEN)

1   Den Backofen auf 180 °C (Gas Stufe 4) vorheizen.
2   Die Tagliatelle garen und 2 Minuten vor Ende der angegebenen Garzeit abgießen.
3   Den Spinat in einem großen Topf mit Salzwasser erhitzen, bis er zusammenfällt. Kalt abschrecken, abtropfen
    lassen und überschüssige Flüssigkeit gut ausdrücken. Mit Milch, Käse, und Eiern mischen, mit Salz und Pfeffer
    abschmecken. Unter die gegarte Pasta mischen und in eine eingefettete Kastenform füllen.
4   Im vorgeheizten Ofen etwa 1 Stunde goldbraun backen, bis die Pastete gar ist.
5   Den Pasticcio umdrehen und auf einen warmen Teller stürzen. Leicht schütteln, damit er sich aus der Form
    löst. In Scheiben schneiden und nach Belieben mit der Tomatensauce servieren.

*   Die Proportionen können je nach Geschmack variiert werden.
**   Die Zugabe von Parmesan hängt davon ab, wie viel Ziegenkäse verwendet wird und wie mild er ist.

362
Farfalle-Salat mit Artischocken, Pilzen und Ei

VORBEREITUNGSZEIT 10 Minuten, plus 2 Stunden Ruhezeit GARZEIT 10 Minuten FÜR 4 Personen

400G FARFALLE

225G GEMISCHTE PILZE, Z. B. PFIFFERLINGE,
   SHIITAKE-, ENOKI- UND AUSTERNPILZE

2 SCHALOTTEN, FEIN GEHACKT

1 GLAS (285G) GEGRILLTE ARTISCHOCKEN IN ÖL,
   ABGEGOSSEN UND HALBIERT (ÖL AUFBEWAHREN)

2 KNOBLAUCHZEHEN, FEIN GEHACKT

1 EL BALSAMICO-ESSIG

SALZ UND FRISCH GEMAHLENER
   SCHWARZER PFEFFER

2 GEKOCHTE EIER, GESCHÄLT UND GEHACKT

1 BUND GLATTE PETERSILIE, FEIN GEHACKT

1   Die Pasta nach Packungsanleitung bissfest garen und abgießen.

2   Inzwischen große Pilze in Stücke schneiden, Pilze und Schalotten in einer großen Pfanne in etwas Öl der eingelegten Artischocken bei scharfer Hitze anbraten, bis sie leicht gebräunt sind. 2 Minuten vor Ende der Garzeit den Knoblauch zugeben.

3   Pasta, Artischocken und Balsamico mit den Pilzen mischen, mit Salz und Pfeffeer abschmecken. Abdecken und an einem kühlen Ort (vorzugsweise nicht im Kühlschrank) mindestens 2 Stunden ruhen lassen.

4   Kurz vor dem Servieren Ei und Petersilie unter den Nudelsalat heben sowie nochmals mit Salz und Pfeffer abschmecken.

363
Tagliatelle mit Zucchinistreifen

VORBEREITUNGSZEIT 15 Minuten, plus 30 Minuten Ruhezeit GARZEIT 10 Minuten FÜR 4 Personen

350G KLEINE ZUCCHINI

SALZ

225G TROCKENE WEISSBROTKRUMEN

FRISCH GEMAHLENER SCHWARZER PFEFFER

50G FRISCH GERIEBENER PARMESAN

2 EIER, GESCHLAGEN

400G TAGLIATELLE

ÖL, ZUM FRITTIEREN

1 TL BUTTER, GESCHMOLZEN

1 KLEINE HANDVOLL BASILIKUMBLÄTTER,
   IN FEINE STREIFEN GESCHNITTEN

1   Die Zucchini mithilfe eines Gemüsehobels, einer Küchenmaschine oder einem Gemüseschäler in feine Längsstreifen schneiden. Mit Salz bestreuen und in einem Sieb 30 Minuten ziehen lassen. Gut abspülen, ausdrücken und mit Küchenpapier trocken tupfen.

2   In einer flachen Schüssel die Brotkrumen mit Pfeffer und der Hälfte des Käses mischen. Eier in eine zweite flache Schüssel geben. Zucchinistreifen nacheinander erst durch die Eimasse ziehen, abtropfen lassen und dann in der Brotkrumenmischung gleichmäßig panieren.

3   Die Pasta nach Packungsanleitung bissfest garen und abgießen.

4   Inzwischen die Zucchinistreifen portionsweise in heißem Öl 1–2 Minuten frittieren, bis sie goldgelb und knusprig sind. Auf einem Geschirrtuch abtropfen lassen. Butter, Basilikum und den restlichen Käse unter die Pasta mischen und alles in einem angewärmten flachen Servierteller anrichten. Die Zucchinistreifen darübergeben.

364
Cavatappi mit Zucchini, Tomaten und Kapern

VORBEREITUNGSZEIT 10 Minuten, plus 30 Minuten Ruhezeit GARZEIT 10 Minuten FÜR 4 Personen

400G ZUCCHINI, IN KURZE
   STREIFEN GESCHNITTEN
SALZ
4 GROSSE EIERTOMATEN, GEWÜRFELT
2 KNOBLAUCHZEHEN, FEIN GEHACKT

2 EL KAPERN
2 EL OREGANO, GEHACKT
2 EL WEISSWEINESSIG
NATIVES OLIVENÖL
350G CAVATAPPI*

1. Die Zucchini in ein Sieb legen, mit Salz bestreuen und 30 Minuten ziehen lassen. Gut abspülen, ausdrücken und mit Küchenpapier trocken tupfen.
2. Inzwischen Tomaten, Knoblauch, Kapern, die Hälfte des Oreganos, Essig und 3 Esslöffel Olivenöl mischen. 15 Minuten beiseite stellen.
3. Die Pasta nach Packungsanleitung bissfest garen und abgießen.
4. Inzwischen die Zucchini kurz in etwas Öl anbraten, bis sie goldbraun sind. Die Tomatenmischung zugeben und erwärmen. Mit den Cavatappi und dem restlichen Oregano mischen.

* Alternativ können auch Fusili Lunghi, Fusilli oder Farfalle verwendet werden.

365
Tagliatelle mit Zucchini, Ricotta und Basilikum

VORBEREITUNGSZEIT 10 Minuten GARZEIT 10 Minuten FÜR 4 Personen

1 KNOBLAUCHZEHE, IN DÜNNE
   SCHEIBEN GESCHNITTEN
4 EL NATIVES OLIVENÖL
325G TAGLIATELLE
450G KLEINE FESTE ZUCCHINI, IN DÜNNE
   SCHEIBEN GESCHNITTEN
SAFT UND GERIEBENE SCHALE VON 1 UNBEHAN-
   DELTEN ZITRONE

25G FRISCH GERIEBENER PARMESAN,
   UND ETWAS ZUM SERVIEREN
225G RICOTTA
1 KLEINE HANDVOLL BASILIKUMBLÄTTER,
   IN FEINE STREIFEN GESCHNITTEN
2 EL PINIENKERNE, LEICHT GERÖSTET
SALZ UND FRISCH GEMAHLENER
   SCHWARZER PFEFFER

1. Den Knoblauch in Öl etwa 5 Minuten leicht andünsten, das Öl sollte nicht zu heiß werden. Knoblauch entfernen.
2. Inzwischen die Pasta nach Packungsanleitung bissfest garen und abgießen.
3. Während die Pasta kocht, die Zucchini portionsweise im Knoblauchöl anbraten, bis sie weich und leicht angebräunt sind. Alle Zucchini wieder in die Pfanne geben, Zitronensaft zufügen und erwärmen.
4. Pasta, Zitronenschale, Parmesan, Ricotta, Basilikum und Pinienkerne unter die Zucchini mischen, mit Salz und Pfeffer abschmecken und mit zusätzlichem Parmesan servieren.

Register